**희망의 리더
회사를 살리다**

Guts! - 배짱 있는 리더의 실천 로드맵

Hope

희망의 리더
회사를 살리다

| 케빈 & 재키 프라이버그 지음 · 박선주 옮김 |

BM 황금부엉이

**희망의 리더
회사를 살리다**

2006년 5월 1일 초판 1쇄 발행
2009년 3월 11일 개정판 1쇄 발행

지은이 | 케빈 프라이버그, 재키 프라이버그
옮긴이 | 박선주
펴낸이 | 윤정희
펴낸곳 | (주)황금부엉이

주소 | 서울시 마포구 서교동 353-4 첨단빌딩 9층
전화 | 02-338-9151
팩스 | 02-338-9155
인터넷 홈페이지 | www.goldenowl.co.kr
출판등록 | 2002년 10월 30일 제10-2494호

기획편집부장 | 홍종훈
편집진행 | 고호장, 조연곤
영업 | 김유재, 변재업, 정창현, 차정욱, 최현욱
제작 | 구본철

ISBN 978-89-6030-195-5 03320

들어가는 말

1996년에 우리는 미국의 훌륭한 기업 한 곳을 밀도 있게 분석한 책 한 권을 출간했다. 그리고 그 책에 《너츠!-미국 사우스웨스트 항공사의 파격적 처방과 CEO 허브 켈러허 경영신화》라는 제목을 붙였다. 사우스웨스트 항공이라는 전설적인 항공사와 그 회사의 독특한 문화의 가치를 잘 알고 있기는 했지만, 이 책이 기대 이상의 성공을 거둔 것에 놀라지 않을 수 없었다. 2003년 한 해 동안 이 책은 50만 부 이상 팔려 나갔고 지금도 매달 1천 권 이상 꾸준히 팔리고 있다.

독자들이 이 책에 그처럼 열렬한 호응을 보낸 이유는 무엇일까? 아마도 전 세계 모든 이들이 남다른 성공을 이루어낸 사람들에게 어떤 뒷이야기가 있을지 궁금해 했고, 사우스웨스트 항공의 스토리가 이러한 궁금증을 확실하게 풀어주었기 때문일 것이다. 9 · 11 테러 직후, 다른 항공사들이 재정적인 압박에 시달릴 때에도 사우스웨스트 항공은 성공의 날개를 달고 도약했다.

다른 항공사들처럼 비행 편수를 줄이거나 직원을 해고하기는커녕, 오히려 새로운 항로를 늘리고 6,500명의 직원을 새로 고용했다. 고객에 대한 서비스를 전보다 개선하여 이에 감동받은 승객들이 티켓에서 환불받을 금액을 항공사에 기부하거나 심지어 현금을 기부하기도 했다. 사우스웨스트 항공은 9·11 테러 이후에도 분기마다 흑자를 낸 유일한 대형 항공사이다.

사우스웨스트 항공의 성공 스토리가 많은 이들에게 유익한 깨달음을 전해준 데 용기를 얻어, 사우스웨스트처럼 뛰어난 인재를 확보하고 자사의 성공을 보장하기 위해 남다른 전략을 가지고 있는 다른 기업을 찾아보기로 했다. 《너츠!》를 집필하면서 〈포춘〉의 최고 기업 리스트에 올라 있는 여러 기업은 물론, 어떤 목록에도 올라 있지는 않지만 해당 지역에서는 최고로 알려진 기업까지도 연구했다. 의욕적이고 열정적이며 자기가 하는 일을 사랑하고 자신의 기술, 재능, 소질을 최대한 발휘하고자 노력하는 훌륭한 인재로 가득 차 있는 기업을 찾아보고, 그 기업이 정확히 어떤 이유로 다른 기업과 차별화되는지 짚어내려 했다.

《너츠!》를 출판한 지 여러 해가 지난 지금도 사우스웨스트 항공은 여전히 매우 독특하고 기발한 경영 수완을 보여주고 있다. 그러나 그 밖에도 다른 무언가 더 있음을 알게 되었다. 나름대로 기발한 경영 전략을 구사하는 다른 많은 기업들도 사우스웨스트 항공처럼 독특한 특징이 있었다. 이들은 신성불가침으로 여겨지는 전통적인 경영 방식을 주저 없이 타파하는 이른바 '배짱 있는 경영자'가 운영했다. 그런 경영진이 소프트웨어 회사, 광고회사, 군대에 이르기까지 곳곳에 포진해 있다. 이들은 기존의 경영규칙, 관행, 관습을 과감히 버릴 줄 아는 용기가 있었다. 또한 이들은 새로운 길을 개척하고 항상 직원을 우선시하며 다음 세기의 기업 문화를 주도할 혁신적인 작업 방식을 연구해내는 배짱 있는 리더였다.

이 책을 읽는 독자들도 배짱 있는—더욱 포용력이 있고 사려 깊으면서 용감하고 무엇보다도 유능한— 리더가 되기를 희망한다. 여러분도 여러분이 속한 세계에서 기존 기업의 관습을 깨부술 수 있다. 배짱만 있으면 된다.

차례

5장— 배짱 있는 리더는 **사랑으로 이끈다**

6장— 배짱 있는 리더는 **대의명분을 구체화한다**

7장— 배짱 있는 리더는 일을 재미있게 한다

1장

배짱 있는 리더는
상식을 뒤집는다

Guts!

용기는 인간의 모든 덕목에서도 최우선으로 여겨야 할 덕목이다. 용기야말로 다른 모든 덕행을 가능하게 하는 것이기 때문이다.
윈스턴 처칠

두려움에 사로잡혀 꿈을 잃어버린 사람만큼 불안한 사람은 없다.
노먼 커즌스

직원을 위할 줄 아는
배짱 있는 리더, 짐 블랜차드

　　배짱 있는 리더는 자기 직원을 자본, 연료, 석유, 공장 기계처럼 돈을 주고 사서 마음 내키는 대로 배치해 쓰다가 필요 없어지면 폐기처분할 수 있는 자원의 개념으로 생각하지 않는다. 그들은 직원을 독특한 재능과 능력이 있는 개인으로 보고 그들이 가진 잠재력을 실현할 수 있도록 도와준다. 또 배짱 있는 리더는 경쟁사의 비난이나 놀림 따위를 두려워하지 않는다. 자기만의 비전과 용기를 가지고 기존의 무사안일주의 경영방식에서 탈피하여 성심, 영혼, 원칙, 신의, 인간미가 담긴 경영을 함으로써 장기적인 수익 극대화를 노린다. 이들은 배짱 있는 경영으로 사업 수준을 한 차원 끌어올린다. 이 책의 목적은 배짱 있는 경영이 이처럼 탁월한 사업성과를 올릴 수밖에 없는 이유와 방법을 설명하는 것이다.

　　배짱 있는 리더는 열심히 일하고, 일을 사랑하며 즐기고 자신이 옳다고 믿는 가치를 고수하면서도 많은 돈을 벌 수 있음을 보여준다. 6년 동안 그들의 행동을 지켜본 뒤, 이를 다른 사람들에게도 널리 알려야겠다는 생각이 들어 이 책을 쓰게 되었다.

시노버스의 사장이자 최고경영자, 짐 블랜차드

경영자가 직원을 위해서 일하다니? 직원이 상사를 위해 일하는 것 아닌가? 하지만 시노버스 파이낸셜(Synovus Financial)에서는 그렇지 않다. 시노버스의 사장이자 최고경영자인 제임스 H. 블랜차드(James H. Blanchard)는 자신이 직원을 위해 일한다는 사실을 누누이 강조한다. 격려, 교육, 물질적 지원, 마음의 안정 등 직원의 성공과 발전에 필요한 모든 것을 제공해주는 것이 그의 임무이다.

블랜차드의 유별난 경영방식을 가리켜 사람들은 '섬기는 리더십'이라 하는데, 이는 요즘 수많은 기업을 휩쓸고 있는 혁신적 개념이다. 블랜차드가 빼놓지 않고 하는 일은 기존의 틀을 깨부수자는 내용의 안건을 가지고 매주 회의를 여는 것이다. 이 회의에서 맨 처음 제시되었던 안건은 '우리가 회사에서 하는 가장 어리석은 짓 25가지는 무엇인가?'였다.

섬기는 리더십은 시노버스 직원은 물론 회사 수익에도 여러 가지 면에서 유익한 결과를 가져왔다. 직원의 처지에서 보면, 현재 직원 수가 1만 400명에 달하는 이 회사는 〈포춘〉이 선정한 '미국에서 가장 일하기 좋은 100대 기업' 목록에서 항상 높은 순위를 지켜왔다. 특히 1999년에는 1위로 선정되기도 했다. 경영 실적 또한 대단하다. 2002년도 시노버스의 자본 규모는 710억 달러에 달했는데, 이 가운데 자산이 210억 달러가 넘고 수입 총액은 17억 달러 이상, 이윤은 3억 6,500만 달러였다. 이것은 새로운 과제를 부여받고 회사에 헌신하는 직원과 튼튼한 재무 구조가 이룩한 결과이다. 이 정도면 감이 잡히지 않는가?

시노버스는 미국 조지아 주 콜럼버스에 본사를 둔 대형 종합금융서비스 회사다. 100여 년 전 콜럼버스 은행 신탁회사(Columbus Bank & Trust Company)라는 이름으로 사업을 시작한 이 회사는 현재 시노버스 보험, 시노버스 모기지, 시노버스 주식, 시노버스 신탁 등 미국 남동부 40개 지역 은행을 아우르는 대규모 금융사로 성장했다.

그뿐 아니라 시노버스는 미국 최대 규모의 지불 처리 시스템인 TSYS의 80% 이상을 점유하고 있다. 신용카드업계의 개척자이기도 한 시노버스는 1959년 세계 최초로 신용카드를 발급한 회사이다. 그로부터 14년 뒤에는 컴퓨터를 통해 은행 계좌 데이터에 접근할 수 있는 획기적인 소프트웨어 제품을 개발했고, 이를 활용하여 다른 은행의 정보, 특히 그 수가 급속하게 늘어나던 신용카드 계좌 관련 정보 등을 처리했다. 카드 정보 처리 외에도 TSYS를 통해 컴퓨터 장비 판매와 대여, 다이렉트 메일과 텔레마케팅 서비스, 시중은행 카드 제작업 등을 담당했다.

이처럼 사업 규모가 큰 회사이면서도 시노버스는 소도시 주민들을 위한 개인 고객 뱅킹, 모기지 뱅킹, 신용카드 사업 등을 전담하며 지역 경제의 핵심적 역할을 맡고 있는 지역 은행을 위한 서비스 제공에 주력하고 있다. 현재 250여 개 지역에서 활동하고 있으며 그 수는 꾸준히 증가하고 있다.

은행 수입은 대부분 조지아 주에서 나오지만 지난 10년 동안 조지아 주 외에 다른 주로 사업을 확장하여 앨라배마, 플로리다, 사우스캐롤라이나, 테네시 주 등지에도 은행을 보유하게 되었다. 인터넷 뱅킹과 투자 뱅킹에까지 사업 분야를 확장하면서 점차 포트폴리오를 다양화하고 자동차회사, 생명보험사, 부채 회수 분야 최고 업체인 월레스 앤드 디

마요(Wallace & De Mayo) 등 유수 기업을 인수했다.

혹시 궁금해 할 독자를 위해 밝혀두는데, 1989년에 회사명을 콜럼버스 은행 신탁 회사에서 시노버스로 바꾸었다. 시노버스는 시너지(synergy)와 노버스(novus)를 합성한 말로, '같은 분야의 다른 어느 업체와도 차별화되는 탁월한 품질의 서비스를 제공하는 회사'라는 뜻을 담고 있다.

아이디어 시티를 건설한
배짱 있는 리더, 로이 스펜스

미국에서 세 번째로 큰 광고회사이자 지금은 옴니콤 그룹(Omnicom Group)의 자회사인 GSD&D는 사실 아이디어를 파는 기업이다. 1971년, 텍사스대학 졸업생 6명이 아이디어가 커야 사업을 크게 할 수 있다는 생각을 바탕에 두고 회사를 설립했다. 텍사스 주 오스틴에 있는 GSD&M의 본사 아이디어 시티(Idea City)의 직원들은 통찰력 있는 아이디어와 전략을 개발하여 누구라도 깜짝 놀랄 만큼 빠른 속도로 자사의 고객이 목표를 성취하게 만든다. 이전에는 존재하지 않았던 새로운 것을 만들어내려는 거의 원초적이라고 할 수 있는 GSD&M의 경영진의 기업가 정신이야말로 초창기부터 지금까지 GSD&M을 이끌어온 원동력이다. 처음에는 몰랐지만 바로 이 정신이 이 회사의 핵심 이념이 되었다.

아이디어를 짜내고 창조하는 일은 흥미롭고 긴장감이 있으며 전력투구하게 만들고 중독성 있는 작업이다. 우리가 하는 일은 바로 이런 일이다. 이런 일은 우리를 끊임없이 노력하게 만든다.

GSD&M의 창립 멤버 6명 가운데 한 사람이자 사장인 로이 스펜스(Roy Spence)는 자신만의 도시를 건설하려는 꿈이 있었고, 이 꿈을 실현하기로 마음먹었다. 창의력이 가장 뛰어난 인재를 모으자고 생각한 스펜스는 그의 정예 팀에게 자극을 줄 수 있는 새로운 작업 공간을 만들려고 했다. 그리고 획기적인 발상을 했다. 기발한 방식으로 직원들을 한데 섞어놓아서 독창적인 착상이 떠오르게 만드는 전위적인 공간 '아이디어 시티'를 구상하고 건설한 것이다. 어찌 보면 고대 그리스의 시장 같고 어찌 보면 소호 아틀리에 같기도 한 아이디어 시티는 기존의 구태의연한 작업 방식이 고개를 내밀 때마다 이를 일격에 타파할 수 있도록 설계되어 있다.

아이디어 시티는 분위기를 너무 엄숙하게 하지 않으며 다른 회사에서 종종 저지르기 쉬운 창의력을 묵살하는 허위적이고 위선적인 태도를 경계한다. 아이디어 시티의 아이디어 타워 두 개 가운데 하나에는 암소 형상을 한 커다란 헝겊 인형이 도르래 위에 앉아 있고, 방음벽이 설치되어 있는 또 다른 타워에는 아이디어를 주거니 받거니 하는 모습을 상징하는 탁구대가 있다. GSD&M의 직원들은 홈그라운드에서 일을 한다. 즉 카피라이터들은 그래피티로 장식된 그리니치 빌리지에서 일하고 재정 담당자들은 금융가에서 일을 하는 식이다.

'엉덩이는 뇌에 연결되어 있다(즉 어디에 앉아 있느냐에 따라 생각이 달라진다)'는 이론에 입각하여 GSD&M사는 창의력을 끌어낼 수 있도록 설계된 30개의 작은 전쟁실(war room)을 마련해놓았다. 예를 들어 칠리스 식당(Chili's Bar & Grill)을 고객으로 맡고 있는 직원들이 사용하는 전쟁실에는 칸막이가 설치된 식탁, 메뉴판, 테이블 위에 매달린 티파니 스타일의 램프 등이 구비되어 있다. 다른 방에도 해당 고객 회사에서 제공해준 다양한 브랜드별 상품과 관련 정보가 가득 채워져 있다.

물론 뉴욕이나 로스앤젤레스 같은 광고 회사가 밀집된 곳이 아닌 오스틴에 아이디어 시티를 건설하기로 결정하는 데에는 위험 부담이 있었다. 그러나 지난 세월 동안 해마다 두 자릿수의 수익 증가율을 기록하면서 스펜스의 결정이 옳았음이 입증되었다.

이제 GSD&M사는 아메리테크(Ameritech), 찰스 슈왑(Charles Schwab), 사우스웨스트 항공(Southwest Airlines), 월마트(Wal-Mart), 미 공군, 세계 골프 챔피언십(the World Golf Championships) 등의 고객에게서 연간 10억 달러 이상의 수익을 올리는 대규모 회사로 자리 잡았다. 그리고 〈애드위크(Adweek)〉라는 광고 전문 잡지에 6번이나 올해의 광고회사로 선정되기도 했다.

다른 라이벌 회사처럼 GSD&M사도 세기말 경기 불황으로 고전을 면치 못한 적도 있었다. 2002년에는 매출이 25%나 감소하여 6,080만 달러에 그쳤다. 그러나 이러한 어려움에도 불구하고 직원을 565명으로 6% 가까이 늘렸다.

이따금씩 찾아오는 경기 불황도 GSD&M처럼 배짱 있고 아이디어 파워가 있는 회사의 기를 죽이지는 못하는 것 같다. 그 좋은 예가 오리건 주 스프링필드에 있는 힐튼호텔 체인 더블트리호텔(Doubletree Hotels)이다.

예전처럼 고급 객실, 수영장, 친절한 서비스 등에 초점을 맞추는 대신 호텔의 새로운 트레이드마크로서 초콜릿칩 쿠키를 개발해보는 것이 어떻겠냐고 GSD&M이 더블트리호텔 측에 제안했다. 호텔에 와서 체크인하는 손님들에게 제공된 이 쿠키는 더블트리호텔의 새로운 주요 사업 전략이 된 호텔에서의 달콤한 꿈과 마음의 평화를 상징하게 되었다. 그 결과 호텔 방문객이 하루 평균 2천 명에서 1만 3천 명으로 폭증했으며, 더블트리호텔은 미국 일류 호텔 가운데 가장 빠른 성장세를 보이는 호텔이 되었다.

남을 믿을 줄 아는
배짱 있는 리더, 해리 쿼드라치

자기가 세운 회사를 다른 사람에게 맡기는 데는 배짱이 필요하다. 세계 최대 인쇄 회사 쿼드/그래픽스(Quad/Graphics)의 창립자이자 사장인 고(故) 해리 쿼드라치(Harry V. Quadracci)야말로 바로 이런 배짱이 있는 인물이었다. 쿼드/그래픽스는 〈인스타일〉, 〈내셔널 지오그래픽〉, 〈뉴스위크〉, 〈피플〉, 〈타임〉, 〈U.S. 뉴스&월드 리포트〉 등의 잡지 외에 랜드스 엔드(Lands' End), 릴리언 버넌(Lillian Vernon), 빅토리아 시크릿(Victoria's Secret) 같은 회사의 DM, 안내서적, 광고지, 카탈로그도 찍어내는 회사이다. 쿼드라치는 직원들에게 더 많은 권한을 위임할수록 직원들의 실적이 더욱 향상된다는 믿음 아래 참견하지 않는 경영을 실천했다. 이처럼 오랜 세월 직원을 신뢰하는 경영을 펼친 결과 6개 계열사를 설립하게 되었고, 직원에게 이 회사의 소유권을 일부 위임하거나 전임 중역 자리를 내주었다.

'참견하지 않는 경영'의 극단적인 예는 2002년 7월에 쿼드라치가 물에 빠져 갑작스럽게 사망한 뒤에도 계속 운영되는 연례행사인 쿼드 유니버시티(Quad University)에서 볼 수 있다. 행사 기간에 쿼드의 모든 간부는 쿼드/그래픽스 건물에서부터 수백 킬로미터 떨어진 곳에서 2~3일 동안 열리는 모임에 참석하는데, 이 기간에는 말단 직원이 업무 계획, 최신 인쇄기와 바인더 관리, 완제품 배송, 위기관리, 고객 관리 등 모든 일을 책임진다.

쿼드라치가 정신이 나갔던 것일까? 그렇지 않다. 그에게는 남다른 배짱이 있었을 뿐이다.

쿼드라치에게 자식 같은 존재인 쿼드/그래픽스는 1971년 위스콘신 주 페워키(Pewaukee)라는 작은 마을의 버려진 공장에서 소규모로 시작되었다. 종업원 11명에 임대한 인쇄기 한 대, 빌려온 바인더 한 대가 전부인 회사였다. 페워키는 인쇄업의 중심지에서 워낙 멀리 떨어져 있었기 때문에 어떤 회사도 맡지 않으려고 하는 일거리밖에 다른 일은 구할 수 없었다. 운송 담당 부사장인 빌 데자(Bill Deja)는 "무슨 일이든 시키기만 하면 다 하는 회사였다"라는 말로 어떤 어려움도 이겨낸다는 쿼드/그래픽스의 기업 문화를 간단히 요약했다.

처음에는 경력 있는 직원을 고용할 형편이 못 되어서 초보자를 데려다가 교육했다. 그러다가 사세가 번창하면서 이들을 승진시키고 더 많은 책임을 부여했다. 참견하지 않는 경영에는 경영 구조를 될 수 있는 대로 수평으로 유지하고 누구라도 책임자 자리에 앉을 수 있도록 하는 정신도 포함되어 있었다. 직원들에게 권한을 부여하고 최고경영자 자리까지 바라볼 수 있게 해줌으로써 융통성 있는 경영 구조를 확립하고 직원들에게 무엇이든 할 수 있다는 자신감을 심어주었다.

그러던 중 1977년에 첫 거물급 고객인 〈뉴스위크〉와 계약을 체결했다. 지금까지도 유지되고 있는 이 계약 덕택에 최신 기술을 도입할 자금을 마련했다. 개인 회사였기 때문에 1980년대에 불어 닥친 합병과 인수, 부채 비율 증가의 바람을 피할 수 있었다. 은행에서는 장비를 최신식으로 바꾸는 데 필요한 자금을 기꺼이 대출해주었다.

지난 10년 동안 쿼드/그래픽스는 다국적 기업으로 성장하여 아르헨티나의 인쇄업을 상당 부분 장악하고 브라질과 폴란드에 인쇄 회사와 합작 회사를 설립하기도 했다. 또한 카탈로그 등의 물품에 대한 대규모 배송 서비스를 제공하는 파슬/다이렉트(Parcel/Direct) 사를 설립했다. 1만 1천여 명에 달하는 직원이 회사의 수익에 대한 권리를 가지면서 2002년에는 매출액이 전년도 대비 6% 가까이 성장하여 18억 달러를 기록했다.

가치관을 소중히 여긴
배짱 있는 리더, 콜린 버렛

콜린 버렛(Colleen Barrett)은 많은 이들에게 퀸 오브 하츠(Queen of Hearts)로 알려져 있다. 3만 5천 명이 넘는 직원을 거느린 사우스웨스트 항공의 사장이자 최고 운영자인 콜린 버렛은 미국 항공업계에서 여성으로서는 최고위직에 앉아 있다. 대중 앞에 나서기를 꺼리는 그녀는 30여 년 전 텍사스 주 댈러스에서 회사 창립을 도운 건국 공신이며 사우스웨스트 항공의 남다른 기업 문화를 이끌어낸 인물이다.

1990년에는 '스피릿(SPIRIT)'이라고도 부르는 회사의 핵심 가치관을 보존, 장려할 목적으로 사내에 기업 문화 위원회를 조직했다. 그때는 기업 문화라는 개념이 지금처럼 널리 받아들여지지 않던 때였다. 그러나 콜린 버렛은 사우스웨스트 항공을 다른 경쟁업체와 차별화하기 위해서는 기업 문화가 핵심적인 역할을 할 것이라고 간파했다. 이 스피릿이라는 가치관 덕택에 사우스웨스트 항공은 경쟁력을 튼튼히 기를 수 있었다.

사우스웨스트 항공과 이 회사의 전설적인 창립자 허버트 켈러허(Hebert D. Kelleher)에 대해서는 수천 개의 글이 씌어졌지만, 버렛이 회사에 어떤 공헌을 했는지를 다룬 글은 거의 없었다. 버렛이 어디에 우선순위를 두고 있는지 보면 그녀의 가치관을 알 수 있다. 사우스웨스트 항공은 1997년에서 2001년까지 〈포춘〉의 미국에서 일하기 가장 좋은 100대 기업 목록에서 5위 밖으로 벗어난 적이 없었다.

그러다가 2002년에는 이 목록에 오르지 못했다. 왜 그랬을까? 이는 버렛이 과감하게, 목록에 오른 다른 회사들과의 경쟁을 포기하고 목록에 오르는 영광을 얻는 데 들어가는 10만 달러의 가치에 해당하는 직원 근무 시간을 절약했기 때문이다. 버렛은 남들에게 좋은 소리나 듣는 것보다는 실적으로 다른 회사와 승부하는 것이 더 중요하다고 직원들에게 말했다.

9·11 테러 이후의 사우스웨스트 항공

- 단 한 명의 인원 감축도 없이 100% 가동률을 유지했다.
- 직원들에 대한 이익 배당(PS)과 연금제도를 충실히 이행했으며, 그 총액은 1억 9,750만 달러에 달했다.
- 새로운 항로를 개설했다.
- 미국 국내 항공업계에서 차지하는 승객 마일당 운임 수입(RPM) 점유율이 약 25% 증가했다.
- 2002년도에 발표한 수익이 55억 달러 이상이었으며, 이 가운데 순이익이 2억 4,100만 달러였고, 항공업계 전체의 평균 경영 마진이 26.02%에 지나지 않았던 것에 반해 사우스웨스트 항공의 경영 마진은 30.5%였다.

이것이 현명한 행동이었는지는 독자들이 직접 판단해보라. 9 · 11 테러가 발생한 후 수많은 미국 항공사들이 자금을 대출받고 여객기 주문을 취소하고 비행 편수를 줄이고 직원을 해고하고 비행기 이용료를 낮추어야 했다. 그러나 사우스웨스트 항공의 사정은 전혀 달랐다. 사우스웨스트 항공의 직원들은 여전히 자신 있고 헌신적이고 열성적이며 협조적이고 자부심 강한 직원으로서 어깨를 펼 수 있었다.

사우스웨스트 항공은 허브 켈러허와 콜린 버렛에서부터 시작된 대담하고 배짱 있는 경영 덕택에 미국에서 가장 뛰어난 인력을 보유하게 되었을 뿐 아니라 서비스, 안전, 능률면에서도 타의 추종을 불허하는 항공사로 발돋움했다.

버렛은 직원이 고객을 대할 때 늘 염두에 두었으면 하는 바를 자기 자신이 직원을 대할 때 실천해보임으로써 사우스웨스트 항공의 브랜드 파워를 키워냈다. 무엇이든지 남에게 대접받고자 하는 대로 너희도 남을 대접하라는 성경의 황금률을 실천한 것이다.

과감하게 돈을 쓴
배짱 있는 리더, 짐 굿나잇

돈으로 사람의 마음을 사는 것은 어리석은 짓일
까? 인공지능 소프트웨어 업계의 세계 선두주자인 SAS 인스티튜트의
공동 창립자이자 최고경영자인 짐 굿나잇(Jim Goodnight)은 그렇지 않다
고 생각한다. 그는 직원들이 자기 업무에 몰두할 수 있게 도와줄수록
회사에 더 놀라운 결과를 가져올 수 있다고 믿고 있으며, 이미 이를 입
증할 성과도 거두었다.

1976년 당시 노스캐롤라이나 주립대학 교수였던 굿나잇은 친구와
함께 학창 시절에 개발한 통계분석 소프트웨어를 상용화할 회사를 설
립하고 소프트웨어의 이니셜을 따서 회사 이름을 붙였다. 노스캐롤라
이나 주 캐리에 본사를 두고 있는 SAS는 지금도 굿나잇의 재산으로 남
아 있다. 굿나잇은 회사 지분의 3분의 2를 소유하고 있으며 나머지는
공동 창립자인 존 샐(John Sall)이 보유하고 있다.

회사 설립 이후 두 사람은 SAS를 직원 수가 9천 명에 이르며 세계 53

개국에 지사를 두고 있는, 수익이 1억 달러를 웃도는 세계 최대의 민간 소프트웨어 회사로 변모시켰다. 최근 기술 파동이 있기 전까지만 해도 24년 연속 두 자릿수의 수익 증가율을 자랑하는 회사였다. 거의 모든 업계에서 사용하는 최신 분석 소프트웨어를 개발하여 회사가 데이터베이스를 구축하고 그 결과물을 활용하여 재정에서 인력 관리, 자금 세탁 의혹이 있는 거래 적발에 이르기까지 모든 분야를 관리할 수 있게 해주었기 때문이다. 이러한 기술적 역량 외에도 고객에게 하루 24시간 1년 365일 내내 중단 없는 서비스를 제공하여 연간 98%라는 놀라운 계약 연장률을 기록했고, 회사 매출의 80%가 여기에서 나온다.

회사의 계약 유지 비율이 이처럼 높은 것은 독특한 대금 지불 방법 덕택이다. 대부분의 소프트웨어 제조업체와는 달리 SAS는 제품 특허를 판매하지 않는다. 고객은 이용자 50명당 연간 약 5만 달러에 달하는 특허 사용료를 지불한다. 고객이 특허 사용 계약을 갱신하지 않으면 고객의 회사에 설치된 SAS의 제품과 모든 응용 프로그램을 더는 사용할 수 없게 된다.

물론 제품이 계속 돌아가고 고객이 제품에 만족하는 것은 유능하고 헌신적인 직원이 있기에 가능한 일이다. 바로 이 부분이 짐 굿나잇의 수많은 업적 가운데 가장 중요한 것일지도 모른다. 직원이 편히 살 수 있게 해주면 직원 또한 직장을 위해 전력을 다한다는 것이다. 짐 굿나잇은 직원의 삶을 훨씬 더 편안하고 쾌적하게 만들어준다. 이직률이 높기로 소문난 소프트웨어 업계이지만, SAS의 직원들은 본드처럼 달라붙어서 회사를 떠나지 않는다. 그래서 SAS는 신입 직원 채용, 교육, 기존 직원과의 융화 도모 같은 골치 아픈 과정을 겪지 않고 이에 들어가는 비용을 절감한다.

스탠퍼드 대학 교수인 제프리 페퍼(Jeffrey Pfeffer)의 말에 따르면, SAS 정도 규모의 소프트웨어 회사는 보통 매년 1천 명이 넘는 직원을 새로 충원해야 한다. 그러나 SAS는 그 수가 100명 미만이다. 바로 이런 차이 덕택에 연간 6천만 달러에서 8천만 달러를 절감한다고 한다.

굿나잇의 과감한 직원 비위 맞춰주기 정책은 여러 가지 형태로 나타난다. 먼저 주당 35시간만 일해도 된다. 병가를 무제한으로 쓸 수 있으며 가족이 아플 때에도 병가를 쓸 수 있다. 나이 드신 노부모를 위해 회사 내 전문가들이 전문적인 도움을 제공한다. 배우자에게도 수당을 지급한다. 본사에서 일하는 경우 식비까지 포함해서 한 달에 300달러만 내면 본사 안과 밖에 각각 두 개씩 설치된 몬테소리식 탁아소 가운데 한 곳에 미취학 자녀를 맡길 수 있다.

100만 제곱미터에 이르는 넓은 대지에 세워진 24개 빌딩에는 층마다 휴게실이 있으며, 이 안에서는 과일, 주스, 사이다, 땅콩버터, 크래커 그 밖의 여러 가지 간식이 무료로 제공된다. 제대로 된 식사를 하려면 남부의 가정식 식사가 제공되는 식당과 좀더 다양한 메뉴를 선보이는 식당 가운데 한 군데를 고르면 된다. 2002년 당시 식당 점심식사 가격은 3달러 50센트로 고정되어 있었다. 식사 뒤에는 올림픽 경기장 규모의 수영장, 요가장, 댄스장, 축구장, 테니스 코트, 골프장이 구비된 5만 4천 제곱피트 넓이의 체육 시설에서 무료로 전문가의 개인 지도를 받으며 운동을 즐길 수도 있다.

한 번은 어떤 사람이 짐 굿나잇에게 몸이 좋지 않은 아이들을 위한 병실을 따로 제공해줄 수 없겠냐고 질문했다. 이에 대해 굿나잇은 "병실 따위는 절대 짓지 않겠다. 아이가 아프면 회사에 나오지 말고 아이와 함께 집에 있어주어야 한다"라고 대답했다.

물론 굿나잇이 이렇게 직원들을 배려하는 것은 자기가 원하는 바를 얻기 위해서이다. 자기 가족과 생활이 편안해서 일에 전념할 수 있는 직원을 두고자 하는 것이다. 이와 같은 직원을 위한 과감한 투자가 결국 회사에 성공을 가져다주었다.

사회에 봉사하는
배짱 있는 리더, 프레드릭 홀즈버거

아름다움은 피부 한 꺼풀에 지나지 않는다. 그러나 요즘같이 외모를 중시하는 사회에서 미용 제품 제조 회사가 이를 증명한다는 것은 상당히 배짱 있는 행동이 아닐 수 없다. 그렇다면 어떤 방법이 있을까? 프레드릭 홀즈버거(Frederic Holzberger)는 모든 직원들에게 하루 유급 휴가를 주고 그날에는 자신이 선택한 지역 자선 단체에서 자원봉사 활동을 하게 함으로써 직원들이 내면의 아름다움을 가꾸도록 했다. 홀즈버거는 오하이오 주 신시내티에 본사를 두고 아베다(Aveda)의 환경 친화적 미용 제품을 독점적으로 공급하는 프레드릭 코퍼레이션(Fredric's Corporation)의 사장 겸 최고경영자인데, 사회를 위해 일하지 않고서는 누구도 충만한 삶을 살 수 없다고 생각했다. 그리고 자신의 믿음을 행동으로 옮겼다.

하루 유급 휴가를 주는 대신 홀즈버거는 직원들에게 한 가지를 당부했다. 그 하루를 어떻게 보냈는지를 알려달라는 것이었다. 이 실험을 1

년 동안 지속한 결과 기대 이상의 성과를 거두었다. 직원들은 자신의 흥미를 끄는 사회봉사 활동에 참가하여 사회를 바라보는 생각을 넓히고 자신의 삶 자체를 변화시켰다. 홀즈버거는 직원들의 이야기를 듣는 동안 자신의 삶까지도 바뀌는 것을 느꼈다. 이 밖에도 한 가지 소득이 더 있었다. 자신의 경험을 홀즈버거에게 들려주는 과정에서 직원들은 최고경영자와 친밀한 일대일 대화를 나눌 수 있었던 것이다.

또한 홀즈버거는 회사에서 공급하는 제품과 그 제품을 판매하는 미용실이나 소매업체 등의 고객을 위해서도 최선을 다한다. 지금은 에스티 로더(Estée Lauder)의 소유가 된 아베다는 고객이 자연을 더 가까이 느낄 수 있도록 해주는 다양한 종류의 제품을 판매하는 브랜드로, 단순히 고객의 외모와 삶의 질을 개선하는 데에 목적을 두지 않고 순식물성 재료를 사용한 제품과 치료약을 만드는 데 주력한다. 또한 아베다는 개인의 생활과 기업 경영 모두에서 환경주의에 중점을 둔다.

홀즈버거는 아베다를 널리 홍보할 목적으로 가게 10개를 직접 운영했다. 처음에는 고객의 75%만이 아베다가 어떤 브랜드인지를 알고 있었지만, 제품 및 브랜드 홍보를 강력하게 펼친 결과, 백화점 안의 어떤 미용 제품 브랜드보다도 매장 1제곱피트당 매출액이 많은 회사가 되었다. 프레드릭 사는 경기가 침체되었을 때조차도 두 자리 숫자의 수익 증가율을 기록했다. 2002년에는 매출액이 3,680만 달러를 웃돌았는데, 이는 전년도 대비 13% 증가한 수치였다.

아베다의 창립자인 호스트 레첼바커(Horst M. Rechelbacher)는 홀즈버거가 이상적인 리더라고 생각했다. 열성적인 환경 보호론자 홀즈버거는 직원에게 진실한 격려를 아끼지 않는 회사 분위기를 조성하기도 했다.

대부분 여성으로 구성된 홀즈버거의 직원들은 운동 시설, 아로마테라피, 직장내 탁아소, 유기농 식당, 장학 제도, 이익 분배, 자사에 대한 투자 기회 등의 혜택 외에도 후한 보너스, 휴가, 보험 혜택까지 누리고 있다. 물론 회사를 그만두는 직원은 거의 없다.

　홀즈버거는 직원들 대부분이 가사, 자아실현 욕구, 회사 업무 사이에서 어렵사리 균형을 유지하고 있다는 것을 잘 알고 있다. 홀즈버거는 직원의 말에 늘 귀를 기울이고 이들을 지켜보면서 가능한 한 모든 방법을 동원해 직원을 도우려고 하는 배짱 있는 리더이다.

배짱 있는
리더 이야기

다음 장에서 여러분은 배짱 있는 리더와 그들이 어떻게 회사를 일구었는지에 대해 더 많은 이야기를 접하게 될 것이다. 잘 알려진, 또는 알려지지 않은 여러 훌륭한 회사의 리더들에 대한 더 많은 사실을 알게 될 것이다. 봉 마르셰(Bon Marche), 플래닛 혼다(Planet Honda), 홀 푸드 마켓(Whole Foods Market), USAA, 그 밖의 수십여 개의 다른 회사(비영리 조직 포함)들이 우리에게 기발한 경영 방식의 모범을 보여주었다. 어떤 회사의 이야기를 다룰지를 결정하기 위해서 여러 회사를 방문해보았다.

이 책에 등장하는 회사 중에는 우리가 직접 직원으로 일을 해본 회사도 있고 잡지나 신문을 보고 선택한 회사도 있는데, 훌륭한 회사 한 곳을 발굴하면 이와 관련 있는 다른 회사도 연이어 발굴할 수 있었다. 방법이야 어찌 되었든 일단 발굴한 회사에 대해서는 철저히 조사했다. 각회사마다 독특한 경영 마인드가 있었지만 다음과 같은 공통점이 모든 회사에게서 발견되었다.

- 업계에서 다른 회사를 뒤따라가지 않고 선구자 역할을 한다.
- 장기적인 경영 성과와 특출한 사업 실적을 보여준다.
- 잘 알려진 기업이건 밖으로 드러나지 않는 기업이건 간에 자사의 직원들이 회사의 정책 결정에 깊이 참여하고 뛰어난 성과를 올릴 수 있도록 격려하는 데 주력한다.
- 직원들을 회사의 자산이나 자원으로 보지 않고 개별 인격체로 대우한다.
- 배짱 한 번 대단하다!라는 말이 나올 만큼 혁신적인 일을 벌이고 있다.
- 이들이 하는 일을 다른 회사에서 모방한다면 그 회사 역시 성공을 거둘 것이다.
- 누구라도 들어가서 일하고 싶은 회사를 운영하고 있다.

배짱 있는 리더에게는 자기만의 비전이 있고, 그 비전을 현실로 만들 수 있는 능력도 있다. 이들은 자신이 믿고 소중히 여기는 가치관을 자신의 삶에서 몸소 실천함으로써 본보기를 보여 다른 이들을 감화시킨다. 자연스럽게 다른 이들에게 깨달음을 주어 한층 더 높은 수준의 성취를 이루게 한다. 배짱 있는 리더는 자기 일을 하는 동시에 다른 사람들을 보살피고 지도하고 격려하고 이끌며 심지어 사랑을 베푼다.

이들은 리더십이 단지 지위나 직함에서 나오는 것이 아님을 알고 있다. 리더십은 흔들리지 않는 열정을 가지고 온 힘을 기울여서 무언가 추구할 때 생겨나는 것이다. 사람들은 뭔가 특별하고 색다르며 자기 자신을 온통 바칠 수 있는 조직의 일원이 되고 싶어서 배짱 있는 리더를 따른다. 사람들은 단순한 의무감 때문에 남을 따르지는 않는다. 우리가 연구한 기업들은 다른 기업과 차별화되는 동기 부여, 실적, 회사에 대한 헌신, 충성심을 보여주었는데, 이런 차이는 바로 리더십에서 나오는 것이다.

　배짱 있는 리더는 포용력과 집중력이 있고 자신의 열정을 다른 이들에게 전염시킨다. 영국의 전 수상 윈스턴 처칠(Winston Churchill)은 다음과 같이 말했다.

　"지도자로서 다른 이들에게 영향력을 줄 수 있는 핵심 요소는 자기 자신이 성실해지는 것이다. 감성에 호소하여 다른 이들을 감화시키기 전에 우선 자기 자신에게 진실해져야 한다. 그들이 감동의 눈물을 흘리게 하기 전에 당신이 먼저 눈물을 쏟아내야 한다. 다른 사람을 설득하기 위해서는 먼저 당신 자신에게 믿음이 있어야 한다."

　배짱 있는 리더에게는 믿음이 있다. 이는 당연한 원리이다. 우선, 배짱을 가지면 결국 그 보답을 얻게 된다. 이런 생각을 해보자. 1998년에 〈포춘〉이 선정한 미국에서 가장 일하기 좋은 100대 기업에 투자하고 그 후로도 목록에 오른 회사들에 매년 재투자를 했다면 연간 10.6%의 수익을 올렸을 것이다. 이는 S&P(Standard & Poors)가 같은 기간에 대해 책정한 평균 수익률 5.7%의 두 배에 가까운 수치이다. 그러니 이 점에 주목하자.

　직원들이 일하기에 좋은 회사로 선정되어 〈포춘〉의 목록에 오른 회사들은 모두 예외 없이 사람들이 더 높은 수준의 실적을 올리고 애사심을 발휘할 수 있도록 격려할 줄 아는 배짱 있는 리더가 운영하는 회사이다. 배짱 있는 경영이 그 가치를 발휘한 것이다.

리더의 중요성

지금 우리는 엄청난 혼돈의 시대에 살고 있다. 아서 앤더슨(Arthur Andersen), 엔론(Enron), 글로벌 크로싱(Global Crossing), 타이코(Tyco), 그 밖의 많은 기업들의 붕괴는 대기업과 그 간부들의 정직 및 성실성에 대한 사람들의 믿음을 뿌리째 흔들어놓았다. 이기심과 탐욕에 물든 기업가에 대한 이야기를 듣거나 그런 기업가를 직접 알게 되는 경우도 있다. 그 결과 수천 명의 직원과 주주는 막대한 손실을 입게 된다. 물론 표면상으로는 금전적인 손실이지만 사실 이보다 더 큰 피해는 믿음과 신뢰의 상실이다.

모든 기업이 피해를 입고 직원들은 분노하며 투자자들은 회의를 품게 된다. 수십 개의 회사들이 시장 가치는 물론 한때 그들을 지탱하던 단결력, 에너지, 창의력을 잃어버렸다. 그러니 이런 궁금증이 생기지 않을 수 없다. 이런 기업들이 과연 오늘날의 시련을 견뎌낼 수 있을까? 물론 경영인들이 이 지경이 되도록 내버려둔 주주들에게도 책임은 있다. 지금이야말로 타인을 위해 헌신하고 자신의 몫을 나누어 가질 줄 알며 다른 이들을 격려하고 지도할 수 있는 배짱 있는 리더가 필요한 때이다.

배짱을 가져라

배짱 있는 리더는 타인을 존중하고 그들이 원하는 바를 예견하며 높은 실적을 끌어낼 수 있는 기발하고 유용한 전략을 세울 줄 안다. 이들은 지위 고하를 막론하고 누구에게서든 지식과 정보를 얻는 개방적이고 수평적인 조직문화를 창조해낸다.

그러나 이는 결코 쉬운 일이 아니다. 현상 유지 상태에 머무르지 않고 직원들을 자극하며 언뜻 보기에는 제정신이 아닌 것 같은 기발한 경영 마인드를 실천에 옮기기 위해서는 배짱이 필요하다. 상아탑에서 내려와서 인간의 목소리에 귀를 기울이기 위해서는 배짱이 필요하다. 권력이나 두려움이 아닌 사랑과 신뢰로 다른 이들을 이끌기 위해서는 배짱이 필요하다. 이는 아무나 할 수 있는 일이 아니다.

배짱 있는 리더가 되려면 여기 적힌 대담한 일을 모두 다 해야 하는 걸까? 물론 아니다! 배짱 있는 리더가 될 수 있는 만병통치약 따위는 없다. 여기 적힌 경영 기술은 물론 제대로 활용한다면 놀라운 성과를 가져올 수 있는 것들이다. 이 페이지에 등장하는 리더들에게서 자신에게 맞는 경영 기술을 발견하고 그 아이디어를 여러분이 가지고 있는 재능과 소질에 맞게 활용한다면 여러분과 여러분 회사의 모든 직원이 혜택을 보게 될 것이고 업무 성과도 한층 향상될 것이다.

앞길을 가로막는 사람이 있으면 그와 맞서 싸울 배짱도 있어야 한다. 자신의 실수를 인정할 줄 아는 아량도 가져야 한다. 솔직하게 잘 모르겠다고 인정할 줄도 알아야 한다. 자신보다 더 똑똑하고 유능한 사람과도 잘 어울릴 수 있는 겸손을 지녀야 한다. 끊임없이 변화하는 환경에 자신을 적응시킬 수 있는 개방성과 유연성도 갖춰야 한다. 손쉬운 지름길 따위는 무시할 줄도 알아야 한다. 배짱을 가지고 자신의 느낌과 직관을 믿어야 한다. 옳은 일을 하는 데는 다른 이유가 필요 없다. 옳은 일이기 때문에 하는 것이다. 그것이 바로 배짱 있는 리더십이다.

서로 다른 점

배짱 있는 리더에게는 여러 가지 모습과 스타일이 있다. 대형 소프트웨어 회사 SAS의 짐 굿나잇은 이미 유명 인사가 된 사우스웨스트 항공의 허브 켈러허와는 정반대의 인물이다. 굿나잇은 남들 앞에 나서기를 싫어하고 잘난 체하지 않는다. 대중의 이목을 싫어하지만 직원들이 중요한 업무에 전념할 수 있도록 일상의 소소한 잡일을 처리해주는 배짱과 결단력이 있는 인물임에는 의심의 여지가 없다.

한편 쿼드/그래픽스의 고 해리 쿼드라치는 공휴일 파티에 코끼리를 타고 나타나 직원들을 깜짝 놀라게 하기도 했다. 쿼드라치는 통이 크고 대담하고 배짱이 두둑한 경영 스타일로 성공을 거두었다. 반면 시노버스의 짐 블랜차드는 균형 잡힌 신실하고 믿음 깊은 사람이다. 조용하고 성실한 성품으로 주위의 모든 사람들에게 모범이 되고 있다.

리더들은 각자 스타일도 다르고 전략도 다르다. 그러나 일하기 좋은 직장을 만드는 데는 모두 다 똑같이 대담하고 기존의 관습을 따르기를 거부하는 배짱 있는 리더들이다.

이 책을 쓰기 위해 자료를 수집한 5년 동안 세계에서 가장 배짱 있고 재능 있는 리더들을 만나고 관찰할 수 있는 기회를 얻게 된 것은 특권이자 모험이며 축복이었다. 예술과 마찬가지로 배짱 있는 경영 또한 정의할 수 없고 설명할 수도 없는 무의식적인 욕구와 동기에서부터 나온다는 것을 알게 되었다. 리더들 자신도 자기가 무엇을 어떻게 하고 있는지 말로는 제대로 설명하지 못할 때가 많다. 그저 타고난 본능에 따라 자신의 가치관을 실천하고 직원들을 보살필 뿐이다. 경영 수단을 분석하거나 그 과정을 도표로 나타내거나 자기 스타일을 기록하는 것은 아니다.

이들의 성공 뒤에 어떤 비결이 있는지를 알아내고 직접 경험하다 보니 그것을 글로 기록해야겠다는 욕심이 생겼다. 이들의 이야기와 전략을 독자들과 공유하는 기쁨이 얼마나 큰지 모르겠다. 언뜻 보아서는 눈에 띄지 않을 수도 있는 훌륭한 리더들의 지혜, 기발한 착상, 통찰력을 독자들과 나누고자 하는 것이 우리의 바람이다.

우리가 함께 이야기를 나눈 사람들이 비단 최고경영자들만은 아니었다. 우리는 최고 간부에서 말단 사원에 이르는 모든 임직원들과 심도 있는 대화를 나누었다. 5년 동안의 연구 조사 결과 수천 쪽에 달하는 자료를 얻게 되었고, 이 방대한 자료를 걸러서 이 책을 집필했다. 책을 집필한 목적은 간단하다. 여러분도 배짱 있는 리더가 되기를 바라는 것, 그것이 목적이다.

2 장

배짱 있는 리더는
조직문화를 브랜드로 승화시킨다

Guts!

높은 서비스 품질을 보장하려면 직원들이 회사에 대해 자부심을 가져야 한다. 그래서 직원들의 이익을 가장 우선해야 하는 것이다. 단기적 과제에만 피상적으로 집중하면 주주의 장기적 이익에 해를 끼친다.

리처드 브랜슨

세상에서 가장 멋있는 곳을 꿈꾸고 창조하고 설계하고 건설하는 일은 당신도 할 수 있다. 다만 이 꿈을 현실로 만들어줄 조력자가 있어야 한다.

월트 디즈니

직원은 조직문화의 홍보 대사

몇 년 전, 사우스웨스트 항공의 주차장으로 들어가던 중 본사 앞에 한 젊은 남자가 '쥐꼬리만한 월급이라도 일하겠습니다!' 라고 쓴 팻말을 들고 서 있는 것을 보았다. 사우스웨스트 항공의 배짱 있는 조직문화의 일원이 될 수만 있다면 무슨 일이든 할 각오가 되어 있는 사람 같았다.

또 한 가지 에피소드는 미 상공회의소에서 열린 《너츠》 출판 기념행사에서 있었던 일이다. 한 머리 좋은 조종사가 자신의 이력서가 찍혀 있는 플레이스 매트를 허브 켈러허의 자리에 가져다놓았다. 원하는 게 무엇이었을까? 사우스웨스트 항공의 조종사로 일하고 싶었던 것이다. 이력서를 읽어본 켈러허는 최소한 면접이라도 한 번 볼 수 있도록 주선하겠다고 약속했다.

생각해보라. 단지 면접 기회만이라도 얻기 위해 이처럼 기발한 아이디어를 짜낼 정도라면 일단 취업이 된 후에는 얼마나 열심히 일하겠는가! 장기적인 관점에서 더욱 중요한 것은 이른바 브랜드화된 문화가 있는 회사가 사람들이 일하고 싶어 하는 곳이라는 점이다. 브랜드화된 문화야말로 충성스러운 직원을 거느린 고용주가 되기 위한 핵심 요소이다.

조직문화를 브랜드화하는 일은 긴 시간이 걸리는 과정이다. 문화는 목적지나 프로그램이 아닌 여정이다. 그것이 옳은 일임을 알기 때문에 매일 수천 가지의 사소한 일을 해나가야 이루어지는 것이 문화이다. 당신의 문화에는 목적성이 있는가? 아니면 우연히 형성되었는가? 문화를 창조하는 일은 사람들이 시작한다. 그러므로 고객뿐만 아니라 직원도 보살피는 직장을 만드는 데에서 시작해야 한다. 또한 회사의 목적과 회사의 제품 및 서비스가 장차 어떤 가치를 창출할 것인지를 생각해보는 과정이 필요하다. 당신의 조직문화, 제품, 서비스는 다른 경쟁사와 어떤 면에서 차이가 있습니까? 라고 묻는다면 어떻게 대답할 것인가? 당신의 직원, 문화, 제품, 서비스가 곧 브랜드이다. 당신의 직원이 당신의 조직문화 홍보 대사이다. 이들은 그 어떤 광고, 로고, 슬로건보다도 분명하고 강력한 힘을 지닌 영업 및 홍보 수단이다.

중요한 사실은 (외부 조직이 아닌) 당신 스스로 당신 회사의 조직문화는 어떤 특징이 있는지를 정의 내릴 필요가 있다는 점이다. 컨설턴트의 생각이나 가치관이 아닌 당신의 생각과 가치관을 바탕으로 브랜드화된 조직문화를 세워라. 30여 년 동안 미국 구직자들이 선망하는 직장으로 자리 잡아온 사우스웨스트 항공을 보라. 누구라도 그 일원이 되어 일하고 싶은 직장임을 쉽게 알 수 있다.

자유를 향한 비상

사우스웨스트 항공은 처음부터 독특한 회사가 되려는 열망이 있었다. 사우스웨스트 항공이 다른 항공사와 달리 꾸준히 추구한 목표는 누구라도 비행기를 탈 수 있게 만드는 것이었다. 이 목표가 달성되면서 미국에서는 일반인도 국내선을 탈 수 있게 되었다. 예전에는 꿈도 꾸지 못했던 곳을 비행기로 갈 수 있게 되었고, 직원들은 독특한 방법으로 고객을 모실 수 있게 되었다.

자유는 사우스웨스트 항공의 창립 이념 가운데 하나였다. 이 회사는 직원이 자신의 능력을 발휘하여 안전, 서비스, 비행 스케줄 등에 지장을 주지 않고서도 경비를 절감하는 등의 목표를 성취하도록 끊임없는 지원을 아끼지 않는다. 무엇보다도 2003년도에 미국에서 경영 흑자를 기록한 대규모 항공사는 사우스웨스트 하나뿐이었다. 3만 5천 명이 넘는 직원을 거느린 이 회사는 지금도 창립 이념을 고수하고 있다. 사우스웨스트 항공은 자사의 브랜드화된 문화 덕택에 직원을 선택할 수 있는 위치에 서게 되었다.

'만족'에 그치지 말 것

브랜드화된 문화를 지닌 —직원을 선택할 수 있는— 회사라고 해서 반드시 만족한 직원들만 있는 것은 아니다. 그저 직원을 만족시키는 직장 문화를 만들기만 하면 그만인가? 물론 그렇지 않다! 직원의 만족이 최종 목표였던 시절은 지나갔다. 직원은 만족 이상의 어떤 것을 필요로 한다. 회사에 대한 열정을 가질 수 있기를 갈망하기 때문이다. 직원 만족도 조사 따위는 이제 집어치울 때가 되었다. 또는 최소한 그 명칭만이라도 바꾸어야 할 때다. 이 점을 생각해보자. 직원이 현 상태에 만족한다면 동료나 고객을 위해 일하는 것 이상의 일까지도 추구하려 할까? 열과 성의를 다하여 혁신적인 사업 방안을 내놓으려고 할까? 이미 만족하고 있는 직원이 회사 또는 브랜드의 열성적인 홍보 대사 노릇을 할까?

우리는 직원 만족도 조사 대신 고객들이 조직문화의 모든 측면을 한눈에 알아볼 수 있게 해주는 의견 조사 방법과 고객 충실도 지수를 만들어냈다. 그 목적은 회사에 대한 열의를 자극하고 직원들이 회사 성장에 100% 기여할 수 있도록 동기를 부여하는 조직문화를 형성하는 것이다. 기억하라. 말에는 힘이 있다. 당신이 사용하는 말과 당신이 평가하고 있는 대상에 대해 신중하게 생각해보아야 한다.

충성심이 열쇠

오늘날처럼 인재를 차지하려는 경쟁이 치열한 시대에는 직원의 충성심이 채용 결정을 내리는 데 최우선 요소가 되어야 한다. 직원을 선택할 수 있는 고용주가 되기 위해서 당신은 어떤 일을 하고 있는가? 달리 말해, 단지 만족만 하는 것이 아니라 회사에 대한 충성심까지 있는 직원을 확보한 브랜드화된 조직문화를 만들기 위해서 당신은 어떤 일을 하고 있는가?

우리는 경험을 통해서 직원들이 자기 일과 직장을 위해 혼신의 힘을 다할 때 회사의 브랜드도 열성적으로 홍보한다는 사실을 알아냈다. 물론 조직문화가 매력적이고 강력해서 그 나름의 자체적 브랜드를 만들어내면 고객과 투자자들도 긍정적인 반응을 보인다. 예를 들어 에이번(Avon)은 주요 소비층인 여성을 겨냥한 자연 친화적인 브랜드로서 바디숍(the Body Shop)을 만들었고, 재미와 자유라는 개념을 기반으로 사우스웨스트라는 브랜드를 만들어냈다. 달리 말하자면 이익을 창출하는 것은 단지 회사의 제품이나 서비스뿐이 아니다.

그 회사의 가치관이 어떤지에 따라서도 창출되는 이익이 달라질 수 있다. 직원, 근무 환경, 가치관, 이 모든 것들이 조직문화를 브랜드화하는 데 기여한다. 조직문화는 그 나름의 생명력이 있으며 브랜드와 동일시될 수 있다. 조직문화 브랜드는 직원, 고객, 지역 사회 사이에 정서적, 도덕적, 사회적 유대감을 형성하고 이를 반영한다. 어떤 경우에는 브랜드화된 조직문화가 회사에서 만드는 제품이나 서비스보다도 회사의 명성에 더 큰 기여를 하기도 한다.

결국 핵심은 브랜드화된 조직문화는 그 조직을 다른 경쟁사와 차별화하고 자기만의 리그를 펼칠 수 있게 한다는 사실이다. 또 다른 예로는 수익의 일부를 환경 보호에 사용하는 것으로 유명한 벤 앤드 제리(Ben & Jerry's) 아이스크림이 있다. 환경 문제에 관심이 있는 고객이라면 벤 앤드 제리 아이스크림 값으로 몇 달러를 지불하면서 맛있는 아이스크림을 먹는 것 외에 지구의 건강에 작은 기여를 했다는 뿌듯한 기분까지 느낄 것이다.

간단히 말해 브랜드화된 조직문화는 부가가치를 창출한다. 브랜드화된 조직문화는 자신의 업무 외에 조직문화에도 관심을 둘 줄 아는 올바른 인재를 흡수한다. 나름의 평판을 세워놓았기 때문에 취업 지망생들은 회사에 관해서 그 회사가 생산하는 제품 이상의 정보를 가지고 있을 것이고, 따라서 직원 채용이 훨씬 쉬워진다.

호기심과 열정이 넘치는 사람들

GSD&M의 사장이자 공동 창립자인 로이 스펜스는 홍보 담당 이사 이상의 역할을 맡고 있다. 그는 이상주의자이기도 하다. 아이디어 시티가 무엇인지를 설명하면서 스펜스는 우리에게 이렇게 말했다.

"친구들과 처음 회사를 세우면서 모든 것을 기초부터 배웠다. 톰 피터스(Tom Peters)처럼 하루아침에 갑자기 중역 자리에 오르는 사람은 없다. 대중 매체에서는 그런 일이 가능한 것처럼 떠들어대고 선전을 하지만 그런 것은 절대 믿지 않았다. 직원들에게 어떻게 급료를 지불해야 할지도 몰랐고 각자 어떤 직위를 맡아야 할지도 몰랐다. 다만 상식과 본능적인 윤리 의식을 바탕으로 우리가 하는 일에 최선을 다했을 뿐이다. 회사를 세울 때부터 회사가 판매하는 제품이나 서비스만큼 회사의 이미지도 중요하다는 것을 알았다. … 25년 전치고는 대단한 통찰력이었다."

스펜스의 말처럼, 비전이 있는 아이디어는 매출 증가나 주가 상승 이상의 효과를 낳는다. 비전 있는 아이디어는 시장에서 남다른 고지를 점유하여 경쟁사가 넘볼 수 없는 확실한 고객층을 확보할 수 있게 해준다. 그 회사만의 독특한 조직문화를 반영하고 있기 때문에 어떤 경쟁에서도 빼앗기지 않는 입지를 차지하게 해주는 것이다.

이러한 통찰력을 바탕으로 GSD&M은 자사의 고객이 조직문화를 브랜드화할 수 있도록 도와주었다.

스펜스와 허브 켈러허가 처음 만난 것은 하원의원 선거철에 켈러허가 싫어하는 후보의 광고를 스펜스가 제작해주었을 때였다. 사실 별 볼일 없는 후보였지만 스펜스의 광고 덕인지 그 후보가 하원의원으로 당선되었다. 다음날 켈러허는 스펜스에게 전화해서 함께 술을 마시러 나갔다. 그 뒤로 GSD&M과 사우스웨스트 항공은 괄목할 만한 파트너십을 구축했다.

사우스웨스트 항공의 두 가지 약점인 지정석이 없고 식사가 제공되지 않는 점을 파악해서 이를 강점으로 바꾼 것은 GSD&M이었다. 사우스웨스트 항공은 누구라도 비행기 여행을 즐길 수 있게 해주겠다는 숭고한 이상이 있었기 때문에 기내에 장식물도 달지 않고 대신 누구나 적은 돈으로 비행기 여행을 즐길 수 있도록 싼 값에 서비스를 제공하고 있었다. 지금도 사우스웨스트 항공의 광고에는 '미국 어디든 자유롭게 여행하실 수 있습니다' 라는 문구가 등장한다.

GSD&M이 해결한 문제는 이것 말고 또 있다. 사람들이 텍사스 도로에 쓰레기를 버리는 일을 어떻게 막을 수 있을까 하는 것이 문제였다. 법이나 규제로는 해결되지 않았다. 그래서 GSD&M은 주로 쓰레기를 버리는 18~34세 사이의 남성을 대상으로 텍사스 주의 자존심에 호소했다. 유명한 텍사스 출신 가수들이 출연료도 받지 않고 기꺼이 광고에 출연해서 텍사스 주를 더럽히지 말라는 슬로건이 들어간 CM 송을 불렀다. 그 결과 쓰레기 양이 72%나 감소했다.

GSD&M이 가장 획기적인 창의력을 발휘한 경우는 당시 막 개장한 해양 놀이공원 시월드(SeaWorld) 광고였다. 시월드는 그 존재를 전국에 알리고 싶었고, GSD&M은 놀라운 아이디어를 내놓았다. 사우스웨스트 항공 737기에 범고래처럼 페인트칠을 해서 시월드의 트레이드마크로 제시했다. 이 광고는 큰 효과를 보았고 사우스웨스트까지 덤으로 이득을 보았다! 그 비행기는 샤무 원(Shamu One)이라는 이름으로 공원 개장일에 선보였고, 1,200만 달러어치의 광고 효과를 창출했다. 그 후에도 샤무 원(그 뒤를 이어 등장한 샤무 투와 샤무 쓰리)은 시월드의 메시지를 전국에 홍보하는 역할을 맡았고 미키마우스 다음으로 인지도 높은 캐릭터가 되었다.

이 모든 아이디어는 GSD&M의 본사인 아이디어 시티에서 나온다. 이곳에서 일하는 재능 있는 인재들 —스펜스의 표현을 빌리자면 행동하는 이상주의자들— 은 사업 성공을 원하는 고객을 위해 상상 속에서나 가능할 법한 일을 현실로 만드는 데 전력투구한다. 아이디어 시티에서 잉태되는 환상적인 아이디어는 놀라운 여정의 시작에 불과하다.

이곳에서 일하는 사람들은 그 여정에 푹 빠져 있다. 아이디어 시티에는 어중간한 사람이 차지할 자리란 없다. 행동하는 이상주의자들은 공허한 목표를 추구하는 사람들이 아니다. 미국광고협의회(Advertising Council)에서 수여한 상패도 물론 나름대로 의미 있고 회사의 성장과 약진을 상징하지만, 그런 성취만으로는 충분하지 않다. 예를 들어 GSD&M

의 매출이 10억 달러대를 돌파했을 때 스펜스는 그런 성취가 공허하다는 생각을 했다고 한다. GSD&M이 '올해의 광고 회사 상'을 처음 받았을 때에도 역시 공허한 느낌이었다고 한다. 진정한 의미는 직원과 고객이 모두 깊은 성취감과 긴밀한 유대 관계를 통해 성공을 거두는 데 있다. GSD&M의 직원들은 인생의 의미가 종착역에 있는 것이 아니라 그 여정에 있다는 것을 알고 있기 때문이다.

우리가 GSD&M을 통해 배운 것은 훌륭한 회사일수록 그 여정을 즐기는 사람들이 많다는 사실이다. 스펜스는 말했다.

"GSD&M의 직원들은 그 여정을 즐기면서 일한다. … 과정을 사랑하기 때문에 힘든 시기에도 인내심을 발휘할 수 있는 것이다."

목적지라는 것도 가치 있는 동기부여 장치이기는 하지만 여정 자체에서 진정한 스릴을 느껴야 한다.

스펜스는 브랜드화된 '조직문화'라는 용어를 사용하지는 않지만 그 개념만큼은 분명히 활용하고 있다. GSD&M의 아이디어 시티를 경험한 뒤 스펜스의 유능한 팀원들이 실제로 하는 일은 고객이 조직문화를 브랜드화할 수 있도록 돕는 것임을 알았다. 조직문화에 관해서 스펜스는 이렇게 말했다.

"개인 또는 회사가 어떤 이미지를 가지고 있느냐가 우리가 만드는 광고만큼이나 중요하다는 사실은 예전부터 알고 있었다. (우리가) 일을 잘 해내면 우리 고객에게도 이득이 되고 우리 직원, 더 나아가서 우리 이웃과 지역 사회에도 이익이 된다. 어느 한 편만 이득을 보는 거래가 결코 아니다."

GSD&M의 조직문화는 GSD&M의 창립자는 물론 현재 함께 일하고 있는 관계자들도 충분히 수용하는 가치관인 승리, 열정, 자유, 책임, 호기심, 성실에 그 뿌리를 두고 있다. 아이디어 시티에 들어가 보면 GSD&M의 핵심 가치관을 말 그대로 금강석에 새겨놓은 커다란 홀이 눈에 띈다. 이 원칙은 창조적인 직원, 비전 있는 아이디어, 윈윈(win-win) 파트너십을 통해 실천된다. 고객을 위해 어떤 마케팅을 펼칠 것인가를 결정해주는 이러한 가치관은 GSD&M의 독특한 문화를 이해하는 데 중요한 열쇠이다. 스펜스의 말을 빌리자면 이렇다.

"GSD&M은 지치고 기죽은 직원이나 거만하고 냉담한 직원이 일하는 회사가 아니다. 우리 회사에서는 호기심과 열정이 넘치는 사람들이 일한다."

플래닛 혼다의 브랜드는 재미

뉴저지 주의 유니언(Union)에 모인 취업 희망자들은 플래닛 혼다의 사장이자 최고경영자인 티모시 시아술리(Timothy Ciasulli)가 철면피를 뒤집어 쓴 뻔뻔한 사람이면서 법학을 전공한 철학자이기도 하며 보트 타기 속도 신기록을 네 번이나 깬 인물임을 알고 있다. 시아술리는 기존의 자동차 판매 방식을 타파하면서 연간 1억 달러에 가까운 수입을 올린 바 있으며, 이러한 성과는 두 가지 핵심 원칙을 기반으로 하고 있다. 그 두 가지 원칙이란 평생 직원과 평생 고객이다. 직원과 고객 모두를 위해 시아술리는 불가능한 일을 성취했다. 자동차 구매를 재미있는 일로 만든 것이다.

플래닛 혼다 건물에 들어가 보면 활기가 가득 넘친다. 40인치짜리 TV 스크린 16개가 혼다에서 개최한 캠프 여행, 도심을 관통하는 자동차 경주 등을 보여준다. (다음 장에서 다시 설명하겠지만, 이 경주는 아마추어를 위한 경주이다.) 어떤 모델이 당신에게 가장 적합한 모델인지 모르겠다고? 테크 카페(tech cafe)에 가서 예상 가격대부터 원하는 기능에 이르기까지 모든 것에 대한 질문을 컴퓨터에 입력해보시라. 버튼만 누르면 당신에게 가장 잘 맞는 모델을 컴퓨터가 알아서 제시해준다.

사실 플래닛 혼다에 있는 모든 것은 소비자의 관점에서 사업을 운영하려는 시아슐리의 경영철학을 반영하고 있다. 이는 숱한 시행착오를 거쳐 얻은 결론이기도 하다. 시아슐리가 20대 후반이었을 때 형제들과 함께 자동차 영업소를 13군데 운영하고 있었는데, 대부분 엉망이었다. 1982년, J.D. 파워스(J.D. Powers)의 소비자 만족도 지수를 보면 시아슐리가 운영하는 제너럴 모터스(General Motors) 영업소 가운데 세 곳이 미국 최악의 자동차 영업소 열 군데에 속해 있음을 알 수 있다.

1996년에 플래닛 혼다를 창업하면서 시아슐리는 판매에서 애프터서비스에 이르는 자동차 영업의 모든 면이 소비자 편의와 만족을 추구할 수 있도록 계획했다. 소비자가 자신을 방어해야 한다는 느낌을 받게 만드는 대신 언제나 환영받고 편안하며 자기 뜻대로 차를 골라서 살 수 있게 하자는 것이었다. 그렇게 해서 평생 고객을 확보할 수 있었다.

또한 평생 직원을 얻기 위해서 직원의 복지를 자기 일처럼 생각했다. 직원의 복지를 최우선 과제로 두는가? 플래닛 혼다 건물 2층에는 노틸러스 기구, 역기와 아령, 트레드밀, 샤워 시설 등이 완비된 체력단련장이 있다. 시아슐리는 자동차 업계에서는 보기 드물게 우리 사주 제도를 도입하고 있다. 시아슐리는 '내가 보기에 내가 책임지고 있는 주주 가족이 150가구 정도 되는 것 같다' 라고 말한다. 그 밖에 고객이나 직장 동료를 위해 영웅적인 일을 한 직원의 사진을 복도에 즐비하게 걸어놓은 명예의 벽(Wall of Fame)도 있다.

누가 이런 직장을 그만두겠는가? 절대 그만두지 않는다. 플래닛 혼다의 감원율은 연간 1% 미만이다.

이와 동시에 시아술리의 직원에 대한 기대치도 높다. 그는 교육의 중요성을 매우 강조한다. 사실 영업사원은 자기 시간의 4분의 1 정도를 교육에 쓴다. 모두 고객의 질문에 충실히 대답할 수 있게 임대, 금융, 부품, 애프터서비스 등 다양한 분야에 대한 교육을 받는다. 여성 고객을 위한 특별 교육도 있다. 사실 차량 구매 결정권의 85%는 여성이 쥐고 있다. 또한 플래닛 혼다 본사가 있는 뉴저지는 미국에서도 가장 다양한 인종이 모여 살기로 소문난 곳이기 때문에 직원들은 모두 합쳐 15개 언어를 구사한다.

시아술리는 자동차 영업소가 단지 차를 구매하는 곳이 아니라 직원들이 서로 능력을 공유하고 꿈을 실현하는 곳이 되기를 바란다. 플래닛 혼다는 누구나 꿈꿔볼 만한 직장으로서 조직문화를 브랜드화하는 데 성공한 훌륭한 본보기이다.

SAS와 함께 즐거운 생활을

애사심 강한 직원을 거느린 또 다른 회사는 우리가 1장에서 만나보았던 SAS 인스티튜트이다. SAS는 기업과 정부에서 사용하는 최첨단 소프트웨어를 개발하는 회사이다. 개인 소유 회사이기 때문에 수익을 상장하지도 않고 대중에게 알려지기를 기피하는 경향이 있다. 그 결과 자사의 영업 이익을 가장 관대하게 직원들에게 돌려주는 직원 친화적인 조직문화를 형성할 수 있었다.

SAS의 최고경영자 짐 굿나잇은 SAS의 충성스러운 조직문화를 만들어낸 사람이지만, 회사의 조직문화보다는 놀라운 성능의 소프트웨어에 대해 이야기하기를 더 좋아한다. SAS는 산더미 같은 정보를 빠른 속도로 걸러내어 패턴과 의미를 찾아내는 소프트웨어를 제작한다. 그 성능이 매우 우수하고 정확해서 미국 정부가 소비자 물가지수(CPI)를 계산할 때에도 SAS의 소프트웨어를 사용한다. 매리엇 인터내셔널(Marriott International)은 SAS의 소프트웨어를 사용하여 엄청난 수의 단골 고객 프로그램을 관리하고 있다. 또한 머크(Merck)와 파이저(Pfizer)도 신약 개발에 SAS 소프트웨어의 도움을 받는다. 〈포춘〉이 선정한 100개 기업 가운데 98개가 SAS의 고객이며, 미국 국민이라면 누구나 SAS의 소프트웨어를 직·간접적으로 접해봤다고 생각하면 된다.

굿나잇이 회사를 설립했을 때 데이터 분석은 단지 대량의 정보를 이해하는 과학적 수단으로서만 활용되고 있었다. SAS가 이 분야를 주도하면서 그 기술은 훨씬 더 첨단화되었다. 이제는 사업상 문제에 대한 최적의 해결책을 제시하고 심지어 미래를 예견하는 기능까지 담당하여, 기업 정보 기술이 경영 기술을 접목시키는 효과를 낳았다.

SAS가 이처럼 성공을 거두다 보니 경쟁사들도 떼를 지어 몰려들게 되었다. 그러나 SAS는 지금까지도 SAS만의 독특한 영역을 고수하고 있다. 제품의 다양함과 우수한 성능은 업계의 다른 어느 경쟁사도 따라올 수 없는 수준이다. 그리하여 거의 모든 분야의 회사를 고객으로 삼게 되었다. 또한 SAS는 끊임없이 새롭고 더욱 발달된 소프트웨어를 내놓고 있다. 최근의 예를 보면, 예측 능력과 최적화 능력을 갖춘 분석 소프트웨어 등이 금융업계에서 각광을 받은 바 있다.

이처럼 대규모 회사가 혁신적인 기술과 만났을 때 생기는 이점은 미국 국회가 2001년에 애국자법(Patriot Act)을 통과시키면서 두드러지게 나타났다. 뱅크 오브 아메리카(Bank of America)는 애국자법에 규정된 자금세탁 방지 법률 조항 준수의 모범을 보이고자 했으나 뱅크 오브 아메리카가 계약을 맺고 있던 소프트웨어 제조업체들은 하나같이 자금세탁 혐의가 있는 거래를 추적할 수 있는 시스템을 개발하는 데 9개월은 걸릴 것이라고 했다. 그러나 SAS는 24시간 만에 시스템을 설치할 수 있다고 답했다. 그 이유는 SAS가 이런 수요가 생길 것을 예측하고 제품을 개발해놓았기 때문이었다.

지난 몇 년 동안 있었던 회계 부정 사건에 이어 더욱 엄격한 법률과 규제가 시행된 것이 SAS에게는 호재로 작용했다. 새로운 법률과 규제에 따라 모든 기업은 규제감시위원회, 투자자, 이사회 등에 더욱 종합적이고 더욱 정확한 자료를 제공해야 했고, SAS만이 이에 적합한 기업 정보 소프트웨어를 가지고 있었다.

SAS가 업계에서 타의 추종을 불허하는 고객 유지 능력을 지니게 된 주요 요인은 고객 서비스 운영에 있다. 퀘이커 화학(Quaker Chemical)의 정보 담당 이사인 어빙 타일러(Irving Tyler)는 'SAS는 고객 만족을 위해 많은 시간을 투자하는 회사'라고 말한 바 있다. 어떻게 만족시킨다는 것일까? SAS는 퀘이커 화학에 제품 판매, 고객, 구매, 생산, 공급망, 자금 관련 데이터를 저장할 수 있는 메모리 용량을 제공한다. 그 밖에도 퀘이커 화학은 회사의 업무 수행이 사업 목표에 좀더 가까이 근접할 수 있도록 도와주는 전략 수행 관리 소프트웨어 등을 포함한 다양한 종류의 SAS 관리 분석 소프트웨어를 사용하고 있다.

고객 서비스 또한 SAS의 주요 판매 전략이다. 가전제품 제조업체인 메이택(Maytag)의 한 관계자는 'SAS는 완벽한 애프터서비스를 약속했고, 실제로 완벽한 애프터서비스를 제공했다'라고 밝혔다.

소프트웨어 업계에 불황이 찾아오면서 SAS의 수익 증가율도 둔화되었지만 직원 감축은 전혀 하지 않았으며 5억 달러어치의 주문량을 기록하여 현금도 충분히 확보하고 있다. 이 현금은 다른 소프트웨어 회사를 인수하고 영업 사원 규모를 늘리는 데 쓰였다. SAS가 어려운 시기에도 빛을 발할 수 있는 것은 개인 소유의 회사라는 장점 덕분이기도 하지만 그보다는 뛰어난 경영 기술과 직원들의 헌신적인 노력이 있기에 가능한 일이었다.

업무 수행에 영향을 미치는 작업 환경

SAS가 업계 1위 자리에 우뚝 선 것은 첨단기술 덕분만은 아니었다. 뛰어난 엔지니어를 충분히 확보한 것이 사실이지만 단지 이 이유만으로 오늘의 자리에 오른 것도 아니다.

굿나잇의 목표는 처음부터 직원의 파트너 노릇을 하는 회사를 세우자는 것이었다. 최고의 소프트웨어 프로그래머를 확보하려는 경쟁이 얼마나 치열한지 잘 알기 때문에 지극히 실용주의적인 마인드를 가지고 있던 굿나잇은 직원들이 사생활과 일, 두 마리 토끼를 모두 잡을 수 있는 회사를 세움으로써 가능한 한 최고의 인재를 끌어모으기로 결심했다. 〈패스트 컴퍼니(Fast Company)〉에서 SAS를 가리켜 '합리성 주식회사(Sanity, Inc.)'라고 부른 데는 다 그만한 이유가 있었다. SAS는 직원들의 균형 있는 삶을 장려해주는 직장이다. 이곳에서 직원들은 훌륭한 소프트웨어를 만들고 멋진 프로젝트를 맡고 많은 돈을 벌고 경쟁사를 물리치고 그러면서도 매일 오후 5시면 퇴근한다. 즉 합리적인 삶을 살고 있는 것이다.

굿나잇은 합리적인 조직문화를 그토록 중시하게 된 이유를 설명하면서 SAS를 설립하기 전 1960년대에 컴퓨터 프로그래머로 취직하려고 어느 회사에서 면접을 봤던 경험을 이렇게 회상했다.

"프로그래머들이 책상마다 줄을 지어 쭉 앉아 있더군요. … 칸막이도 없고 프라이버시도 없지 뭡니까! 휴게실 자판기에서 싸구려 커피 한 잔 뽑아 마시는 데도 25센트 동전을 내야 하고요."

굿나잇은 작업 환경이 사람의 기분이나 업무 수행에 영향을 미친다는 사실을 본능적으로 알고 있었다. 회사의 가장 소중한 자원은 하루 일과가 끝날 때 빠져나가는 직원들이며 이들이 다음날 아침에 기쁜 마음으로 회사로 다시 돌아오게 만드는 것이 자기가 할 일임을 굿나잇은 SAS를 처음 창립할 때부터 이미 알고 있었다.

SAS 본사 캠퍼스 건물에는 편안함을 극대화하고 스트레스는 최소화하며 업무 능률과 생산성을 향상시킬 수 있도록 설계된 사무실과 작업 공간이 있다. 벽에는 3천 점이 넘는 유명 화가의 그림 진품이 걸려 있다. 우리가 알기로 회사 건물에 상주하는 화가를 둔 회사는 SAS 하나뿐이다. 정확히 말하면 화가 네 명이 팀을 짜서 일하고 있으며 팀장은 홀리 존스(Holly Jones)라는 화가이다. 인터뷰에서 존스는 이렇게 말했다.

"바깥사람들에게 내 직업을 설명하기가 여간 어려운 게 아니다."

화가를 회사에 상주시키는 회사를 들어본 사람이 없기 때문이다.

"사실 나는 그림만 그리는 것이 아니라 다른 화가들의 작품을 사들이는 일도 맡고 있다. SAS에는 예술을 존중하는 조직문화가 있다. 직원들은 늘 내게 와서 어떤 그림이나 조각이 친구처럼 느껴진다고도 하고 결정적인 순간에 미술 작품을 보면서 창의적이 아이디어를 얻기도 한다는 말을 하기도 한다."

SAS에는 예술을 존중하고 서로 지원을 아끼지 않는 조직문화가 자리 잡고 있다. 참으로 흐뭇한 일이다.

SAS의 조직문화는 창의성을 소중히 여긴다. 굿나잇은 최근 '창의성이야말로 가장 중요한 자산이며 창의성의 물결이 넘쳐흐르는 조직문화를 조성하기 위해서라면 무슨 일이든 할 것이다' 라고 밝혔다.

업무와 가정생활 사이의 균형

다른 경쟁사에서는 찾아볼 수 없는 SAS의 조직문화가 지닌 또 한 가지 중요한 면은 최고경영자 굿나잇이 밝혔듯이 '직원들이 업무와 가정생활 사이의 균형을 맞출 수 있도록 해주려고 노력한다' 는 점이다. 누구나 평일 근무 시간 중에 해결해야 할 일이 일어나는 경우가 있다. SAS는 여러 가지 조치를 통해 직원들의 편의를 봐줌으로써 이런 문제를 해결하고 있다. 예를 들어 회사에서 후하게 보조금을 지급하는 건물 안팎의 몬테소리 육아시설은 노스캐롤라이나 주 최대 규모를 자랑한다. 융통성 있는 근무 시간과 무제한으로 쓸 수 있는 병가 외에 아이들의 날을 따로 지정하여 아이가 아프거나 학교 연극 등의 중요한 행사가 있는 날 직원들이 휴가를 쓸 수 있게 하고 있다.

굿나잇은 '개학 첫날, 첫 연극, 처음 출전하는 축구 경기 등의 특별한 날은 인생에 두 번 다시 오지 않는 날이다. 아이가 있는 부모라면 마땅히 그런 날 아이와 함께 있어 주어야 한다' 라고 한다. 가족이 함께 점심 식사를 할 수 있도록 유아용 의자를 구비한 카페테리아도 설치해놓았다. SAS의 7시간 근무제 또한 가족과 함께 더 많은 시간을 보내는 데 큰 도움을 주고 있다.

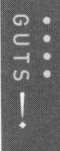

직원 복지에 아낌없는 지원을

굿나잇이 직원들에게 제공하는 보너스와 각종 혜택은 이미 전설이 되었다. 이러한 보너스와 혜택은 청소부나 식당 종업원을 포함한 회사 내 모든 부서의 직원들에게 제공된다. SAS에 관한 이야기를 어디에선가 읽은 적이 있다면 연간 22.5톤이나 되는 양의 M&Ms 밀크 초콜릿이 수요일마다 빠짐없이 모든 직원에게 제공된다는 이야기를 기억하고 있을 것이다. 이 밖에도 SAS가 직원들을 위해 제공하는 혜택이 매우 다양해서 일일이 다 적을 수 없을 정도라고 해도 지나친 말이 아니다. 그 가운데 가장 인상적인 것 두 가지만 적어보겠다.

건강관리 센터

SAS 직원들은 SAS 센터에서 24시간 무료 진료를 받는다. 그러나 직원들이 돈을 아끼려고 계속 건강관리 센터를 찾는 것은 아니다. 회사 진료 서비스 담당 게일 애드콕(Gale Adcock)은 '방문자 수만 봐도 이곳이 직원들에게 훌륭한 서비스를 제공하고 있음을 알 수 있다'라고 한다. 2002년 이 센터의 하루 평균 방문자 수는 약 120명이었다. 그러나 지금은 회사 직원의 90%가량이 이용하고 있으며, 50% 이상이 이곳 의사를 담당 주치의로 활용하고 있다.

건강관리 센터는 SAS 캠퍼스에 있으며, 가정의학 전문의 11명, 내과 의사 3명, 영양사 2명, 간호사 10명, 심리치료사 1명, 물리치료사 2명을 포함한 55명의 의료진이 근무하고 있다. 1981년에 세워진 이 센터에 2002년에는 3만 6천 명의 직원이 다녀갔다. 이로써 직원들이 외부 병원에 가기 위해 자리를 비우는 시간이 줄어들면서 50~100만 달러 정도 비용을 절감하는 효과를 냈다. 계산에 포함되지 않은 절감된 비용으로는 직원 생산성 향상과 조기 치료 덕분에 얻어지는 치료비 절감 등이 있다. SAS 직원이 예약을 하고 진료를 받는 데 걸리는 시간은 평균 30분 정도인데 이 가운데 4분만이 대기 시간으로 소요된다. 일반 병원의 대기 시간과 비교하면 놀라운 수치가 아닌가? SAS는 회사 밖 병원에서 진료 받는 경우 3시간 정도가 소요되는 것으로 추정하고 있다.

가정생활부

다이안 푸쿠아(Dianne Fuqua)는 상당수의 SAS 직원들이 나이 많은 가족을 돌봐야 하는 책임을 떠맡고 있음을 알고서 1991년에 이 부서를 만들었다. 그 후로 직원들이 회사 일과 가족 문제를 모두 효율적으로 해결할 수 있도록 도와주는 이 부서의 정규 직원 숫자는 1명에서 7명으로 늘어났다. 다이안의 말에 따르면 가정생활부는 직원들이 회사 업무를 효율적으로 처리할 수 있도록 어르신 모시는 문제, 퇴직 준비, 심지어 자녀 입양에 이르기까지 다양한 가족사를 돕는다. 그뿐 아니라 재정 문제, 비행 청소년 문제, 자녀 대학 진학 문제 등의 다양한 문제에서도 도움을 제공한다. 특히 은퇴 후 생계 보장, 자녀의 대학 등록금 마련, 그 밖의 미래 계획을 위한 재정적 조언도 무료로 제공된다.

SAS의 남다른 조직문화에 대해 굿나잇은 이렇게 말한 적이 있다.

"이렇게 하는 것이 당연합니다. 직원들이 즐겁게 일하고 머리에서 솟아나오는 아이디어를 컴퓨터에 쏟아 부을 수 있는 작업 환경을 만드는 것이죠."

캠퍼스, 조직문화, 예술, 디자인, 소프트웨어, 그 모든 혜택이 모두 SAS의 브랜드를 형성했다. 캐리에서 멀리 떨어진 지사에서 일하는 직원들도 똑같은 조직문화를 누리고 있다. 이를테면 영국 말로우(Marlow) 지사는 19세기 차(茶) 상인 데이븐포트 경(Lord Davonport)의 저택을 쓰고 있고, 프랑스 지사는 17세기 성 안에 자리 잡고 있다.

SAS는 직원들이 혁신적이고 완벽한 소프트웨어를 생산할 수 있도록 완벽한 생활을 보장하는 조직문화를 가지고 있다.

일에 전념할 수 있는 환경

SAS가 제공하는 혜택이 인상적이기는 하지만 이것만으로는 직원들의 애사심을 설명할 수 없다. 직원들은 M&Ms나 체육 시설 때문에 직장에 머무르는 게 아니다. 이들은 자기 일을 사랑하기 때문에 이곳에 남아 있는 것이다. 벨(Bell) 연구소에서 SAS로 옮겨와서 현재 연구개발 부서 직원의 교육을 담당하는 캐시 파사렐라(Kathy Passarella)는 SAS 직원들의 애사심을 이렇게 설명했다.

"직장 밖 생활에 대해서도 회사가 지원을 아끼지 않기 때문에 직장에 있는 동안만큼은 일에만 전념할 수 있다. … 복도를 걸어갈 때 일 외의 다른 이야기를 하는 직원은 찾아보기 힘들다. 회사가 직원을 배려하기 때문에 직원도 회사에 보답하고 열심히 일하고 서로 격려하게 되는 것이다. 정직하게 자기 할 일을 다 하고 동료를 도우며 재미도 느낀다. 이것이 애사심을 가지게 되는 이유이다."

SAS에서 18년 동안 시스템 개발 연구원으로 일해온 제프 폴진(Jeff Polzin)은 변화를 주고 싶다는 생각에 시스코 시스템스(Cisco Systems)로 직장을 옮겼다. 9개월 뒤에 SAS로 다시 돌아와서 이렇게 말했다.

"SAS에서는 9분이면 해결되는 형식적인 절차가 시스코에서는 몇 시간이나 걸렸다. SAS로 돌아온 지 3주가 되었는데 그 사이에 한 일이 시스코에서 9개월 동안 일한 양보다도 더 많았다."

SAS의 시스템 개발 연구원들과 함께 한 점심식사 자리에서 그들은 이렇게 말했다.

"직원 복지가 훌륭해서 여기에서 일하는 것이 아니다. 독특한 소프트웨어를 개발할 기회가 주어지기 때문에 여기에 있는 것이다. 하지만 다른 회사에서 멋진 소프트웨어를 개발할 수 있는 비슷한 기회를 제공하더라도 SAS를 떠나기는 힘들 것이다. 왜냐하면 직원 복지가 훌륭하기 때문이다."

정원 관리사이건 몬테소리 교육원 교사이건 체육 시설 이용자이건 매우 정교한 인공지능 소프트웨어 연구원이건 누구와 얘기를 나누어 봐도 SAS에서 일하는 사람들은 자기 일에 대한 열정이 있었다.

직원들이 무엇을 원하는지에
관심을 기울여라

SAS의 브랜드화된 조직문화가 가져온 성공은 수치를 보면 알 수 있다. 2002년에 SAS의 매출액은 10억 달러를 웃돌았다. 이는 10년 전에 비해 네 배나 증가한 수치이다. 현재 SAS의 직원 수는 전 세계적으로 9천 명에 이르며, 이는 5년 전 1,900명에 비하면 크게 증가했다. 고객수는 118개국에 4만 명이 넘는다.

소프트웨어 업계에서 최고 인재를 끌어 모으는 유일한 방법은 스톡 옵션과 고액의 연봉을 제공하는 것뿐이라는 기존의 통념이 있지만 SAS는 어떤 주식도 제공하지 않으며 연봉도 그저 다른 회사와 견줄 만한 수준이다. 그러나 SAS는 지난 25년 동안 해마다 이익 배당금을 지급했는데 이것이 평균 연봉의 15% 정도이다. 2002년의 경우 다른 첨단기술 회사의 이직률은 평균 25%였던 데 반해 SAS는 3.7%에 머물렀다. 창립 이후 줄곧 SAS의 이직률은 5%를 넘은 적이 없다. 직원을 대체하는 데 보통 봉급의 1.5배 정도가 들어가기 때문에 SAS는 직원 채용과 교육에서 연간 7천만 달러 정도를 절약하는 셈이다. 이 액수면 직원 1인당 1만 2,500달러를 보너스로 지급할 수 있다. 그러니 SAS가 직원 모집 광고를 낼 때마다 이력서가 평균 200통쯤 날아오는 것은 당연한 결과이다.

굿나잇은 어떻게 이런 식으로 조직문화를 브랜드화한 것일까? 우선 직원들이 무엇을 필요로 하는지에 관심을 기울였다. SAS가 아직 신설 회사였을 때 굿나잇은 유능한 직원들 가운데 일부가 여성이어서 아이를 가지면 직장을 그만두고 가사에 전념하려 하는 것을 알았다. 이들을 다시 직장으로 불러들이기 위해서 굿나잇은 탁아 시설을 세우기로 했다. 이 아이디어는 성공적이어서 직장으로 복귀하는 여성 직원이 놀라울 만큼 크게 증가했다. 굿나잇은 여성들이 회사일과 집안일을 모두 해결할 수 있도록 훌륭한 혜택과 복지 시설을 계속 제공했고, 그 결과 현재 회사 간부 중 51%가 여성이다.

조직문화를 끊임없이 새롭게 발전시키기 위해서 직원들에게 해마다 설문조사를 실시하고 이들의 의견과 제안은 굿나잇과 간부들에게 직접 전달된다. 또한 회사의 모든 부서에서 선발된 대표자들이 매달 모여 새로운 복지 제도를 제안한다. 이들은 다음 세 가지 질문을 던진다.

- 새로운 복지 제도가 SAS의 조직문화에 부합하는가?
- 많은 직원에게 도움이 될 것인가?
- 비용 효율적인가? 즉 최소한 들어간 비용만큼의 가치는 창출할 수 있을까?

이 세 가지 기준 모두에 부합하는 복지 제도만 채택된다.

남보다 앞서가기

굿나잇은 인사부가 SAS의 브랜드화된 조직문화를 수호하는 방패라고 생각한다. 이 부서의 역할은 지난 몇 년 동안 계속 증대되었다. 굿나잇은 이렇게 설명했다.

"인사부는 다른 경쟁회사들이 직원 복지 차원에서 어떤 일을 하고 있는지를 분석한다. 다른 어떤 회사보다도 더 나은 복지를 제공하는 것이 우리의 목표이다. 또한 인사부는 현재의 채용 수준에 만족하지 않도록 한다. 훌륭한 인재가 우리 회사로 오는 경우가 많다고 해서 뛰어난 인재를 애써 찾을 필요가 없는 것은 아니다. 인사부는 또한 직원 만족도와 이직률도 조사한다. 직원들이 필요로 하는 바를 충족시킬 수 있는 조직문화가 제대로 형성되어 있는지를 감지하는 신경 중추 같은 역할을 한다."

물론 인사부에서는 SAS만의 데이터 분석 소프트웨어를 사용하여 관심을 둘 만한 패턴이나 경향을 추적한다. 굿나잇은 이렇게 말한다.

"5~8년 정도 일한 직원 가운데 다른 곳으로 자리를 옮기는 사례가 있음을 알아냈다. 이 사람들이 특히 관심을 가져야 할 대상이다. 5년 정도 한 직장에 있다 보면 유능한 직원은 조바심을 내게 된다. 아이러니컬하게도 바로 그때가 업무 능력이 최고조에 달했을 때이다. 경쟁사와 급료를 비교한 결과 이들에게 주어지는 급료 수준이 평균보다 약간 밑돌았다. 그래서 급료를 조정했다."

이렇게 해서 SAS는 직원들이 자기가 원하고 필요로 하는 바를 직접 자기 입으로 표현하기 전에 먼저 이를 감지해내는 유연성 있는 조직문화를 개발했다.

SAS 인사부 부사장 제프리 체임버스(Jeffrey Chambers)는 이렇게 설명했다.

"인재를 끌어 모으려면 강력한 고용 브랜드가 필요하다. 강력한 고용 브랜드란 재능 있는 인재들이 우리 회사의 이름을 듣는 순간 SAS는 직원을 존중하고 신뢰하며 최고의 복지 혜택을 제공하고 다양성과 창의성을 높이 사는 곳이라는 느낌이 들게 만들어서, 그 결과 다른 어느 회사와도 견줄 수 없는 애사심 강한 인력을 확보하는 것이다. SAS는 혁신적인 마인드로 직원의 애사심을 한 차원 높이고 있다."

조직문화는 바꿀 수 있다

SAS가 확실히 독특한 회사라는 생각이 들기는 할 것이다. 회사 설립 당시부터 누구도 생각하지 못한 방식으로 조직문화를 브랜드화할 배짱과 자유로운 정신을 지닌 담대하고 비전 있는 리더가 운영하는 민간 기업이라는 점에서 그렇다. 그러나 당신이 다니는 회사는 SAS 같은 직장을 만들 만한 열정도 재정적 자유도 없는 공기업일 수도 있다. 사실 그러다 보니 당신 회사에 문제가 있는 것일지도 모른다. 조직문화는 바뀔 수 없다는 것은 착각이다. 절대로 믿지 마라. 제 기능을 다하지 못하는 조직문화라도 얼마든지 개선될 수 있다. 그러나 이를 위해서는 결단력, 인내심, 배짱이 필요하다.

두 가지 보기 드문 예를 여기 제시하겠다. 하나는 언스트 앤드 영(Ernst & Young)의 국세 준수팀(National Tax Compliance Group)이고, 또 하나는 한때 고전하다가 지금은 페더레이티드 백화점(Federated Department Stores)의 일부가 된 의류 체인점 봉 마르셰(Bon Marché)이다.

진보적인 행동

1999년 봄, 언스트 앤드 영의 국세 준수팀 간부들은 사업 관행을 '새롭게' 바꾸기로 결정했다. 어떤 이들은 이단적이라고 (우리 표현으로는, 배짱 있다고) 생각하는 작업 환경을 조성하여 직원들이 자신의 프로 의식을 충분히 발휘하면서 일할 수 있게 했다. 목적은 매우 까다로운 전문적 일을 엄격한 데드라인에 따라 수행하면서도 일을 즐길 수 있게 하자는 것이었다. 국세 준수팀은 직원들이 서로 아끼면서 직장에 즐거운 마음으로 올 수 있는 공간을 만들게 되었다.

이런 변화를 추구한 동기는 간단했다. 팀의 간부인 앨런 클라인(Alan Kline)과 에릭 울프(Eric Wolf)는 세계 최고 수준의 세금 준수팀을 운영하면서 직원들이 일하고 싶어 하는 직장으로 남기 위해서는 세계에서 가장 우수한 세무 전문가를 영입해야 했기 때문이다. 그러나 이들은 어떤 결정을 내리기 전에 먼저 조직문화 변화라는 개념이 무엇인지를 연구하고 갤럽의 연구 결과를 통해 '행복한' 직원이 생산성도 높고 회사에 더 오래 머문다는 사실을 알아냈다. 직원들 또한 회사가 성장하고 번영하면서 그에 따른 혜택을 누리게 된다. 국세 준수팀에서 일하는 배짱 있는 간부들에게 조직문화 변화는 훌륭한 사업적 결정이었다. 연구 결과 '행복한' 직원들의 생산성과 애사심이 더 높은 것으로 나타났다.

조직문화를 바꾸는 것은 쉬운 일이 아니며 위험 부담도 크다. 언스트 앤드 영의 국세 준수팀과 법률팀은 2002년도에 34억 달러의 매출액을 기록했는데, 이는 언스트 앤드 영의 총매출액의 3분의 1에 가까운 액수였다. 우선 질문할 사항은 '어디에서 시작해서 무엇을 바꾸고 그 결과는 어떻게 평가할 것인가?' 하는 점이다. 국세 준수팀 간부들은 올바르게 브랜드화된 조직문화 모델을 탐색했고, 그들이 바라던 이상적인 모넬을 사우스웨스트 항공에서 발견했다. 그래서 1999년 4월, '직원들이 즐겁게 일하는 직장'을 만드는 데 관한 조언을 우리에게 부탁했다.

그 과정은 포용적이었고 목적은 숭고했다. 바로 '될 수 있는 대로 많은 직원을 참여시키고 모든 이들이 자신의 아이디어를 제시할 수 있는 기회를 주자'는 것이었다. 우선 동업자와 핵심 직원들이 세금 제도 준수가 어떤 기능을 하며 고객을 위해 어떤 가치를 창출하는지를 알아볼 수 있게 하루 동안 견학 수업을 실시하고, 마지막 순서로 회사의 시스템을 둘러볼 수 있게 했다. 앨런 클라인은 이렇게 말했다.

"모든 직원을 한 장소에 불러 모으기는 물리적으로 불가능한 일이었다. 그래서 우리가 직원들이 있는 곳으로 갔다. 각 분야에서 일하고 있는 직원들에게 그들이 어떤 훌륭한 일을 하고 있는지 알려달라고 부탁했다."

그렇다. 이 작업은 몇 달 걸렸다. 시간도 많이 걸리고 지치고 때로는 일이 중복되는 느낌도 있었다. 그러나 결국에는 참으로 신나는 작업이 되었다. 국세 준수팀은 모두가 주인이 되는 가치관, 비전, 영웅적인 대의를 분명히 밝혀냈다. 그리고 이런 작업을 몇 년 동안 계속한 결과 직원 채용, 교육, 업무 관리, 작업실 설계 등 회사의 모든 사업을 주관하는 지침이 만들어졌다. 2002년 갤럽의 조사에 따르면 직원 참여수준이 2001년의 3.75점에서 3.83점으로 향상되었다(0점에서 4점까지, 4점 만점 기준).

봉 마르셰의 고난

1890년, 에드워드 노도프(Edward Nordhoff)와 조세핀 노도프(Josephine Nordhoff) 부부가 워싱턴 주 시애틀 변두리에 가게를 열면서, 세계 최초의 현대식 백화점으로 알려진 프랑스의 전설적인 백화점 오 봉 마르셰 (Au Bon Marché)의 이름을 본떠 그 이름을 봉 마르셰라고 지었다. 에드 워드는 이 가게가 파리에 있을 때 그토록 감탄했던 고객 서비스 기준에 부합하는 가게가 되기를 바랐다. 이들 부부는 저축한 전 재산 1,200달 러를 투자했고, 조세핀은 에스키모 고객을 상대하기 위해서 치누크 어 를 배우기까지 했다.

봉(The Bon)이라는 약칭으로 불리게 된 가게는 그럭저럭 성공을 거두 었지만, 1890년대 중반 경기 불황으로 가게 문을 닫아야 할 위기에 처 했다. 그때 에드워드가 아이디어를 하나 냈다. 당시 시애틀에 있는 상 점들은 니켈 단위의 잔돈만 거슬러 주었다. 동부 지역을 여행하고 돌아 오면서 에드워드는 배낭에 페니 단위의 잔돈을 잔뜩 담아왔고, 불황에 허덕이는 소비자들은 에드워드의 가게에서 잔돈을 받으려고 먼 길을 걸어오기도 했다.

그러던 중 1896년에 시애틀 중심가로 가게를 이전하면서 오랫동안 놀라운 성장을 구가하였다. 조세핀은 1899년에 에드워드가 사망한 뒤 에도 고객 서비스 전통을 계속 이어나갔고, 시애틀에서 가장 사랑받는 인심 좋은 시민이 되었으며, 자선 단체 돕기와 8시간 근무제 등 직원 복 지 향상을 위한 캠페인 등에 적극 협조했다. 조세핀이 사망했을 때 시 애틀의 상점 주인들은 그녀의 죽음을 몹시 애도했으며 그녀의 장례식 이 있던 날에는 가게 문을 모두 닫아 조의를 표하는 보기 드문 광경을 연출했다.

봉의 성장으로 노스웨스트 지역 근방에 49개나 되는 체인점이 생겨 났고 직원수는 6,900명에 달했다. 어떤 상점은 의류와 가정용품을 주 로 취급했고 다른 상점은 또 다른 물품을 취급했다. 이 체인점은 1988

년에 블루밍데일과 메이시 백화점을 소유한 페더레이티드 백화점에 합병되었으며 한동안 성장세를 보이는 듯했다. 그러던 중 경제 불황이 닥쳤다.

1988년경 매출액은 저조했고 사기도 낮았으며 많은 직원들이 다른 곳으로 직장을 옮겼다. 직원들도 회사에 대해 애정이 없었고 회사도 직원에 대해 애정이 없었다. 원래 이 상점의 상징이었던 고객 서비스도 악화되었다. 페더레이티드 백화점의 간부들은 이 체인점이 살아남지 못하는 것이 아닐까 우려하기 시작했다. 봉의 사장이자 최고경영자인 댄 에델만(Dan Edelman)은 이렇게 말했다.

"우리는 분명 큰 어려움에 봉착했다. 가게를 돌아보기만 해도 활기가 없는 것을 느낄 수 있었다. 백화점이란 어떤 면에서는 극장 같은 곳이다. 생기, 활력, 생동감, 삶의 기쁨이 있어야 한다. 그런데 우리 직원들은 행복하지 않았다. 공동체 의식이 없었다. 사실 '너와 내가 대립한다'는 의식이 팽배했다. 문제는 조직문화에 있었다. 생기도 없고 활력도 없으며 직원들을 제대로 보살피지도 못하고 있었다."

에델만은 조직문화를 바꾼다고 해서 즉각적인 성과가 나올 거라고 기대하지는 않았다. 그래도 '어쨌든 바꿔봐야겠다'고 생각했다.

우선 에델만은 직원을 대상으로 설문조사를 했다. 결과는 에델만의 우려대로 나타났다. 직원들은 회사가 비민주적이고 융통성 없으며 직원들이 무엇을 필요로 하는지에 무관심하다고 느끼고 있었다. 당시의 조직문화는 슬로건, 격려사, 돈도 안 들고 별로 감동도 주지 못하는 직원 복지혜택 몇 가지를 바탕으로 하고 있었다. 상부에서 명령이 하달되는 식이었고 사후 조치 따위는 신경 쓰지 않았다. 직원들은 이미 회사에 정나미가 떨어진 상태거나 그도 아니면 복지부동의 자세를 보였다.

에델만은 위기에 빠진 조직문화와 맞닥뜨렸다.

에델만은 자신의 배짱을 믿고 조직을 완전히 바꾸기로 했다. 즉 직원을 위해서 일하는 회사를 만들기로 한 것이다. 많은 간부들은 이 전략을 비현실적이라고 생각했다. 그러나 에델만은 자신의 장기적인 비전을 믿고 봉라이프(BonLife)라는 이름의 조직문화 개편 사업을 시작했다. 에델만은 이 프로그램을 이렇게 설명했다.

"목표는 간단했다. 봉 마르셰를 일하기 가장 좋은 장소, 쇼핑하기 가장 좋은 장소로 만드는 것이었다. 그러나 그 목표를 달성하기란 쉽지 않았다. 체계적인 계획과 실행이 필요했다. 강제로 이런 변화를 일으키고 싶지는 않았다. 사실 대략적인 구상만 세웠을 뿐, 봉라이프 프로그램이 어떤 형태로 진행되어야 할지도 몰랐다."

터닝 포인트

에델만은 에드워드 쿠니(Edward Cooney)를 인사부 부사장으로 앉혔다. 쿠니는 이 프로그램에 흥미로운 관점이 있음을 알았다.

"아직 봉라이프 프로그램 실행 초기 단계일 때 대규모 마케팅 부서 회의에 참석했다. 주제는 브랜드 구축에 중점을 두어야 한다는 내용으로, 좀더 재미있고 활기 넘치는, 고객을 생각하는 브랜드를 만들자는 내용이었다. 나는 그래서는 효과가 없을 것이라고 말했다. 방 안에는 침묵이 흘렀고, 마침내 한 사람이 무슨 이유로 그렇게 생각하느냐고 물었다. 나는 회사가 직원을 생각하지 않는데 어떻게 직원이 고객을 생각해주기를 기대할 수 있겠느냐고 했다. 직원은 생각도 안 하면서 직원에게 고객을 생각해달라는 부탁을 어떻게 할 수 있겠느냐는 말이었다.

그 자리에서 브레인스토밍이 이루어졌고 조직문화를 개편하기 위해 고려해야 할 몇 가지 분야가 제기되었다. 그 중에는 직원, 서비스, 복지, 사기, 고용, 평가, 직원의 필요에 대한 반응 등이 있었다. 나는 지금도 그 회의에서 적은 메모를 가지고 있다. 그것이 봉라이프 발전의 초석이 되었다고 생각한다."

반응은 긍정적이었고, 이에 힘을 얻은 봉의 간부들은 새로운 조직문화를 봉라이프라고 부르고 이를 회사 전체에 도입하기로 했다. 목표는 조직문화가 어떻게 바뀌어야 하며 왜 모든 직원이 이 과정에 참여해야 하는지를 보여줌으로써 직원들의 관심을 끄는 것이었다.

스타일의 변화

쿠니는 이렇게 설명했다.

"우리는 매월 회사 직원 300~500명을 한자리에 모아놓고 회의를 연다. 단합 대회, 최신 정보 교류, 네트워킹, 친목 도모의 성격이 있는 회의였지만 상당히 딱딱한 분위기에서 진행되곤 했다. 연단도 준비하고 모두 정장 차림으로 참석했다. 봉라이프 프로그램을 소개하던 날, 댄 에델만과 사장은 평소처럼 연단에 서서 연설했다. 그러다가 방이 어두워지고 비디오테이프를 틀었다. 테이프가 끝나고 불이 들어왔을 때 댄과 간부 전체가 캐주얼 차림으로 앉아 있는 것이 보였다. 모두 놀라서 헉! 하고 숨을 들이쉬는 소리가 들릴 정도였다. 그때 댄이 농담을 던졌고 방 안에는 웃음소리가 가득 찼다. 연단도 치운 상태였다. 간부들은 반원 모양으로 둘러앉아 있었다.

그때 회사 전 직원에게 전송된 이메일 메시지가 화면에 떠올랐다. 봉라이프라는 프로그램이 어떤 것인지를 설명하고 직원들의 참여를 호소하는 내용이었다. 그리고 조직문화를 바꾸는 데 어떤 어려움을 느끼고 있는지에 관한 격의 없는 토론을 시작했다."

뉴딜(New Deal)

봉라이프는 경영진과 직원들이 함께 문제를 해결하는 데 동의한 사회
계약으로 발전했다. 에델만과 쿠니는 이 프로그램이 모든 이의 의견을
반영하면서 유기적으로 발전할 때에만 회사가 성공을 거둘 수 있음을
알고 있었다. 직원의 요구에 부응할 수 있는 실질적인 복지 혜택을 제
공해야 했고, 실제로 그렇게 했다.

쿠니는 얼굴에 미소를 띤 채 그 다음 과정을 이렇게 회상했다.

"직원들에게 봉라이프의 여러 분야에서 일하는 팀에 자발적으로 합
류할 것을 부탁했다. 즉시 140명이 넘는 지원자가 나타났다. 그때 목격
한 광경은 내게 전율을 주었다. 이전에는 전혀 느껴보지 못했던 경험이
었다. 회사 전체에 다시 한 번 방송을 내보냈고 48시간 내에 200명 넘
게 지원했다. 직원들이 회사의 일원이 되고 싶어 하며 긍정적인 영향을
미치고 싶어 함을 여실히 보여주는 증거였다. 이러한 긍정적인 태도와
에너지를 생산적인 방향으로 돌리는 것이 간부 직원이 할 몫이었다."

회사는 여섯 팀을 구성하고 각 팀에 조직문화 가치를 개발하고 각각
의 가치를 반영하는 구체적인 권고사항을 작성하라는 임무를 부여했
다. 가치관이 정립되면 구체적인 실천 방안은 저절로 떠오르는 게 바람
직한데, 실제로 그렇게 되었다. 이렇게 해서 일은 자연스럽게 경영 철
학에서 실용성으로 흘러갔다. 쿠니는 다음과 같이 말했다.

"가치관 가운데 하나는 직원들이 업무와 개인생활 사이의 균형을 찾
도록 도와주는 것이었고 팀에서는 재택근무를 방안으로 내놓았다. 팀
에서 내놓은 권고사항에 따라 거액의 돈을 투자하여 데스크톱 컴퓨터

를 도킹 스테이션으로 교체하여 직원들이 집에서 아픈 아이를 돌보고 학교 행사에 참석하면서도 회사 일을 끝마칠 수 있도록 했다. 업무 스트레스와 부담을 줄여주는 것, 이것이 바로 직원들이 원하는 것이다. 누구나 알다시피 스트레스란 참 재미있는 것이다. 직장에서는 스트레스가 건전한 요소가 될 수 있다. 최고의 능력을 발휘할 수 있게 하기 때문이다. 그러나 봉라이프는 직장 주변의 스트레스, 즉 개인생활과 직장 일 두 마리 토끼를 모두 잡아야 하는 어려움을 최소화하고자 한다."

봉라이프가 모양을 잡아가면서 직원들의 요구에 따라 유동적인 근무 시간 적용, 보너스 확충, 직장에서 편한 옷 입기, 직장에 애완동물 데려오기 등을 실시했다. 모닝커피와 페이스트리도 제공하고 아침식사 때 특정 주제에 대해 담소를 나누고 퓨젓사운드(Puget Sound)에서 야외 바비큐 파티를 열기도 했다.

고객보다 직원을 우선시하라

고객보다 직원을 우선하는 회사를 만든다는 것은 봉 마르셰로서는 모든 것을 거는 모험이었지만 그만큼 성과가 있었다. 마찬가지로 사우스웨스트 항공도 대담하게 고객보다 직원이 우선임을 주장하고 있다. 또한 SAS도 의심의 여지없이 직원제일주의의 조직문화를 키우고 있다. 굿나잇은 '간단한 말처럼 들리겠지만 직원을 소중히 대하면 그만큼 직원도 고객을 소중히 대하게 마련이라는 것은 과거 역사에서 이미 증명된 바가 있다고 생각한다'라고 했다. 봉의 에델만은 직원제일주의에 대한 그의 열정을 이렇게 표현했다.

"직원보다 고객을 우선하는 것은 잘못이라고 생각한다. 업계에서는 이상한 생각이라고 하겠지만, 한번 생각해보라. 고객은 봉 상점에서 일주일에 기껏해야 두 시간 정도를 보내지만 직원들은 하루 8시간씩을 이곳에서 보낸다. 우리의 조직문화를 나타내는 사람은 바로 우리 직원들이다. 이들이야말로 조직문화 브랜드를 구현하는 대표자이다. 슬로건,

디자인, 품질 좋은 상품, 마케팅, 이 모든 것도 물론 다 중요한 역할을 하지만, 백화점 사업에서 중요한 것은 서비스이다. 봉라이프 프로그램을 시작한 뒤로 고객 만족도 수준이 급격히 향상되었다. 이는 우리 직원들이 따뜻한 공동체의 일원이라는 느낌을 가지게 되었고 그 결과 자기 일을 더 열심히 했기 때문에 나타난 결과이다."

고객에게 고품질의 서비스가 제공된 것은 직원에게 고품질의 혜택을 제공한 것이 직접 반영된 결과이다. 직원을 우선시하면 직원도 고객을 우선시한다.

처음에는 봉라이프 프로그램에 대해 고위직 간부들의 반발이 심했다. 에델만은 신속하고 재치 있게 반발에 대처했다.

"간부직 직원 전원을 이틀 동안 현장으로 데리고 가서 프로그램의 모든 과정을 샅샅이 분석하게 했다. 자신들도 봉라이프 프로그램의 일부임을 인식하고 이를 지지하는 것이 자기에게 이득이 된다는 것을 깨닫기를 바랐다. 이 과정에서 전문가의 지시와 도움을 받은 것이 엄청난 효과를 가져왔다. 지금 봉라이프의 간부들은 6개월마다 '1만 마일 돌아보기(10,000-mile checkup)'라는 행사를 실시한다. 조직문화를 변화시키는 일은 끝이 없는 과정이다. 우리는 모두 인간이고 완벽할 수 없으며 옛날의 구태의연한 습관으로 되돌아가려는 성향이 있다. 그러니 긍정적인 측면에 집중하고 계속 앞으로 나아가며 흠을 잡거나 지레짐작하는 일은 삼가고 책임을 다른 사람에게 미루는 일도 그만두어야 한다."

결과는 에델만의 철학과 행동이 현명한 것이었음을 증명하고 있다. 1999년만 해도 봉 마르셰는 페더레이티드 백화점 안에서 고객 서비스 부문 6위에 그쳤다. 그러나 2002년에는 1위 자리로 뛰어올랐다. 게다가 직원 채용이 되지 않은 자리가 75%나 감소했고 얼마 되지 않는 빈자리도 생기기 무섭게 몇 달도 아닌 며칠 내로 누군가 낚아챈다. 간부직은 내부에서 채워지고, 매출액은 2002년에 10억 달러를 넘어섰다.

봉 마르셰의 약속

물론 이 정도 수치를 기록하려면 직원 만족도 이상의 무언가 필요했다. 직원제일의 조직문화를 형성하는 동시에 봉라이프는 고객이 원하는 것이 무엇인지 정확히 알아내기 위한 조사를 했다. 자료를 분석한 뒤 간부들은 고객에 대한 봉 마르셰의 약속(Bon Promise)을 다음과 같이 설정했다.

"고객에게는 나름대로의 스타일이 있다는 것을 잘 알고 있습니다. 봉 마르셰는 여러분과 여러분 가정에서 만족할 수 있을 만한 품질, 스타일, 선택의 폭, 서비스를 제공하여 이용하실 때마다 행복을 느끼도록 할 것입니다."

고객에게 봉 마르셰의 약속은 새로 형성된 조직문화의 핵심이자 중추 역할을 하고 있다. 고객이 봉 마르셰에 들어설 때마다 최상의 서비스, 청결, 질서, 웃는 얼굴, 놀라운 제품을 접하게 된다. 간단히 말해 쇼핑의 질뿐만 아니라 삶의 질까지 한 차원 높여주는 것이다.

새로운 프로그램 착상 단계 동안 봉 마르셰는 직원들이 프로그램에 참여하고 최신 정보를 얻을 수 있도록 이메일, 공연, 팀, 대규모 회의, 격의 없는 소규모 담화 등을 활용하여 적극적으로 브랜드를 알렸다. 소비자의 반응으로 판단할 때 봉라이프와 봉 마르셰의 약속 또한 광고와 마케팅 수단으로서 큰 효과를 보였음이 입증되었다. 봉에서 일하다가 1990년에 그만두고 1998년에 복귀한 샤론 캐럴(Sharon Carroll)은 이렇게 말했다.

"그야말로 획기적인 변화를 이룩했다. 이제는 이곳에서 일하는 것이 정말로 즐겁다. 직원들을 삶아 먹는 찜통 같은 곳이 아니기 때문이다. 지금은 내가 회사에 기여할 수 있다는 것이 즐겁지만 전에는 그렇지 않았다. 최고경영자에게 전화를 걸어 아이디어를 제시할 수 있는 분위기가 아니었기 때문이다. 지금은 댄 에델만에게 이메일을 쓰면서도 전혀 불편한 느낌이 없다. 사실 에델만 본인이 우리에게 의견을 제시하라고 적극 권하는 실정이다."

함께하는 여정

에델만과 봉라이프의 전반적인 문화는 지위 고하를 막론하고 모든 직원 사이에 개방적인 공동체를 형성하고 있다. 에델만은 직원들에게 이메일을 쓸 것을 장려하고 자신에게 온 이메일을 모두 읽을 뿐 아니라 제안된 아이디어 중 상당수를 행동에 옮기기도 한다. 에델만은 이렇게 말한다.

"나는 직원들이 기쁠 때건 슬플 때건 그들의 이야기를 듣고 싶다. 무엇보다도 열린 의사소통과 목표 공유를 기반으로 한 조직문화를 건설하고 싶다."

에델만은 상점 복도에 몰래 나타나서 직원들에게 격려의 말을 건네고 자질구레한 사항에 대해서까지 비공식적인 토론을 벌여 고객들이 더욱 즐거운 쇼핑을 할 수 있도록 배려하기로 유명하다.

봉라이프의 핵심 가치는 정직이다. 봉라이프는 문제를 회피하지 않고 맞부딪쳐 즉시 해결하는 정책을 장려한다. 예를 들어 어떤 세일 기간에 상점 네 곳의 현금등록기가 제대로 작동되지 않아 고객들이 길게 줄을 서서 기다려야 하는 일이 발생한 적이 있었다. 판매원도 고객만큼이나 짜증이 나 있었다. 에델만은 네 상점 모두에 편지를 보내 사태의 책임이 자신에게 있다고 밝힌 다음 직원들의 기분을 언짢게 한 것에 대해 사과하고 상황을 잘 마무리한 데 대한 감사를 표했다.

확실히 봉 마르셰는 조직문화를 정의하고 이를 실천에 옮기는 데 성공한 사례이다. 에델만은 이렇게 말한다.

"업계 최고의 회사라고 자신 있게 말할 수 있는 회사는 많지 않다. 우리는 그럴 수 있다. 그 이유는 노스웨스트 지역에 편리한 생활을 창출한다는 우리의 조직문화를 실천에 옮기는 데 주력하기 때문이다. 봉라이프는 우리 회사에게 매우 유능한 인재를 고용하고 교육하고 동기를 부여하고 유지할 수 있게 해주었다. 봉라이프는 사업 관행을 훌륭하고 단순하며 꾸밈없고 현실적인 것으로 만들자는 우리 회사의 경영 철학을 잘 반영하고 있다. 우리는 열심히 일한다. 그러나 좌우도 돌아보지 않고 일만 하지는 않으며, 균형을 맞추기 위해 노력한다. 회사 안 생활은 물론 회사 밖 생활도 즐기며 살고 있다."

그러나 에델만은 브랜드가 성공적으로 구축되었다고 해서 이를 당연시해서는 안 된다고 경고한다. 항상 새롭게 다듬고 키우고 개발하는 노력을 게을리 해서는 안 된다고 말한다.

"조직문화란 고정된 목표에 도달하는 것만이 아니다. 그렇게 생각하다가는 회사가 고인 물처럼 썩는다. 일정 목표에 도달한 다음에는 그대로 활기를 잃어버리기 때문이다. 조직문화란 살아 숨쉬며 변화하는 환경에 끊임없이 적응해 나아가는 것이다. 봉라이프를 어디까지 끌어갈 생각이냐는 질문을 받을 때면 나는 그저 모르겠다고 대답한다. 어떻게 알 수 있겠는가? 나는 규칙을 만드는 것이 아니라 단지 약간의 지침과 격려를 주고 있을 뿐이다. 우리 회사는 하나의 공동체이며 모두 함께 멋진 여정에 올라 있는 것이다."

봉 마르셰는 자체 조직을 재정비했고 함께 일하는 모든 사람을 발전시키는 조직이 되었다. 이제 봉 마르셰는 수천 명의 사람에게 '아름다운 삶'이 지닌 눈에 보이는 또는 눈에 보이지 않는 여러 측면을 제시하고 있다. 썩은 조직문화를 유쾌한 브랜드로 전환할 수 있는 용기가 있었기 때문에 이사진을 자극하고 직원을 격려하며 고객을 기쁘게 하고 지역 사회를 풍요롭게 만든다는 도덕적 목표를 가진 백화점을 만들어 낸 것이다.

직원을 배려하는 조직문화는 기존의 복지 혜택, 스톡옵션, 높은 연봉, 긴 휴가보다도 더 강력하게 직원을 조직에 묶어놓는 힘이 있다. 그러나 직원에 대한 배려는 직원을 기업 내의 생산적인 동업자로 만드는 과정에서 첫 단계에 지나지 않는다. 그 다음 단계는 직원들이 회사의 주인이라는 생각을 심어주는 것이다. 이 주제는 다음 장에서 다루겠다.

여기 여러분 자신에게 물어보아야 할 질문이 있다. 그러나 브랜드화된 조직문화가 요구하는
수준의 노력을 기울일 각오가 되어 있지 않다면 읽어보지도 마라.

✓ **사명, 비전, 가치관** : 본질적으로 기업이란 왜 존재하는가? 직원, 고객, 공급업
체, 주주들이 회사를 어떻게 인식하기를 바라는가? 근무시간이 끝날 때 직원들이 회사
에 대해 어떤 생각을 하고 어떻게 느끼며 무슨 말을 하기를 바라는가? 고객과 공급업체
는 회사를 접하면서 어떤 경험을 하기를 바라는가? 사람들이 회사에 시간, 재능, 돈을
투자할 때 그들에게 어떤 보답을 돌려주고 싶은가? 어떤 가치관이 회사를 이끄는 원동
력이 되는가? 절대 양보할 수 없는 것은 무엇인가?

✓ **원동력** : 조직문화는 판매 지향적인가, 고객 중심인가, 제품 위주인가, 아니면 수치에
의해서 돌아가는가? 단기적인 성과에 치중하는가, 아니면 장기적인 관점을 취하는가?

✓ **설계와 구조** : 조직 구조는 관료주의적이고 위계적인가, 아니면 민주적이고 수평적
인가? 서로 친근하게 이름을 부르는가? 서로 관계를 맺는 스타일이 경직되고 형식적인
가, 아니면 편안하고 격의 없는가? 서로에 대한 신뢰는 어느 정도인가? 직원들이 두려
움에 따라서 동기 부여를 받는가, 아니면 안정감을 느끼는가?

✓ **업무 수행** : 전략과 목표가 어떤 식으로 회사의 사명과 비전 성취에 도움을 주는지
분명하게 인식하고 있는가? 업무 수행에서 원칙을 지키는가? 성과를 평가하고 그에 대
한 책임을 지도록 하고 있는가? 성과에 대해 토론할 때에는 직설적으로 말하는가? 아
니면 사실을 보고하는 대신 그저 적당히 둘러서 말하는가? 목표 성취에 실패하고 데드
라인을 지키지 못하여 일을 다시 해야 하는 상황에 닥쳤을 때 어떻게 행동하는가? 조직

문화가 우수한 기능을 발휘하는 능력 위주의 승진 제도를 채택하고 있는가? 아니면 연공서열 위주인가?

✓ **통제** : 조직문화 안에서 결정은 어떻게 이루어지는가? 통제 체제는 직원들의 신념과 생각을 어떻게 반영하는가? 직원들이 윤리적으로 행동할 것이라고 신뢰하는가, 아니면 터무니없이 많은 통제 체제를 세워놓았는가? 시스템과 프로세스는 업무 수행을 촉진하는가 아니면 방해하는가?

✓ **일의 성격** : 일의 성격이 흥미진진하고 마음을 끄는가? 직원들의 생활에 영향을 미치는가? 조직 안에 4년 뒤면 의미 없어질 프로젝트를 맡은 직원이 있는가? 무의미한 프로젝트를 재구성하여 흥미롭고 도전적인 일로 바꿀 자유를 주고 있는가?

✓ **관계** : 조직문화가 직장에서 긴밀한 관계를 형성하고 지원하는가? 가족이라는 개념을 소중히 여기고 존중하는가? 프레드릭, GSD&M, SAS, 사우스웨스트 항공, 시노버스 등의 회사들처럼 직원들 사이의 친목 활동을 권장하는가?

✓ **리더십에 대한 기대** : 리더십에 대한 기대가 분명하게 설정되었는가? 직원들이 자신의 생각과 느낌을 정확하게 경영진에게 말할 수 있도록 권장하는 조직문화인가? 경영진은 직원들이 서로의 성공을 돕도록 열성적으로 지원하는가? 아니면 자기 일밖에 모르는가? 시노버스처럼 경영진에 대한 기대를 전 직원이 다 함께 생각해보는 기회가 주어지는가?

✓ **전인격으로 직원 대우** : 사생활이나 가족사를 직장에서 이야기해도 불편하지 않은가? 직원이 관심을 두는 직장 밖 일에 대해서도 격려와 지원을 아끼지 않는 조직문화인가? 복지 혜택은 직원들이 회사 일과 그 밖의 개인생활 사이에서 균형을 얻을 수 있도록 힘쓰고 있음을 잘 보여주는가? 직장 일과 개인생활 사이의 조화를 전담하는 부서가 있는가? SAS나 쿼드/그래픽스처럼 회사 건물 안에 육아 시설과 의료 시설을 제공하고 있는가? 플래닛 혼다와 시노버스처럼 직원들이 자기 나름의 능력과 관심에 따

라 개인적 발전과 직업상 발전을 도모할 수 있는 계획을 구상하도록 권장하는가?

✓ **보상과 처벌** : 어떤 행동과 활동을 처벌하거나 보상하는가? 추구하는 조직문화와 일관성 있게 보상과 처벌이 이루어지는가? 아니면 보상 체제에 일관성이 결여되어 실제 조직문화와 추구하는 조직문화 사이에 괴리가 존재하는가? 보상-처벌 체제가 회사에서 신봉하는 가치관과 상충하는가? 예를 들어 팀워크를 장려하는 경우 직원들 사이의 협력을 권장하는 인센티브를 제공하는가? 아니면 무의식적으로 경쟁을 조장하는가? 혁신적인 서비스와 제품을 생산하기 위해서 위험을 감수하도록 권장할 때 굳은 신념을 가지고 신중하게 착수한 일이 실패로 돌아가면 어떻게 대처하는가? 실수에 대해서는 어떻게 대처하는가? 비난하는 조직문화인가 아니면 용서하는 조직문화인가?

✓ **영웅** : 회사에서 어떤 사람이 영웅이 되는가? 그 지위를 얻기 위해서 그 사람은 어떤 일을 하는가? 우러러볼 만한 가치가 있는 사람인가? 남다른 서비스를 제공하고 이타적인 자세로 동료를 지원하고 획기적인 업적을 이루기 위해 위험을 감수하고 한계를 극복하는 직원에게 적절한 보상을 하는가? 회사 조직문화의 기본 정신에 걸맞은 성공 스토리의 주인공이 되는가?

✓ **성공 사례 활용** : 회사의 전통과 미래의 밝은 성공을 연계시켜주는 교훈적인 사례를 발굴하는가? 직원에게 가르침을 줄 수 있는 순간을 모두 (또는 거의 다) 활용하는가? 직원들이 회사의 가치관을 이해하고 이를 업무 수행에 적용할 수 있게 성공 사례를 활용하는가? 직원과 고객 모두에게 자부심을 일깨워줄 수 있는 사례인가? 허브 켈러허와 롤린 킹이 냅킨 조각 위에 사우스웨스트 항공의 미래 비전을 구상해서 적었을 때 느꼈던 것 같은 유레카의 순간을 경험하고 있는가? 달리 말하자면, 조직문화의 핵심을 보여줄 수 있는 사례가 있는가?

✓ **물리적 환경** : 회사의 물리적 환경을 보면 회사의 성격과 특징이 어떻게 나타나는가? 서열, 계급, 지위 등이 공간 배분 방식에 나타나는 것에 대해 직원들은 어떻게 느끼는가? 벽면 장식은 회사의 가치관과 우선순위에 대해 어떤 메시지를 전달하는가?

사우스웨스트 항공처럼 전임자의 사진이나 옛날 광고 포스터를 붙여놓았는가? 쿼드/그래픽스처럼 공기통이나 보기 흉한 파이프를 밝은 색으로 페인트칠하지 않고 그냥 방치하는가? 이런 질문에 대해 생각해보고 당신의 회사에서 이미 하고 있는 일과 하지 않는 일에는 어떤 것이 있는지 살펴보라. 여기 경험에서 배운 브랜드화된 조직문화 달성 방법에 대한 몇 가지 아이디어를 제시하겠다.

✓ **행동 변화** : 조직문화란 직원들이 하는 선택과 행동이 모여서 이루어진 결과이다. 개인의 변화가 있은 다음에 조직의 변화가 이루어지는 경우가 많다. 즉 다른 사람은 물론 당신 자신이 변화하는 것만이 조직문화를 바꿀 수 있는 유일한 방법이라는 것이다. 회사의 조직문화와 성격은 그 회사가 어떤 문제에 우선순위를 두는지 보면 알 수 있다. 위 질문에 대한 답에 비추어볼 때 바람직한 조직문화를 만들기 위해서는 어떻게 회사를 바꾸어야 하겠는가? 행동 계획을 세워서 오늘부터 실천하라.

✓ **사업 관리** : 조직문화가 바로 사업이다. 이 두 가지는 서로 긴밀하게 맞물려 있다. 그러므로 이 두 가지를 별개의 것으로 생각하는 것은 큰 오류이며 결국 실패를 불러온다. 조직문화의 특징과 성격에 따라 업무 방식도 달라진다. 여기서 업무 방식이라 함은 회사가 직원, 고객, 동업자를 상대하고 이들과 오래도록 바람직한 관계를 유지하는 것까지를 포함한다. 게다가 조직문화는 신제품을 어떻게 개발하고 비용은 어떻게 관리하며 새로운 시장은 어떻게 개척하고 광고와 마케팅은 어떻게 할 것인가 하는 전반적인 사업 운영 방식까지도 결정한다. 결국 조직문화는 회사를 대표한다. 모든 사업 거래는 회사의 정신, 환경, 분위기를 바탕으로 이루어지기 때문이다. 조직문화가 가치관을 표현하기 때문에 조직문화에 초점을 맞추지 않으면 사업 성공도 기대할 수 없다. 조직문화와 사업은 동일한 프로세스가 서로 다른 차원에서 표현되는 것이므로 이 두 가지를 동시에 다루어야 한다. 사업 방식의 세부적인 사항까지도 주의를 기울여라. 그러면 조직문화도 자연스럽게 형성될 것이다.

✓ **조직문화 위원회 구성** : 조직문화 형성에 열심인 직원을 여러 부서에서 뽑아서 위원회를 구성하라. 그리고 직원들이 즐겁게 일하며 다른 회사에서도 기꺼이 동업하려

는 회사가 어떤 회사인지 구상하게 하라. 회사가 추구하는 가치관과 회사의 실제 모습 사이에 어떤 일치와 불일치가 존재하고 있는지 조사하게 하라. 그 틈을 좁히고 회사의 역사 및 정체성과 조화를 이루는 조직문화를 창출하는 것이 그들의 역할이다.

이 조직의 임무가 매우 중요한 사안임을 사원 모두에게 알려라. 예를 들어 회사 최고위직 간부 세 명을 이 위원회에 앉힐 수도 있다. 시노버스에서는 최고경영자 짐 블랜차드가 매달 반나절은 이러한 위원회에서 일한다. 사우스웨스트 항공의 사장이자 최고 운영자 콜린 버렛은 자기 손으로 직접 이러한 위원회를 조직하고 이들과 긴밀한 관계를 유지하고 있다. 허브 켈러허 회장, 짐 파커 부회장, 그 밖의 다른 사우스웨스트 항공의 고위직 간부들도 버렛과 함께 이 위원회의 일을 한다. 언스트 앤드 영의 앨런 클라인은 조직문화 위원회의 회의마다 모두 참석한다. 또한 GSD&M의 사장 로이 스펜스도 아이디어 시티에서 조직문화 프로그램을 이끌고 있다. 어느 리더나 다 그렇듯이 이들도 자기 시간을 소중히 생각하며 우선 과제에 시간을 할애한다. 그러나 버렛, 클라인, 스펜스, 블랜차드, 그 밖에 위에 열거한 리더들이 다른 리더와 다른 점은 이들이 다른 것이 아닌 조직문화에 우선순위를 둔다는 점이다. 이런 리더들이 존재한다는 사실은 말로만 가치관에 대해서 떠드는 것보다 훨씬 더 강력한 교훈을 전해준다.

✓ **새로운 기반 만들기** : 새로운 조직문화를 창출하는 것보다 기존의 조직문화를 바꾸는 일이 훨씬 더 어렵다는 데에는 의심의 여지가 없다. 위기 상황만큼 조직문화 개혁을 촉진하는 것도 없으니 지금 위기가 없다면 위기를 만들어보는 것도 좋을 듯하다.

사우스웨스트 항공의 경우 직원들 사이의 팀워크가 잘 이루어지지 않자 조직문화가 위기에 몰려 있다고 느낀 허브 켈러허가 부족주의(또는 조직문화 안에서의 전쟁)에 관해 연설하여 서로간의 싸움이 어떻게 부족을 피폐하게 만들고 파괴했는지를 보여주었다. 그러고 나서 이를 사우스웨스트 항공 안에 존재하는 대립 구도에 빗대었다. 직원들이 계속 대립하고 경쟁하면 이야기 속에 등장한 부족과 같은 결과를 초래하여 직원들의 직업 안정성과 생계마저 위태로워질 수 있음을 시사했다. 직원들이 새로운 조직문화를 수용하려면 기존의 조직문화에 대해 불만족스러워하고 있어야 한다. 켈러허는 그의 견해를 정확히 피력하기 위해 내부 갈등이나 부족주의가 가져오는 폐해를 말함으로써 직원들에게 경각심을 불러일으켰다.

여기 현 상태에 안주하고 조직 안 부족주의를 해결하지 않는 경우 발생할 수 있는 위험스러운 결과 몇 가지를 제시하겠다. 아래 내용이 현재 당신의 회사나 조직문화에도 적용된다고 생각한다면 조직문화 개혁의 필요성을 절감할 수 있을 것이다.

- **인재** : 조직문화를 바꾸지 않으면 훌륭한 인재들은 다른 회사로 떠날 것이다. 이로써 소모되는 비용도 수백만 달러에 달하겠지만 그보다도 중요한 것은 회사의 경쟁력을 유지하는 데 필요한 인재를 빼앗긴다는 사실이다.
- **개인생활** : 조직문화를 바꾸지 않고 그 결과 사업 수익이 줄어들면 가족을 부양하고 꿈을 실현할 능력이 그만큼 줄어든다.
- **속도** : 직원 통제를 그만두고 이들을 신뢰하지 않으면 시장 변화에 올바로 대응하기가 힘들어질 것이다. 소비자들이 필요로 하는 것을 제때에 제공하지 않으면 회복할 수 없는 슬럼프에 빠질 것이다.
- **기술** : 기술력을 제대로 활용하지 않는 조직문화라면 퇴보는 시간문제다.
- **경쟁** : 밥그릇 싸움에 경쟁심이나 조장하고 질투와 원한이 팽배한 조직문화라면 이는 회사에 불리한 요인으로 작용하여 성장을 방해할 것이다.
- **윤리** : 가치관과 그 중요성을 항상 기억하고 재학습하지 않으면 주위에서 늘 듣는 부정부패 스캔들에 휘말리더라도 당연한 결과로 인정할 수밖에 없을 것이다.

3 장

배짱 있는 리더는
직원들에게 주인의식을 불어넣는다

Guts!

Guts!

될 수 있는 한 주변 사람들과 소통하라. 더 많이 알수록 더 많이 보살펴줄 수 있다. 그렇게 보살핌이 시작되면 이들 사이의 관계를 막을 것은 아무것도 없다.
샘 월튼

비밀은 신뢰의 적이며 기업과 사회, 회사와 고객, 경영진과 근로자 사이에 존재하는 불신의 큰 원인이다.
케샤반 나이르

직원에게 경영을 맡겨라

어떤 회사를 보면 직원들이 소소한 권력다툼이나 경쟁에 연연하지 않고 회사를 발전시키는 데 에너지를 쏟는 것을 볼 수 있다. 어떻게 해서 이런 일이 가능한 것일까? 그 이유는 자기가 단순히 회사의 직원이 아니라 주인이라고 느끼기 때문이다. 자신이 회사의 주인이라고 생각하는 직원은 자신의 성공과 회사의 성공이 직결되어 있음을 인식하기 때문에 책임감이 강하다. 이들은 자신이 어떤 특별한 조직의 일원이라고 생각하며 그만큼 자부심이 있기 때문에 남들과는 다르게 생각하고 행동한다.

배짱 있는 리더는 직원들에게 주인의식과 책임감을 불어넣어 주는 것이 '나는 당신을 신뢰하고 당신의 능력을 믿으며 당신은 회사의 성공에 없어서는 안 될 요소이다'라고 말하는 것과 마찬가지임을 알고 있다. 직원들에게 주인의식이 없는 회사에 들어가 보면 직원들과 회사 사이에 심리적인 벽이 있음을 알 수 있다. 이것이야말로 딜버트(Dilbert, 미국에서 샐러리맨의 일상을 풍자하여 선풍적 인기를 끌었던 만화의 주인공)가 말하는, 사람들이 출근해서 최소한의 일만 하고 아무 책임도 지지 않으며 위험한 일은 회피하고 급료만 받아가는 시멘트벽으로 둘러싸인 활기 없는 공간이다. 이런 곳에서 일하면 개인은 무슨 일을 하더라도 계속 이류 수준에 머물기 때문에 개인으로서도 낭비이고 실제로 훨씬 더 훌륭한 일을 할 수 있는 직원의 재능과 능력을 활용하지 못하는 조직으로서도 낭비이다.

주인의식은 아무리 생산성이 높은 직원이라도 더 생산적인 업무를 수행하도록 자극할 수 있는 강력한 힘이 있다. 전국 규모의 유기농 및 자연 건강식품 판매 체인점인 홀 푸드(Whole Foods)는 직원들이 회사 일에 무심하기로 악명 높은 업계에서 사업을 펼치면서도 다른 어느 회사보다도 열심히 성심성의껏 일하는 창의적인 직원을 두고 있는 주목할 만한 회사이다. 이 회사의 이야기를 읽으면서 여러분 회사의 직원들에게도 이와 같은 정신이 있다면 어떤 성과를 올릴 수 있을지 생각해보기 바란다.

홀 푸드 : 직원에게 힘을 불어넣는 회사

팀워크, 자립심, 권한 부여, 주인의식 같은 개념은 이미 흔한 상투어가 된 지 오래다. 귀에 못이 박히도록 들었지만 실천은 되지 않아 그 의미마저 퇴색한 개념이다. 그러나 홀 푸드에서는 이런 개념이 회사 안에 존재하는 경쟁을 타파하는 사업 모델의 기초 역할을 하고 있다.

홀 푸드는 1980년 텍사스 주 오스틴에서 사업을 시작했고 그 뒤 계속해서 놀라운 성장세를 보였다. 2003년에는 대서양에서 태평양에 이르기까지 25개 주에 140개의 상점을 보유하게 되었다. 2002년에는 27

억 달러의 수익을 기록하면서 유기농 및 자연 식품 소매업체로서는 세계 최대 규모의 회사가 되었고, 홀 푸드가 기록한 8,400만 달러라는 순수익은 업계 평균의 두 배나 된다. 신규 상점을 열고 다른 상점을 합병하면서 직원 수는 2만 4,100명으로 전년도보다 16%나 증가했다.

슈퍼마켓 사업이 해마다 기껏해야 3%밖에 증가하지 않은 데 반해 홀 푸드의 매출과 수익은 불경기 속에서도 몇 년 동안 두 자리 숫자의 성장률을 기록했다. 예를 들면 지난 5년 동안 홀 푸드의 수익은 평균 16.4%씩 증가했다. 아, 물론 이 회사의 주가 역시 놀랄 만큼 성장했다는 사실도 잊어서는 안 되겠다. 오랜 기간 주식 시장이 약세를 보였는데도 2002년에는 1주당 가격이 50달러 19센트로 총 자본 규모는 320억 달러에 달했다.

회사가 이처럼 놀라운 성공을 거둔 데는 시대적 흐름도 한몫했다. 회사의 창립자 존 매케이(John Mackey)는 사람들이 살충제와 방부제에 대해 우려하기 시작하면서 유기농 자연 식품에 대한 수요가 촉발되기 시작하던 무렵부터 이미 자연 식품 사업에 뛰어들었다. 이러한 경향은 수그러들 줄 몰랐고 매케이는 승승장구할 수 있었다. 동시에 멋진 디자인에 쇼핑하기 쾌적하고 편리한 매장을 지어 기존의 슈퍼마켓에서 손님들을 끌어모을 수 있었다.

홀 푸드가 어떤 회사인지는 매케이가 회의 때마다 하는 말을 보면 알 수 있다. 그 말인 즉 '미국인들은 쇼핑하기를 좋아한다. 먹는 것도 좋아한다. 하지만 먹을거리를 쇼핑하는 것은 좋아하지 않는다'이다. 매케이는 먹을거리를 쇼핑하는 일도 의류 등을 쇼핑하는 것만큼이나 즐거운 일로 만들고자 하는 목표가 있으며, 그 목표를 제대로 실천하고 있다.

시대적 흐름과 노하우 외에, 홀 푸드를 성공한 회사로 만든 또 하나의 원인은 배짱 있는 창업자 겸 사장 매케이가 직원에게 경영을 대부분 맡긴 데 있다. 그 결과 동종 업계에서 사업을 펼치고 있는 다른 어떤 회사에서도 찾아볼 수 없는 남다른 헌신과 충성을 보여주는 직원을 거느리게 되었다.

홀 푸드의 역사는 1978년 텍사스 주 오스틴에서 시작된다. 이때 존 매케이는 아버지에게서 1만 달러를 빌려 '세이퍼 웨이 내추럴 푸드(Safer Way Natural Foods)' 라는 상점을 차렸다. 그리고 1980년에 다른 상점을 합병하면서 오스틴에 홀 푸드라는 새로운 이름으로 체인점을 운영하기 시작했다. 매케이는 오스틴 대학 학생과 교수진을 겨냥하여 대학가 근처에 상점을 열었으며, 그의 직관대로 이들은 홀 푸드의 충성스런 고객이 되었다.

당시 건강식품 시장은 춘추전국 시대를 방불케 했는데, 매케이는 경쟁사들을 하나하나 꺾어 나갔다. 처음에는 텍사스 주의 대학가를 주요 무대로 하다가 나중에는 인근 주로 뻗어나갔다. 1992년에는 캘리포니아까지 사세가 확장되어 처음으로 홀 푸드라는 상표가 붙은 제품을 팔게 되었다. 그 다음 해에 주식 시장에 상장되었고, 이로써 얻은 자본으로 전국적으로 우후죽순처럼 생겨나던 건강식품 체인점을 사들였다.

일반 식품에서 자연 식품으로 종목을 전환하면서 매케이는 1997년에 암리온(Amrion)이라는 회사를 1억 4,600만 달러에 사들였다. 새로 문을 연 홀 푸드 상점에는 주스바, 샐러드바 등 최고급 슈퍼마켓에서 찾아볼 수 있는 거의 모든 것이 갖추어져 있었다. 다른 슈퍼마켓에서는 찾아볼 수 없는 홀 푸드만의 독특한 특징은 건강한 환경을 만들고 건강한 식품을 제공하여 소비자를 만족시키기 위해 혼신의 힘을 다하는 명랑하고 친절한 직원들이었다. 이는 회사와 직원 사이에 '회사는 직원을 정직하게 대할 테니 대신 직원들도 책임감을 가지고 뛰어난 업무 수행 성과를 보여주어야 한다' 라는 암묵적인 동의가 이루어졌기 때문에 가능한 일이다.

> 홀 푸드는 평화, 사랑, 이익을 상징한다고 할 수 있다. 홀 푸드의 사업 목표는 '상호 의존 선언' 이라고 부르는데, 회사가 지역 사회, 고객, 지구 전체와 어떤 관계를 맺어야 하는지 밝히고 있다. 사업 목표 중에는 다음과 같은 말도 있다.
> "우리는 따뜻하고 재미있으며 개성 있고 친근한, 편안하고 매력 있으며 자상하고 교육적인 상점 환경을 만든다. 인종, 성별, 성적 취향, 나이, 종교, 외모에 관계없이 누구라도 환영한다."

존 매케이는 하이킹과 야외 활동을 즐기며 청바지에 부츠 차림으로 회사에 출근하여 자본주의의 미덕을 솔직하게 이야기하고 상점을 방문하여 직원들에게 따뜻한 칭찬과 격려의 말을 해주는 사람이다. 그의 연봉은 〈포춘〉에 등장하는 500대 경영자에 비하면 턱없이 낮은 수준으로 일반 직원들의 평균 연봉의 14배를 넘지 않으며, 이따금씩 찾아오는 불경기에는 그보다도 훨씬 적은 연봉을 받기도 한다. 2002년, 판단 착오로 인터넷 벤처 사업이 수익 감소를 가져왔을 때에는 연봉으로 겨우 21만 달러를 받았으며 보너스도 전혀 받지 않았다.

홀 푸드 상점에 들어가 보면 온갖 인종, 국적, 민족의 직원들을 만날 수 있다. 이러한 다양성은 글로벌 경제의 미래가 갖는 주요 특성으로서, 홀 푸드에게는 긍정적인 효과를 주었다. 또한 홀 푸드는 가족 농장과 유기농 농장을 지원하는 회사이다. 수익의 5%를 자선 단체에 기부하며 상점이 있는 지역 사회마다 봉사 활동에 참여하고 있다. 그러나 홀 푸드의 가치관이 부드러워 보일지라도 속지 마라. 아주 단단하고 경쟁적인 분위기가 팽배한 회사이기 때문이다. 매케이는 이렇게 말했다.

"따뜻한 손길을 내미는 동시에 이윤 추구에 몰두하는 회사를 만든다는 것이 모순된 생각은 아니다. 사실 이 두 가지 특성을 모두 갖춘 회사는 엄청난 시너지 효과를 발휘한다. 두 가지 특성 모두 홀 푸드가 책임감 있는 회사임을 보여주고 있다. 그리고 우리 회사 직원들은 수준 높은 음식과 서비스를 고객에게 제공할 책임을 진다."

원칙에 따른 민주주의

사실 홀 푸드는 유기농 과일 주스와 건강식품 소매업체로 시작해서 지금까지 괄목할 만한 성장을 보였다. 현재의 홀 푸드 상점은 우아한 실내 분위기에 비싼 제품을 판매하며 자연과의 조화라는 이상을 표현하는, 알래스카 산 킹 크랩 다리와 초콜릿이 덮인 에스프레소 원두커피 등의 진귀한 별미 식품을 판매하는 상점이 되었다. 반짝반짝 윤이 나는 고급 나무 선반에 보기 좋은 식료품이 진열되어 있으며 여기저기 편히 앉아 쉴 수 있는 공간도 마련되어 있어서 쇼핑을 느긋하게 즐길 수 있도록 해놓았다. 최근 〈보스턴 글로브〉는 홀 푸드 상점에 대해 다음과 같은 격찬을 실었다.

"홀 푸드 상점에서 쇼핑을 하면서 우아한 실내 디자인이나 품질 좋은 제품을 보고 있노라면 그곳에 있다는 것만으로도 자신이 뭔가 특별한 존재라는 느낌을 받지 않을 수 없다. 즉 나는 현명하고 가족의 건강을 염려하는 사람이라는 느낌이 든다. 또한 대자연에 유익을 주고 세계 환경을 개선하겠다는 목표를 가진 상점을 이용하는 책임감 있는 시민이라는 자부심도 느낄 수 있다."

홀 푸드는 직원들에게 일일이 간섭하지 않음으로써 직원들이 회사의 주인처럼 생각하고 행동하게 만든다. 사실 상점 사이에도 독립성이 유지되어 각각 해당 지역의 취향에 맞는 상품을 그 지역에서 조달받아 지역 경제 발전에 이바지하고 있다. 상점 구조를 보면 농산물, 식료품, 치즈, 가공식품 등 평균 10개 품목을 다루는 부서가 자치적으로 운영되고 있다. 이러한 구조는 수직적으로도 적용되어 부서별 책임자들이 모여 한 팀을 이루고, 각 상점 책임자들도 한 팀을 이루며, 지역별 책임자들도 팀을 이루고, 최종적으로는 회사의 6개 지역 대표자들이 한 팀을 이룬다. 매케이는 이렇게 설명한다.

"위계질서는 별로 중요하게 생각하지 않는다. 위계질서라는 것은 여러모로 비효율적이라고 느끼기 때문이다. 우리는 우리 회사를 민주적인 체제로 만들고 싶다. 잘 조직된 원칙 있는 민주적 체제를 만들고 싶은 것이다. 열정과 아이디어만 있으면 누구라도 성공할 수 있다. 규칙은 되도록 적으면 적을수록 좋다고 믿는다."

소규모 팀에서는 동료 사이의 압력이 강력한 요소로 작용한다. 직원들은 팀에 대해 애착을 느끼고 있으며 대규모 조직에서는 찾아보기 어려운 책임감을 팀 구성원에 대해 가지고 있다. 이와 관련해서 매케이는 〈패스트 컴퍼니〉에서 '직원들에게 자유와 자치권을 더 많이 부여하고 회사 운영 방식을 더 많이 알려줄수록 직원들의 열의와 책임감이 높아지는 것을 확인할 수 있었다' 라고 했다.

홀 푸드는 〈포춘〉이 선정한 미국에서 가장 일하기 좋은 100대 기업 목록에 6년 연속 선정되었다. 전국적으로 식료품 소매업체 직원 가운데 30%만이 정규직이지만 홀 푸드에서는 87%의 직원이 정규직으로 일하고 있어서 의료보험, 회사에서 판매되는 제품 가격 20% 할인 혜택, 부서별 이익 배당 제도 등의 혜택을 누리고 있다. 정규 직원은 스톡옵션 도 받을 수 있다.

최근에는 매케이가 '감사하기'라는 제도를 만들었다. 이는 회의가 끝날 때마다 회의 참가자들이 서로 좋은 점을 말하고 도움 제공에 감사 를 표하는 제도이다. 이를 통해 직원들은 관대함과 배려를 그냥 무시하 고 지나쳐서는 안 된다는 철학을 받아들이고 이에 따라 행동하게 된다.

책임자가 없는 회사

여러분에게 직원들이 자기 자신에게 부과한 한계를 뛰어넘도록 격려하여 '기존의 사업 방식'을 새롭게 정의한 브라질 경영인 리카르도 셈러(Ricardo Semler)를 소개할까 한다. 유능한 인재를 가까이에 두고 이들에게 간섭하지 않음으로써 셈러는 그저 유순하고 순응적인 사람이라면 할 수 없다고 할 만한 일을 이룩하고 있다. 셈러가 운영하는 브라질 회사 셈코(Semco)는 보통 사람들이라면 '미쳤다'라고 할 만한 사업 방식을 현실에 적용하기로 유명한 회사이다.

셈코의 직원에게 '누가 책임자냐?'라고 물으면 대뜸 '책임자는 없다'라는 대답이 나온다. 셈러는 직원을 통제하는 시스템을 과감히 타파하여 주인의식을 기르고 있다.

셈코는 셈러의 아버지 안토니오(Antonio)가 1952년에 펌프 제조를 주요 사업으로 설립한 회사이다. 리카르도는 1980년 21살에 이 회사를 맡았다. 머릿속에는 사업 방식을 어떻게 개혁할까 하는 아이디어가 넘쳤다. 사장 자리에 앉은 지 며칠 만에 간부 75%를 해고하고 자신의 아이디어를 실천에 옮기기 시작했다.

셈러는 결정을 내릴 때 '자신의 느낌을 믿어라' 라고 직원들에게 말한다. 그 결과 회사는 서로 연관성이 없는 갖가지 사업을 다루게 되었다. 제약 회사와 사탕 제조회사에서 쓸 믹서를 만드는가 하면, 냉방 용수의 냉각탑을 건설하고, 사무실 건물의 데이터 센터를 운영하고, 환경 문제에 관한 자문 서비스를 제공하는가 하면, 인터넷 응용 프로그램용 소프트웨어를 제작하고, 대기업의 인력관리 업무를 맡아 하기도 한다.

셈러의 말에 따르면 이런 다양한 사업 분야 사이에 세 가지 공통점이 있다고 한다. 그 세 가지 공통점이란 새로운 경쟁업체가 차마 뛰어들 엄두를 내지 못할 만큼 복잡한 사업, 우수한 품질의 제품을 높은 가격에 제공하는 사업, 나름대로의 틈새시장이 존재하는 사업이라는 점이다.

셈러는 이런 사업에서 성공을 거두어 지난 10년 동안 연평균 성장률이 24%를 웃돌았으며 2002년도 수익은 1억 6천만 달러를 기록했는데, 셈러가 처음 회사를 맡았을 때 수익이 400만 달러에 불과했던 사실을 생각하면 실로 놀라운 성장이 아닐 수 없다. 게다가 이 놀라운 성공은 브라질이 통화 가치 하락, 사상 초유의 실업률, 살인적인 인플레로 고전할 때에 이룩한 것이다. 20년 전에 이 혁신적인 회사에 10만 달러를 투자했다면 지금 어림잡아 500만 달러를 벌었을 것이다.

셈코에는 직책도 조직 구성도 본사도 없다. 사무실이 필요하면 인터넷으로 들어가서 상파울루 근처에 있는 위성 사무실 가운데 한 군데에 자리를 예약하면 된다. 셈러는 '직원들이 어디에 있는지도 모르면 이들을 관리할 수가 없다. 다만 업무 성과를 가지고 평가할 뿐이다' 라고 한다. 당신의 회사는 직원을 무엇으로 평가하는가? 출석률인가 아니면 업무 성과인가?

공장 직원을 포함한 상당수 직원이 자기 스케줄과 연봉을 스스로 짠다. 11가지 옵션을 기초로 수당도 자기 마음대로 선택할 수 있다. 그렇다면 어째서 직원들이 이런 자유를 악용하지 않는 것일까? 우선 회사의 재정 정보가 모두 공개되어 있어서 다른 직원이 얼마를 버는지 서로 다 알고 있다. 연봉을 너무 높게 책정하면 동료들의 미움을 사게 된다. 바로 얼마 전에는 연봉 인상폭이 너무 높아서 회사 수익 창출에 해가 된다고 노조원들이 항의한 적도 있다. 둘째로 직원들은 6개월마다 연봉 협상을 새로 해야 한다. 부당하게 높은 연봉을 받은 경우 얼마 지나지 않아 다른 직장을 알아봐야 한다. 끝으로 회사 수익에 따라 직원 수당이 결정되기 때문에 직원들 사이에 회사 수익을 높이려는 압력이 강하게 작용한다.

한편, 이 회사는 직원들이 주중에 반나절을 꼬박꼬박 쉬도록 권하고 있다. 봉급의 10%가 깎이기는 하지만 셈러는 이 시간을 활용하여 몸이 허락할 때 활동적인 일을 할 수 있어야 한다고 생각한다. 또한 셈러는 아직 지적 능력이 왕성할 때에 사람들을 퇴직시키는 것은 어리석은 짓이라고 생각한다.

직원들은 해마다 두 번 간부를 선택하여 평가한다. 그리고 그 결과를 공표한다. 회의는 자발적으로 이루어진다. 만약 아무도 참석하지 않으면 회의 주제는 전혀 시의적절하지 않거나 중요하지 않은 것이라는 의미가 된다. 이사회 때에도 직원이 참석할 수 있는 자리 두 개를 남겨놓았다가 제일 먼저 오는 직원에게 이 자리를 내준다.

셈코에는 안내데스크 직원도 개인 비서도 없다. 셈러 자신을 포함하여 모든 직원이 자기 손님은 자기 손으로 접대하고 커피도 손수 끓여 마시며 자기 편지는 자기가 써서 부치고 복사도 자기 손으로 한다.

물론 셈러도 직책이 없다. 셈러는 직원들에게 항상 두려워하지 말고 '왜'라는 질문을 던지라고 한다. 직책이 왜 있는 것인가? 왜 본사가 필요한가? (셈러의 말에 따르면 '본사는 통제, 차별, 권력 생산의 근원'이라고 한다.) 왜 직원들은 구체적인 재정 상태를 알아서는 안 되는가? 셈러는 기존의 상식에 순응하지 않고 이에 도전하는 것이 유연성 있고 창의적인 회사를 만드는 핵심 요소라고 생각한다.

셈코는 정책을 세우지 않는다는 정책을 가지고 있다. 대신 직원들이 조직문화에 동화될 수 있도록 도와줄 목적으로 만화와 간결한 어구들이 가득 들어간 21쪽짜리 '서바이벌 매뉴얼'을 직원들에게 나누어준다. 매뉴얼에는 다음과 같은 내용이 나와 있다.

● 조직 구성

셈코에는 형식적인 조직 구성이 없다. 진심에서 우러나온 존경심만이 리더를 만든다. 조직 구성이 꼭 필요할 때에는 연필로 살짝 조직 구성도를 그렸다가 될 수 있는 대로 빨리 지워버린다.

● 복장과 외모

복장이나 외모는 셈코에서는 중요하지 않다. 외모는 채용이나 승진을 결정하는 요소가 아니다. 자기가 무엇을 입고 싶은지, 무엇을 입어야 하는지는 누구나 알고 있다. 마음 가는 대로, 상식을 벗어나지 않게 입기만 하면 된다.

● 참여

셈코의 경영 철학은 참여 정신에 바탕을 두고 있다. 안주하지 마라. 의견을 제시하고 기회와 발전을 추구하며 생각하는 바를 항상 말하라. 회사에 없어도 그만인 사람이 되어서는 안 된다.

이대로 하다가는 회사에 무질서와 혼란만 생길 것 같은가? 그렇다면 이 점을 생각해보자. 셈코의 제품과 고객 서비스는 너무나 우수하여 연간 수익의 80%가 전년도 고객에서 나온다. 지난 10년 동안 회사 매출이 600%나 증가했으며 수익은 500% 증가했다. 그뿐만 아니라 현재 2천 통이 넘는 입사 지원서가 쌓여 있으며 지난 6년 동안 3천 명 직원의 이직률은 1% 미만이었다.

셈코의 직원들은 회사의 주인처럼 생각하고 행동하지 않을 수 없다. 책임자가 없으니 모두 책임을 지는 것이다. 팀의 이익을 위해 행동하고 고객이 원하는 제품과 서비스를 제공하며 회사를 키워나간다. 그리고 결과에 대해 모두 책임을 진다.

주인의식은 마음가짐이다

홀 푸드의 매케이나 셈코의 셈러 같은 리더는 직원들이 회사를 위해 적극적으로 일하기를 바란다면 회사가 성공하는 만큼 직원 개인도 그 이득을 볼 수 있게 해야 함을 알고 있다. 우리는 이러한 개념을 공동의 이익이라고 부른다. 우리가 만난 배짱 있는 리더는 직원들의 독창성, 자부심, 열정을 살리기 위해 노력하고 있으며, 이런 일은 하루아침에 이루어지지 않는다. 프로그램을 실험하고 시행착오를 거치고 시스템을 조정하고 효과가 있는 것은 다시 한 번 실행해 본다. 변치 않는 황금률은 조직 안의 모든 직원에게 권한과 책임을 부여하려고 끊임없이 애쓴다는 점이다.

회사의 주인처럼 생각하는 사람은 이런 질문을 한다. '이건 내 일인데, 이 상품을 어떻게 팔아야 할까? 이 장비를 우리 부서에서 쓸 수 있도록 신청할까? 다른 직위를 달라고 할까? 직원들을 어떻게 대해야 하지?

이들은 직책에 구애받지 않고 고객과 회사를 위해서 행동한다. '그건 내 일이 아니다' 라는 말 따위는 절대 하지 않는다. 문제를 떠넘기거나 변명을 하지도 않는다. 이들은 회사의 목표, 비전, 가치관을 위해 헌신한다. 반면, 주인의식 없는 직원은 상사를 위해 헌신한다. 주인의식 있는 직원은 누가 보건 보지 않건 관계없이 자기 행동이 어떤 성과를 가져오는지에 주의를 기울인다. 주인의식 없는 직원은 명령 체계 속에서 자기가 어떻게 인식되는지에 주의를 기울인다. 주인의식 있는 직원은 어려운 질문을 던질 배짱이 있다. 자기만족에 빠지면 어떤 결과가 발생하는지를 알고 '어떻게 하면 더 잘 할 수 있을까' 라는 질문을 던짐으로써 현상 유지 타파를 주저하지 않는다.

자기 일신의 안전만을 생각하는 주인의식 없는 직원은 예측 가능하고 보수적인 방향으로만 일을 진행하려 한다. 주인의식 있는 직원은 기능적인 경계를 무시하고 회사 전체에 무엇이 좋은지 생각한다. 주인의식 없는 직원은 부족주의에 빠져 있고 자기 영역 보호에 전전긍긍한다. 주인의식 있는 직원은 융통성 있고 고객에게 도움이 되지 않는 규칙은 과감히 깬다. 주인의식 없는 직원은 누가 보더라도 상식에 어긋나는 규칙이라고 해도 그 규칙의 문구에 매달려 산다. 주인의식 있는 직원은 사소한 부분에도 신경을 쓴다. 주인의식 없는 직원은 이를 알아보지 못한다. 주인의식 있는 직원은 회사가 자기 소유인 양 회사를 대한다.

주인의식 기르기
직원이 회사의 주인처럼 생각하고 행동하기를 바란다면 이익 배당, 스톡옵션, 재무 정보 등을 제공하는 것만으로는 부족하다. 그보다도 직원을 교육해야 한다. 즉 자료에 나오는 수치가 무엇을 의미하는지 설명하고 그 정보가 어떻게 활용될 수 있는지 가르쳐야 한다. 셈코에서는 모든 직원이 회사의 재무 정보를 제공받을 뿐 아니라 이러한 정보를 읽고 분석하는 방법을 가르치는 수업에 참석하기도 한다. 직원들은 경제적 가치가 어떻게 창출되는지, 수입과 지출이 어떻게 이윤으로 전환되는지, 자신과 회사의 재정적인 안정은 어떻게 보장해야 하는지, 투자자들은 회사에 어떤 기여를 하며 그 보답으로 무엇을 원하는지를 파악해야 한다.

쿼드/그래픽스의 창립자 해리 쿼드라치는 교육의 중요성을 절감한 나머지 직원들에게 '인쇄술 입문'이라는 과목을 직접 가르치기도 했다. 고등학교를 졸업하지 않은 신입사원에게는 그에 상응하는 자격증을 딸 것을 권장했다. 전 직원에게 복지 혜택을 적절히 활용할 수 있는 방법을 가르치고 요청이 있을 때에는 은행 계좌 개설도 도와주었다. 목적은 모든 직원이 자기 자신과 회사에 대해 책임감을 가지게 하는 것이다. 쿼드/그래픽스는 직원들이 자신의 운명과 회사의 운명이 맞물려 있음을 인식하기를 바란다. 회사가 성공하면 직원도 성공하는 것이다. 이렇게 교육을 하면 직원 대부분이 점차적으로 회사에 몸과 마음을 다 바치는 자부심 있고 열성적인 직원이 된다.

예를 들면 쿼드/그래픽스의 직원은 모두 회사 장부에 기여하는 존재로 여겨진다. 24살 이상이면 한 팀의 관리자가 될 수 있는데, 이 관리자는 팀의 생산 수준과 가동 휴지 시간을 매일 계산해야 한다. 직원 채용, 해고, 업무 스케줄 등의 문제에 자신의 의견을 반영할 수 있으며 비용 절감, 품질 관리, 고객 관계 등의 분야에서는 거의 절대적인 권한을 갖는다. 쿼드라치는 사장의 역할이란 올바른 원칙을 세우고 뒤로 물러서서 직원들이 자기 일을 할 수 있도록 내버려두는 것이라고 굳게 믿었다.

　주인정신이 있으려면 특정 상품이나 서비스 라인에만 초점을 두지 않고 포괄적인 시야를 가져야 한다. 미래를 바라보면서 동시에 현재의 과업을 실천할 줄 알아야 한다. 직원 자신이 회사를 성장시킬 수 있는 존재라고 생각해야 한다. 그러나 기존 회사는 그 정반대 역할을 해왔다. 직원들이 회사의 특정 부분에만 관여하게 하면서 '기능적인 분야에 신경을 써라. 전체적인 회사 일은 간부들이 알아서 할 것이다' 라는 메시지를 보냈다. 이런 태도는 분명 직원을 얕보는 것이며 (높은 자리에 있는 간부들만이 전략적 사고를 할 수 있다는 가정을 깔고 있으므로) 창조적이고 혁신적인 사고를 막는다. 회사의 성공은 경영자가 전 직원의 두뇌와 열성을 활용하는 능력에 달려 있다는 사실을 무시한 것이다. 이렇게 되면 기껏해야 이류 기업이 될 수밖에 없으며 완전한 실패를 자초하게 된다.

진정한 리더는
인재를 자유롭게 풀어준다

주인정신이란 직원들이 적극적으로 두려움 없이 행동할 자유가 있을 때 생긴다. 직원들이 직업 안정성에 매달리면 책임감을 가지고 능동적으로 일을 하지 못하고, 자기 보전이 최우선 과제가 된다.

해리 쿼드라치는 직원들이 회사의 주인처럼 생각하고 그에 따라 생기는 책임감을 가지도록 했다. 한번은 회사에 운송 부서를 신설하고 운전사들에게 트럭 열쇠를 내주면서 이제 그들이 듀플레인빌 트랜스포트(DuPlainville Transport)라는 신설 부서의 경영주라고 선언했다. 어떻게 일을 할지는 그들에게 달려 있다고 했다. 운전사들이 쿼드라치에게 어떻게 일을 따내라는 말이냐고 묻자 쿼드라치는 '나는 트럭 운전에 대해서는 아무것도 모른다'라고만 대답했다. 놀랍게도 이들은 일거리를 따냈고 신설 부서는 원만하게 운영되었다.

직원을 신뢰하라

주인의식이 혁신적인 경영 방식인 이유는 회사의 진정한 전문가는 최전선에서 뛰는 직원들이라고 생각하고 이들이 회사의 이익을 염두에 두고 일할 것을 믿기 때문이다. 이러한 믿음은 직원들의 자신감을 강화시키고 더 많은 책임을 지게 한다. 사우스웨스트의 회장 허브 켈러허는 이렇게 말한 적이 있다.

"직원들에게 위험을 감수하고 실패를 무릅쓸 여지를 제공해야 자신감을 키울 수 있다. 실패하더라도 비난하지 말고 '좋은 교훈을 배웠으니 다음에는 더 잘 할 수 있을 것이다. 경험을 쌓느라고 대가를 좀 비싸게 치렀다고 생각해라. 앞으로는 더 좋은 성과가 있을 것으로 기대하겠다'라고만 말하라."

어떤 경영자들이 '그 정도 수준의 권한을 직원에게 부여하고서 어떻게 직원이 책임감 있게 행동할 거라는 확신을 가질 수 있겠는가?'라는 질문을 한다면 정말 대책이 안 서는 노릇이다. 그럴 때는 일부 직원에게 실망감만 안겨줄 수도 있지만 대다수 직원은 자기가 회사에 대해 재정적 또는 심정적 책임을 지게 되면 자기 자신과 주변 동료를 위해서 더 노력하게 마련이라고 대답해줄 수밖에 없다. (직원을 채용할 때 어리석은 결정을 내리지만 않는다면 말이다.)

직원들은 대부분 근면한 맞벌이 부부이다. 꼬박꼬박 집세를 내고 아이들을 학교, 축구 경기, 피아노 학원 등등에 데려다주는 성실한 사람들이다. 기독교, 이슬람, 불교 신자일 수도 있다. 자선 단체에 기부금을 내거나 고아원 등에 찾아가서 자원 봉사 활동을 하는 직원도 많다. 그런데도 어떤 경영자는 자기 직원을 믿어도 되는지, 이들이 책임을 떠맡을 만한 사람들인지 의심을 한다. 그런 경영자는 어떻게 손을 써볼 수 없는 사람이며 또한 오만한 사람이다. 자기 손에 붙들고 있는 것을 놓아버릴 줄 아는 배짱을 가져야 한다!

스탠리 스티머(Stanley Steemer)는 배짱 있는 리더십을 바탕으로 전국 규모의 카펫 세탁소 체인점을 설립했다. 미국 내 스탠리 스티머 체인점 가운데 가장 장사가 잘 되는 가게를 운영하는 필 딘(Phil Dean)에게 종업원을 신뢰하면 어떤 결과를 얻을 수 있는지 물었더니 이렇게 대답했다.

"모든 걸 맡긴다. 내 생각에 누군가 옆에 붙어서 간섭을 하면 둘 중 한 사람은 필요 없는 사람이라는 뜻밖에 안 된다. 그건 정말 안 좋은 일이다. 나는 될 수 있는 대로 낮은 직위에 결정권을 부여한다. 그렇게 하면 비용도 들어가고 그런 방식으로 직원들을 길들이는 데 시간도 걸리지만 대신 직원들이 사표를 내는 일은 없다."

캘리포니아 주에서 항공사들에게 휘발유 대신 전기 에너지를 동력으로 쓰는 장비를 사용해 달라고 요청했을 때 사우스웨스트 항공 애리조나 주 피닉스 지사에서 항공기 유지 보수를 맡고 있던 릭 데니(Rick Denny)와 존 개러먼(John Garamman)은 바로 행동에 들어갔다. 조사 결과 항공기를 게이트에서 밀어내는 데 쓰는 장비인 신종 전기 견인기의 비용이 16만 달러임을 알아냈다. 나사의 엔지니어들은 9만 달러만 내면 견인기 한 대를 휘발유용에서 전기용으로 전환해줄 수 있다고 해서 기계를 새로 바꾸는 데 드는 비용을 상쇄할 수 있게 해주었다.

그러나 데이와 개러먼은 이에 만족하지 않고 자기들 손으로 기계를 전환하는 법을 알아냈는데, 그렇게 하면 기계 한 대당 2만 7천 달러가 소요되어 결과적으로 13만 3천 달러를 절감할 수 있게 되었다. 캘리포니아 주에 흩어져 있는 7개 지사에서 견인기 6대를 전환하니 사우스웨스트 항공으로서는 550만 달러가 절감되었다. 미국 전역에 있는 58개 지사 모두에서 이 작업을 실시할 경우 (뒤에 실제로 그렇게 했다.) 총 4,500만 달러 절감 효과를 낼 수 있었다. 물론 릭 데니와 존 개러만은 자신들이 회사에 가치 있는 기여를 했다는 만족감을 느꼈고 그리하여 직업 안정성도 한결 더 향상되었다.

직원을 신뢰하는 회사의 조직문화는 직원들의 헌신이라는 개념을 수용하며 수직적 명령체계라는 개념을 거부한다. 직원을 신뢰하는 회사에서는 직원들이 의무감에서가 아니라 자기 스스로 원해서 일에 개인시간을 투자한다. 직원들이 성심성의껏 일하지 않으면 오늘날 우리가 직면하는 도전과제를 해결할 수 없다. 그 열쇠는 직원들이 자기가 가진 재능을 발휘하게 만드는 방법을 알고 있는 리더의 손에 달려 있다. 재능을 발휘하게 만들고 신뢰를 바탕으로 한 조직문화를 창조하는 데 SAS 인스티튜트보다 좋은 예는 없다. 인사부 부사장 제프 체임버스는 이렇게 말한다.

"직원들을 최대한 융통성 있게 대함으로써 이들이 균형 잡힌 생활을 하면서 자기 일도 확실히 끝낼 수 있게 해주려고 노력한다. 그 결과 놀랄 만한 신뢰와 애사심을 길러냈다."

SAS 이야기를 하는 사람들은 대부분 SAS 직원들이 받는 후한 보너스와 각종 혜택에 초점을 두지만 사실 이것이 SAS 조직문화의 핵심은 아니다. SAS가 그처럼 서로 신뢰하는 효율적인 조직문화를 가지게 된 이유는 직원이 누리는 복지 혜택을 장기적인 사업 투자로 보기 때문이다. SAS는 장기적으로 유능한 인재들을 활용하고 포섭하기 위해 이러한 투자를 하고 있으며, 이러한 인재들은 매일 닥치는 개인적인 문제에 대처하거나 이를 최소화하기 위해 회사의 도움을 필요로 한다. 생각해보라. 직원들에게 회사 일과 개인생활을 균형 있게 소화하는 데 필요한 모든 것을 제공하면 어떤 결과가 나타나겠는가? 실제로 그런 균형 있는 생활을 해나가게 되는 것이다! SAS 직원들은 그 균형을 정말로, 정말로 잘 잡아나가고 있다.

비밀을 만들지 마라

직원들이 회사에 대해 잘 알고 있을수록 회사에 대한 애착도 많아지는 법이다. 회사에서 비밀을 만들면 직원들은 회사에 대해 무심해진다. 자기가 소외당한다고 느끼기 때문이다. 직원들이 진심을 다해서 일하지 않으니까 사기나 생산성도 떨어진다. 수익 증가를 위해 무엇이 필요한지도 모르는 직원들이 튼튼하고 돈 잘 버는 회사를 만들기 위해 최선을 다할 것이라고 어떻게 기대할 수 있겠는가? 자기 행동이 사업에 어떤 영향을 미치는지 모르는 직원들이 책임감을 가지기를 어떻게 기대할 수 있겠는가? 골프 친구, 신문사 기자, 경제 전문가에게는 자기 회사의 재무 정보를 알려주면서 정작 회사의 성공에 가장 큰 영향을 미치는 자기 직원들에게는 이런 정보에 대해 입을 꾹 다무는 최고경영자나 재무담당이사를 보면 할 말이 없다.

'그건 그렇지만 직원들에게 그런 정보를 말했다가 경쟁사에게 그 정보가 흘러 들어가면 어쩔 것인가?' 라고 생각할지도 모른다. 중요한 사실 한 가지를 알려주겠다. 경쟁사는 이미 그런 정보를 대부분 다 알고 있다. 언론사는 물론이려니와 인터넷 채팅방, 퇴사한 직원, 공급업체, 고객 등이 모두 정보 제공자 노릇을 하고 있다. 사실, 뭔가 배짱 있는 일을 시도해보고 싶다면 IT나 마케팅 담당 직원들에게 직장인 채팅방 두세 군데에 들어가서 여러분 회사의 제품과 사업에 대해 사람들이 무슨 이야기를 하는지 알아보게 하라. 아마 너무나 많은 것을 알고 있어서 깜짝 놀랄 것이다. 우리가 하고 싶은 충고는 어떻게 하면 직원들이 최신 정보를 더 잘 알게 할 수 있을까에 신경을 쓰고 경쟁사에게 자사의 정보를 숨기는 데 노심초사하지 말라는 것이다.

직원들에게 정보를 알려주면 신뢰가 생기고 책임감을 가지게 할 수 있다. 회사가 어떻게 돌아가는지를 배울 능력이 충분하고 회사의 발전에 도움이 되는 일을 할 자세가 되어 있는 책임감 있는 성인으로 대우하고 있다는 느낌을 주기 때문이다. 이것은 마치 직원들에게 '창의력을 발휘하고 사업에 좀더 깊이 관여하는 데 필요한 모든 정보를 제공해주고 싶다'고 말하는 것과 같다.

홀 푸드는 회사의 모든 직원과 정보를 공유하는 대표적인 회사이다. 존 매케이는 이를 '비밀 없는(no-secrets)' 경영 철학이라 부르며 이렇게 말한다.

"대부분의 회사에서는 경영진이 정보를 통제함으로써 직원들을 통제하려고 한다. 하지만 우리는 정보를 공유함으로써 노사는 공동운명체라는 회사의 비전을 실천하고 있다."

호기심 많은 홀 푸드 직원이라면 회사 최고 경영진이 가지고 있는 것과 거의 동일한 수준의 운영 및 재무 자료를 들여다볼 수 있다. 상점마다 시계 옆에 표를 붙여놓은 것을 볼 수 있는데, 이 표에는 각 팀별 전날 매출액이 기록되어 있다. 또 다른 표에는 전년도 해당일의 매출액도 적혀 있다. 매주 한 번씩 모든 상점의 매출액 총계가 등재되고, 한 달에 한 번씩은 상점별 매출액, 상품 판매비용, 임금 및 연봉, 운영 이익에 관한 자세한 보고를 올린다. 매우 민감한 자료인 만큼 일반인에게 공개되지는 않지만 보고 싶은 팀원에게는 자유롭게 공개된다. 그리고 상점 매니저는 정기적으로 팀장들과 함께 이 자료를 검토한다. 임금, 주문, 상품 가격 책정 등 수익을 결정짓는 요소에 관한 결정을 각 팀에서 내리기 때문에 이 보고는 반드시 필요한 작업이다.

연봉까지 공개한다

그 밖에도 더 있다. 일 년에 한 번 홀 푸드는 직원들의 태도(특히 직원 만족도)에 관해 조사하는데, 이 조사를 통해 팀장, 점장, 지역 대표에 대한 직원들의 신뢰도도 측정한다. 이 조사에서는 직원들의 두려움, 좌절, 회사가 표방하는 가치관을 제대로 지키고 있다고 믿는지 여부에 대한 질문도 한다. 그리고 그 결과는 적나라하게 공개된다.

더 놀라운 사실은, 홀 푸드는 셈코처럼 모든 직원의 연봉을 공개한다. 이 정책은 누가 보기에도 획기적인 것이다. 그러나 민주주의 체제에서 개방성은 장점이다. 이 정책을 실시하면서 누가 얼마를 버는지에 대한 비생산적인 속닥거림이나 이런저런 소문이 사라졌다. 상점마다 모든 직원의 전년도 연봉과 보너스를 기록한 장부가 있다. 그리고 그 결과 생기는 신뢰감 형성 효과는 실로 대단한 것이다. 매케이는 이 정책을 1986년도에 처음 실시했는데, 이에 대해서 다음과 같이 말한다.

"직원들이 내가 어마어마한 돈을 벌고 있다고 생각한다는 이야기를 끊임없이 들었다. 그래서 결국 '나는 이만큼을 번다. 그리고 공동창업자 크레이그 웰러는 이만큼을 번다. 여기 모든 직원의 봉급이 공개되어 있다'라고 대놓고 발표하기로 마음먹었다."

놀랍게도 막상 봉급이 공개되자 액수가 얼마나 되는지 시시콜콜 살펴보는 직원은 별로 없었다. 일단 신기한 생각이 수그러들자 직원들은 옆자리 직원이나 자신이나 대충 비슷한 봉급을 받고 있다는 것만 확인하고는 자기 할 일을 했다. 물론 홀 푸드에서 실시하는 이 같은 정보 공유 정책은 심약한 사람으로서는 하기 힘든 일이다. 비밀 없는 정책을 실시할 생각이 있다면 직원들에게 솔직해질 수 있는 배짱부터 길러야 할 것이다.

매케이는 〈패스트 컴퍼니〉와 한 인터뷰에서 이렇게 말했다.

"연봉 공개 정책을 실시하니 여기저기서 불만 사항이 터져 나오기도 한다. 하지만 이런 불만도 나름대로 다 쓸모 있다. 연봉에 대한 이의 제기는 항상 있는 일이지만 이는 거의 대부분 고위 임원진에서 나온다. '이쪽 지역 사장에게는 이만큼이나 봉급을 주면서 왜 나는 이것밖에 못 버는 것인가'라는 식이다. 그러면 나는 '그 여자가 더 가치 있는 직원이기 때문이다. 당신도 그 여자만큼 성과를 올리면 그 여자한테 주는 만큼 봉급을 주겠다'라고 단도직입적으로 대답한다. 이렇게 함으로써 더 깊이 있고 솔직한 대화를 할 수 있다. 진실성에 높은 가치를 두는 조직문화가 형성되는 것이다. 그 결과 얼마나 많은 유익을 얻는지 모른다. 이런 것이 민주주의이다. 직원들이 모두 하나가 되어 협력하는 분위기 속에서 일하는 신뢰도 높은 회사를 만들고 싶다면 비밀을 만들어서는 안 된다."

이처럼 배짱 있는 리더는 정보를 막지 않고 흐르게 한다.

모든 직원에게 회사 전략을 분명히 알린다

주인정신을 가지려면 고용주와 고용인 모두 서로에 대한 믿음과 신뢰가 있어야 한다. 고용주는 결정적인 순간이 다가왔을 때 회사에 대해 주인정신이 있는 직원들이 상식과 올바른 판단력을 발휘할 수 있을 거라는 믿음을 가져야 하며, 이는 회사의 전략을 모든 직원에게 분명히 밝혀두었을 때 가능한 일이다. 전략을 가르칠 때에는 직원들이 여러 가지 가능성 중에서 어떤 선택을 해야 올바른 결정인지 알 수 있도록 하는 데 초점을 두어야 한다. 그 방법 가운데 한 가지는 어떤 특정한 상황에서 어떤 행동을 하는 것이 좋을지 직원들에게 물어보는 것이다. 직원들이 회사의 특징이 무엇인지 생각하게 하라. 회사가 표방하는 가치가 무엇인지, 어떤 목적이 있으며 회사의 존재 이유는 무엇인지 분명하게 인식하고 있다면 옳은 선택을 내리기 수월해질 것이다.

사우스웨스트 항공을 예로 들어보자. 직원들이 여객기 좌석을 할당하자는 안건을 제시하자 콜린 버렛은 좌석 할당이 사우스웨스트 항공의 핵심 전략 구현에 어떻게 도움을 줄 수 있는지를 곧장 물어보았다. 물론 사우스웨스트 항공에서도 좌석을 할당할 수는 있다. 그러나 그렇게 하면 왕복시간이 연장되고 지금까지 쌓아온 정시 발착 기록에 해가 될 수 있다. 또한 항공 운임을 10~15달러씩 인상해야 되는데, 고객은 요금 인상을 원하지 않는다. 다른 배짱 있는 리더들이 그렇듯이 버렛은 사우스웨스트 항공의 모든 직원이 회사의 전략을 이해하게 만들 수 있는 기회를 놓치지 않았다. 버렛은 이 문제에 대한 자기 견해를 가차 없이 피력했고 직원들에게 한 수 가르칠 수 있는 기회로 삼았다. 회사 전략 구현을 책임지는 리더라면 그 전략의 모든 측면을 반드시 잘 이해하고 있어야 한다.

버렛은 직원들의 독립심을 중시하는 리더이기는 하지만 직원들이 올바른 판단을 내리고 있는지에 대한 피드백을 줄 필요는 있다고 생각한다. 회사 전략이 명확하게 설정된 한계 내에서 직원들에게 자치권을 부여한다면 회사의 목적, 비전, 가치관을 통해 그 한계를 설정해주어야 한다. 어떤 이는 이런 한계가 창의성을 제약할 수도 있다고 하겠지만 아무런 지침도 없는 무정부 상태는 우리가 추구하는 목표가 아니다. 사우스웨스트 항공의 목적은 월마트의 목적과는 분명히 다르며, 그 차이를 이해하는 것이 중요하다. 주인정신이 있는 직원이라면 우리는 어떤 회사에 다니고 있는가, 우리의 존재 이유는 무엇인가, 무엇이 우리 회사를 다른 회사와 차별화하는가 하는 질문에 답할 수 있어야 한다. 지침을 제시한다고 해서 직원들의 에너지를 억누르는 것은 아니다. 사실 그런 지침은 직원들에게 행동의 자유를 부여한다.

텍사스 주 오스틴의 사우스웨스트 항공 지사에서 일하는 공항 탑승 담당 직원이 있었다. 어느 날 스페인어밖에 할 줄 모르는 고객 한 명이 매우 괴로운 표정을 짓고서 이 직원에게 다가왔다. 이때 이 직원이 회사의 주인처럼 생각하지 않았던들 이 고객은 생명을 잃었을지도 모른다. 이 고객은 신장 이식수술을 받기 위해 휴스턴으로 가는 중이었는데 그만 실수로 휴스턴이 아닌 오스틴에서 비행기를 내렸다. 탑승 담당 직원은 스페인어를 할 줄 알았고 다음날 아침 이 손님이 휴스턴에 도착하지 못하면 신장 이식을 받지 못할 수도 있다는 사실을 알았다. 그날 밤 오스틴에서 휴스턴으로 가는 비행기는 이미 다 끊긴 후였지만 마침 그곳에 마크 로빈스라는 경비행기 조종사가 있다는 사실을 생각했다. 순간 이 직원은 창의적인 기업가 정신을 발휘하여 손님의 곤란한 상황을 마크에게 설명하고 그날 밤 휴스턴까지 이 손님을 모셔다 드리게 했다.

그리고 자기 자신도 함께 휴스턴까지 갔는데, 자기 나라 말을 할 줄 아는 사람이 옆에 있으면 이 손님이 훨씬 더 마음을 놓을 수 있을 거라고 생각했기 때문이었다. 최고경영자나 그 밖의 다른 누구에게 허가를 구하기 위해 전화를 걸지도 않았다. 이 두 직원은 단지 손님의 문제를 해결해주었고 회사측에서도 자신들의 결정을 지지해줄 것이라고 믿었다.

직원들이 회사의 전략을 이해하면 자기에게도 힘이 주어졌다는 느낌을 갖게 되고 회사 전략에 부합하는 행동을 하면 그 전략을 이해하고 있는 사람들이 이를 합당하며 생산적인 행동으로 인정해줄 거라는 믿음을 갖게 된다. 획기적인 아이디어나 남다른 서비스 정신은 명확한 한계를 제시했을 때에 그 한계를 벗어나지 않는 범위에서 튀어나온다. 한계가 불분명하면 직원들은 불안해한다. 무사안일만을 추구하며 몸을 바짝 움츠리고 안전한 행동만 취하려 든다. 이렇게 되면 혁신은 물건너가고 무기력감만이 조직문화 속에 자리 잡는다.

경제 지식을 가르쳐라

회사의 최전선에서 일하는 직원 가운데 수익과 비용이 어떻게 이윤을 만들어내는지 이해하고 있는 직원이 몇 명이나 되는가? 재무제표를 읽을 줄 아는 직원은 몇 명인가? 회사에서 자기 부서를 운영하는 데 비용이 얼마나 드는지 알고 있는 직원은 몇 명인가? 짐작건대 여러분 회사 고객 가운데 20%가 이윤의 80%를 담당할 것이다. 직원들도 이 사실을 알고 있는가? 알고 있다면 이 지식이 상위 20%에 해당하는 주요 고객을 대하는 데 어떤 영향을 미치는가? 직원들이 이런 부분을 이해하지 못하고 있다면 어떻게 이들이 비용을 낮추고 수익을 창출할 기회를 찾으리라 기대할 수 있겠는가?

항공 산업은 운영비용이 높고 마진이 적기로 악명 높은 분야이다. 1990년대 중반, 채산성이 극도로 악화되었을 때 사우스웨스트 항공은 이익과 손실 사이에 겨우 종이 한 장 차이밖에 없음을 직원들에게 교육시킴으로써 이 위기를 넘겼다. 어느 조종사는 전년도 재무 정보를 활용하여 비행기당 승객수가 회사 수익성을 결정한다는 사실을 계산으로 보여주었다. 계산 결과 승객 다섯 명이면 손실이 아닌 이익을 볼 수 있음이 드러났다. 겨우 다섯 명의 승객이 그 비행의 수익성 여부를 좌지우지하는 것이다.

이 이야기는 사우스웨스트 항공의 사보 〈루브라인스(LuvLines)〉에 실렸고 회사의 모든 직원에게 배포되었다. 이 새로운 정보가 직원들에게 어떤 영향을 미칠 수 있을까? 공항 탑승 담당 직원 두 명이 초과 예약된 비행기 승객을 처리하는 상황을 한번 가정해보자. 한 직원은 자기가 혹사당한다고 느끼고 예약 담당 직원들이 '또 이런 짓을 했다'고 불평한다. 이렇게 남의 탓을 하는 직원이라면 승객들을 어떤 식으로 다룰지 불을 보듯 뻔하다. 그러나 다른 직원은 승객 다섯 명이 이익 배당에 결정적인 영향을 미칠 수 있으며 따라서 승객 한 명 한 명이 모두 중요하다는 사실을 지적한다. 그리고 이번 비행기에 탑승하지 못한 승객을 다른 여객기에 수용하기 위해 최선을 다한다. 한 직원은 회사의 주인처럼 생각하는 반면 다른 직원은 피해자처럼 생각한다. 어떤 직원을 당신 밑에 두고 싶은가?

돈을 절약할 수 있는 곳을 알면 절약한다

필 딘이 운영하는 스탠리 스티머에서 카펫을 세탁하는 직원들은 한 번 일을 하는 데 드는 비용이 정확히 얼마인지 알 뿐 아니라 이를 노무비, 휘발유와 오일, 트럭과 장비 수리비용, 화학 약품 가격, 보험료 등으로 분석할 수도 있다. 지난 4분기에 '재작업'을 몇 번이나 했는지, 고객의 불만을 해결하느라 들어간 비용은 얼마였는지도 알고 있다. 또한 이런 '재작업'을 하느라고 돈이 될 수 있는 일을 얼마나 많이 놓쳤는지도 알고 있다.

이들이 이 모든 사항을 알고 있는 것은 필 딘이 직원 교육을 확실하게 하여 사업 내용을 이해할 수 있게 했기 때문이다. 딘은 체인점 한 군데에서 한 달에 3,200건의 일을 하고 한 건당 화학 약품 값이 4달러 78센트 들어간다면 화학 약품 값으로만 매년 18만 달러 이상이 소요된다는 사실을 최전선에서 일하는 직원도 알고 있어야 한다고 생각한다. 이런 사실을 이해하면 화학 약품을 쓸 때 정확한 양만 소비하는 것이 한결 더 의미 있는 일로 다가오기 때문이다. 건당 3달러 90센트가 들어가는 휘발유와 오일은 성수기에는 한 달에 1만 2천 달러를 잡아먹는다. 아마 이런 이유 때문에 직원들이 도시 이곳저곳을 누비고 다니게 하지 않고 일거리를 한 곳으로 모으려고 하는지도 모른다. 딘은 회사 장부를 직원들에게 공개하는 경영 방식을 취하고 있으며 직원들 모두 왜 자기가 하는 일이 회사에 그토록 중요한지를 정확히 이해하게 만들고 싶어 한다.

배짱 있는 리더는 비용 절감 아이디어가 비용을 낮출 수 있는 새롭고 혁신적인 방법을 찾아내려고 노력하는 재무 지식에 해박한 직원들에게서 나온다는 사실을 잘 알고 있다. 이런 아이디어는 성공을 거두는 경우가 많다. 어느 부서에서는 1만 달러가 절감되고 또 다른 부서에서는 5만 달러, 10만 달러가 절감될 수도 있다. 이렇게 소규모로 절감된 액수를 연말에 합산하면 회사 운영에 엄청난 영향을 미칠 수 있다.

예를 들어 승무원 론다 홀리(Rhonda Holley)는 객실에서 빈 컵을 모으다가 사우스웨스트 항공의 로고가 비닐로 만들어진 쓰레기봉투에 찍혀 있는 것을 보고 두 가지 생각을 했다. 첫째는 승객들이 자기가 어느 여행사를 이용하는지 이미 알고 있다는 사실이고, 둘째는 쓰레기봉투라는 것은 쓰자마자 바로 버려지는 물품이라는 것이었다. 홀리는 즉시 콜린 버렛에게 편지를 써서 쓰레기봉투에 로고를 새기는 데 비용이 얼마나 드는지 물어보았다. 버렛은 홀리에게 회사를 생각해준 데 대해 감사를 표하는 답장을 보내면서 '당신 덕분에 연간 30만 달러를 절약하게 되었습니다. 더 이상 쓰레기봉투에는 로고를 새기지 않을 겁니다'라고 썼다.

직원들이 이런 식으로 생각하게 되면 회사에 감히 예측할 수 없을 정도의 엄청난 변화가 일어날 수 있다. 이처럼 서로 운명 공동체라는 의식을 가지려면 우선 직원들이 회사의 사정을 잘 알고 있어야 한다.

자료를 재미있게 만들어라

소비자들이 회사에 대해 잘 알게 만들려면 매체를 잘 활용해야 한다. 정보를 어떻게 포장해서 제공하느냐가 매우 중요한 문제이기 때문에 회사에서는 정보가 효과적으로 전달될 수 있는 광고, 웹 사이트, 연례 보고서 등을 만드는 데 거액의 돈과 에너지를 소모한다. (어떤 단어와 표현을 사용하느냐가 중요하다.) 그러나 이런 회사들도 정작 가장 중요한 사람을 위해 정보를 다듬는 일은 소홀히 하는 경우가 있으니, 여기서 말하는 가장 중요한 사람이란 바로 직원들을 가리킨다. 직원들이 회사에서 보내는 메모를 읽지 않는다고 불평하기 전에 '직원들의 관심을 끌만큼 정보를 멋지게 포장해서 전달하고 있는가?'를 자신에게 물어보라. 만일 그렇게 하고 있지 않다면 좀더 재미있고 생기 있고 이해하기 쉽게 정보를 다듬어서 보내라. GE의 사장 잭 웰치(Jack Welch)는 이렇게 말했다.

"임원이 기안이나 기획을 슬라이드 하나에 담아서 제시하지 못하면 일을 다시 해오게 한다. 그것은 본인이 내용을 충분히 파악하지 못하고 있다는 뜻이기 때문이다."

사우스웨스트 항공은 사업 목표를 직원들에게 홍보하면서 크래커 잭 팝콘 회사와 계약을 맺고 팝콘 상자에 서류를 넣어 달라고 요청했다. 그러고는 전 직원에게 이 팝콘을 한 상자씩 돌렸다. 직원들은 놀라기도 하고 재미있어 하면서 이 이야기를 끊임없이 했다. 물론 그 중에는 팝콘 얘기뿐 아니라 회사의 사업 목표에 관한 이야기도 있었다. 이렇게 해서 사업 목표가 직원들의 머리와 마음에 깊이 새겨졌으며 흥미로운 이야깃거리가 되었다.

중학교 2학년 정도면 이해할 수 있는 수준으로 작성된 사우스웨스트 항공의 연간 손익계산서는 재미있는 아이콘과 만화로 구성되어 있다. 그 중에 〈내셔널 인콰이어러〉를 패러디한 '비행기 이야기 : 깜짝 놀랄 만한 직원에 대한 깜짝 놀랄 만한 이야기' 라는 제목의 타블로이드 기사를 실었다. 정보를 포장한 방법이 눈길을 끌고 그 내용이 쉽게 이해할 수 있기 때문에 누구라도 이 보고서를 집어 들게 된다. MBA를 딴 적도 없고 경영에 대해서는 별로 아는 것도 없는 젊은 조종사를 생각해 보자. 조종사 휴게실에 앉아 커피를 한 잔 마시면서 이 보고서를 집어 든다. 정보 전달 방법이 재미있기 때문에 회사의 손익 상태에 관한 내용을 읽고 이해하게 된다. 이제 이 조종사는 손익이라는 측면에서 자기가 회사 경영을 위해 어떤 역할을 해야 할지 더 잘 알게 된 것이다.

예를 들어 조종사들이 한 해에 비행기 연료비로 5억 달러가 소요된다는 내용을 읽으면 비행기 연료 가격이 회사의 재무 구조에 얼마나 심각한 영향을 미치는지 알게 된다. 이는 자신의 연봉과도 직결되는 문제이다. 이리하여 조종사들은 비행에서 연료 연소를 줄이면서도 승객을 안전하게 목적지까지 제시간에 당도하게 할 새로운 방법을 모색하게 된다. 예를 들어 조종사들은 다른 경로(직선 경로)로 비행하거나 다른 고도(연료 연소를 최소화할 수 있는 고도)에서 비행하여 비용을 절감할 수 있다. 사우스웨스트 항공은 일 년 365일 동안 하루 평균 3천 대의 비행기를 운항한다. 모든 조종사가 한 번 비행할 때마다 5달러나 10달러만 연료비를 절감해도 회사로서는 연간 천만 달러를 절약할 수 있다. 연료비가 이 회사 총경비의 약 20%를 차지한다는 사실을 감안하면 이는 대단한 액수이다.

책임감을 중시하라

이건 배짱 있는 경영과 무슨 관계가 있는 것일까? 자동차를 한 대 팔면서 만약 차가 고장 났을 때 한 번에 제대로 수리하지 못하면 또다시 수리하고 자동차 값을 전액 환불하겠다는 보증서를 발급했다고 하자. '우리가 잘못했으니 여기 당신 돈 다시 돌려드리겠소이다' 라고 말하는 셈이다! 이만하면 배짱도 여간한 배짱이 아니다. 그리고 바로 이 점이 플래닛 혼다가 다른 자동차 회사와 구별되는 점이다. 팀 시아슐리는 자동차 회사가 고객에 대해서 지는 책임에 남다른 주의를 기울이기 때문에 애프터서비스 기술자들의 책임감을 매우 중시한다. 고객과의 면담과 표본 조사를 통해서 시아슐리와 그의 직원들은 같은 고장으로 두 번 수리를 받으러 가는 것이 고객 불만 사항 1위임을 알았다. 이에 대해 시아슐리는 '순전히 시간 낭비이며 시간은 곧 돈이다' 라고 했다. 플래닛 혼다는 연간 3만 대의 자동차를 수리한다. 요즘은 차를 한 번에 수리하지 못해서 다시 가지고 오는 비율이 1%도 되지 않는다.

시아슐리는 고객들에게 혁신적인 보증을 내걸면서 기술자들의 업무 수준도 향상시켰다. 플래닛 혼다는 매주 각 기술자의 성과를 자세히 기록한 '제대로 수리하기' 차트를 공개한다. 첫 회에 자동차를 수리하지 못한 기술자는 다음번에 같은 고장을 수리하게 되면 수리비를 받지 않는다.

이렇게 해서 수리를 제대로 하지 못하면 기술자는 500달러까지 손해 볼 수 있기 때문에 노조측 반발이 얼마나 심했을지 충분히 짐작될 것이다. 그러나 시아슐리는 A급 기술자의 수를 늘려 정비공의 기술 수준과 임금 수준을 모두 높이려는 의도에서 이런 정책을 실시하게 된 것이라고 노조를 설득했다. 이로써 기술자가 A급 기술자가 되는 데 걸리는 시간이 단축되었다. 전에는 플래닛 혼다의 기술자가 C급에서 A급으로 올라가는 데 보통 7~8년쯤 걸렸지만, 이제 3년이면 가능하다. 시아슐리의 전략은 노조를 만족시켰다. 기술자들이 더 높은 급료를 받는 자리에 더 빨리 올라갈 수 있게 되었기 때문이다. 정비소의 생산성도 향상되었고 더 융통성 있는 정비 서비스를 제공할 수 있게 되었다. 고객들 역시 다른 어느 곳에서도 받을 수 없는 품질 보증을 받게 되어 물론 대만족이었다.

시아슐리는 자기가 다른 사람들의 삶의 질을 향상시켰기 때문에 이런 성공이 가능했다고 생각한다. 고객은 차를 사서 보유할 때 생기는 골치 아픈 문제를 덜어서 좋고, 기술자들은 더 빨리 최고급 기술자가 될 수 있어서 좋으니 양쪽을 모두 만족시킨 것이다. 시아슐리는 모든 사람들과 정보를 공유하지 않았다면 이런 성공은 불가능했을 것이라는 점을 지적한다. 직원들은 회사의 목표를 알고 자신의 업무 수행 능력을 회사가 원하는 수준까지 끌어 올릴 방법을 알아야 한다. 이에 대한 피드백을 줌으로써 직원들이 자기가 일을 잘 하고 있다는 만족감이나 앞으로는 더 잘 해야겠다는 생각이 들게 하는 것이다.

누가 얼마만큼 기여하는지 분명히 밝혀라

쿼드/그래픽스에서는 아무도 자기 실수를 숨길 수 없고 다른 모든 사람의 업무 성과와 자신의 업무 성과를 비교·측정할 수 있다. 게다가 매년 경영진이 재무 정보를 모든 직원에게 공개한다.

사우스웨스트 항공의 사보에 실리는 '비행기 이야기'에는 각 부서별 주요 성과를 적어놓았는데 예를 들면 다음과 같은 내용이 실린다.

- 감사실에서 125건을 감사한 결과 100만 달러 이상의 비용을 벌충했다.
- 예약 담당 부서에서는 8,100만 건의 전화를 처리했고 탑승 및 화물 부서는 600만 파운드에 상당하는 우편물을 운송했다.
- 자금부는 78만 9,773건의 송장을 처리했다.
- 세척부에서 비행기 1만 7,760대를 세척했다.
- 간부진은 짐 파커(최고경영자 겸 부회장), 콜린 버렛(사장 겸 최고업무집행자), 허브 켈러허(회장)를 도와 자그마치 9,094건의 우편물과 4만 통의 생일 및 기념일 축하 카드를 발송했다.

이처럼 정보가 자유롭게 흘러 다니므로 다른 동료들이 얼마나 많은 일을 하고 있는지 서로 알아줄 수 있다. 직원들은 서로에 대해 책임감을 느끼고 자기 일에 자부심을 느끼며 서로 더 많이 배려하고 도와주려 애쓰게 된다. 한 부서의 성과가 다른 모든 직원의 업무에 영향을 미친다는 사실을 인식하고 모두 한 배를 탔다는 생각을 하게 된다. 부서 사이의 장벽을 허물고 자기 일이 아니라도 나서서 거들어주는 직원이 있을 때 그 회사의 직원들은 주인정신이 있다고 할 수 있다.

고정관념을 버려라

직장만큼 계급 구분이 명확한 곳도 없다. 성공한 기업이 추구해야 마땅할 능력 중시 제도와는 전혀 거리가 멀다. 고정관념에 따라 다른 사람을 평가하는 태도는 굳이 직원 각각을 개별 인격체로 보려는 노력 따위는 하지 않겠다는 안이한 정신 상태를 반영한다. 직무, 연봉, 학력 등을 기준으로 사람을 분류하면 그 사람이 회사에 기여할 수 있는 능력에 한계를 두게 된다. 그 결과 개인의 상상력, 적극성, 책임감 그리고 무엇보다도 조직에 대한 투자를 저해한다.

직장 내 모든 직원이 가지고 있는 지식을 적극 활용하려면 이런 틀에 박힌 제도를 단호히 뿌리 뽑아야 한다. 계급 제도 아래 억눌린 직원들은 위에서 내려주는 명령만 받아들이는 로봇이 된다. 이는 주인정신이나 책임감과 전혀 상반되는 자세이다. 직원들이 회사 발전을 도모하게 하려면 자신이 회사에서 매우 중요한 존재라는 느낌을 갖게 해야 한다. 예를 들어 어떤 항공사가 비행기에 짐을 싣는 18세 탑승 담당 직원이 너무 어리고 일에 무관심하고 재무제표를 읽을 만한 교육을 받지 못했다고 생각한다면 이는 계급의식에 얽매인 고정관념이다. 이런 생각은 세 가지 면에서 회사에 해를 끼친다. 첫째, 직원에게서 존엄성을 빼앗고 사기를 저하시킨다. 권력은 상층부에 있으며 직원 사이에 불평등의 벽이 높게 자리 잡고 있다는 뜻이기 때문이다. 둘째, 직원들의 지식을 충분히 활용하지 않음으로써 회사의 인재를 썩히게 된다. 회사는 직원들의 재능을 활용하지도 못하면서 급료만 주는 꼴이 되고 젊은 직원의 성장 가능성을 빼앗는 격이 된다. 사업에서 성공하려면 모든 직원의 능력을 충분히 활용해야 한다.

끝으로, 이런 식의 차별은 직원 개인뿐만 아니라 전체 회사의 창의적 정신까지 말살한다. 다음번에는 누가 제도의 희생자가 될지 모를 일이기 때문에 서로 운명을 같이한다는 믿음이 깨어진다. 앞의 사례에서 보았듯이, 간부 직원 혼자서 모든 일을 할 수는 없는 노릇이므로 직원들에게 책임감이 없으면 조직 전체가 흔들린다. 직원들 사이에 금을 긋는 이런 고정관념은 회사의 수익 추구는 물론이려니와 그 밖의 모든 노력을 물거품으로 만든다.

직원의 능력을 중시하라

손익계산서를 중학교 2학년 수준으로 작성해서 만화나 아이콘을 곁들여 보여주는 것이 유치해 보이는가? 다시 한 번 생각해보라. 재무제표를 회계사들이 쓰는 용어로 작성하면 여러분을 포함한 그 누구도 읽고 싶은 마음이 나지 않을 것이다. 손익계산서를 읽는 날이 손꼽아 기다려지는가? 그렇다면 최전선에서 뛰는 직원이라고 해서 그런 보고서를 열심히 들여다보고 제대로 이해되지도 않은 내용에 대해 논하고 싶은 마음이 나겠는가? 이런 상황에서 대부분의 직원은 어차피 알지도 못하는 내용을 가지고 대화에 끼느니 그냥 상사가 이걸 해라 저걸 해라 지시를 내려주는 편이 낫다고 생각할 것이다. 서로 이해하고 있는 게 같지 않으면 공동 운명체라는 의식을 키울 수 없다.

단지 정보가 부족할 뿐인 직원을 회사에 무관심한 직원으로 오해하면 또 다른 문제가 발생한다. 물론 그 직원은 회사에 관심이 있다. 다만 그가 받는 정보, 예를 들어 월간 재무보고서 등이 이해 불가능했던 것이다. 물론 이런 문제로 경영진에게 이의를 제기하는 사람은 없다. 그렇게 하면 자기가 무능하다는 걸 인정하는 셈이 되기 때문이다.

많은 회사들이 '존엄과 존중'을 가치관으로 꼽고 있기는 하지만 정보를 공개하는 등 이런 가치관을 제대로 실현할 필요가 있을 때에는 정작 무시하는 경우가 있다. 여러분이 직원들에게 공개하는 정보가 너무 복잡하거나 식상해서 직원들의 관심을 끌지 못하는 것은 아닌지 살펴볼 필요가 있다.

사우스웨스트 항공은 자기가 배워야 할 몫에 대해서는 자기가 책임을 져야 한다고 생각하지만, 동시에 회사도 '직원들이 회사에 관심을 가지고 관련 정보를 이해하는 데 도움을 주기 위해서 필요한 일은 무엇이든 할' 의무가 있다고 생각한다. 배짱 있는 리더는 전방에서 근무하는 직원들의 지식, 창의성, 통찰력, 회사에 기여할 수 있는 능력을 중시한다. 그리고 계급을 강조하다 보면 추구하는 모든 목표를 놓칠 수 있음도 잘 이해하고 있다.

인간적으로 대하라

닷컴 거품이 꺼진 후, 자사의 주가를 투자자 신뢰도 측정 수단으로 여기고 이에 목을 매는 IT 회사 하나를 만날 수 있었다. 밖에서 보기에는, 그리고 직원들이 우리에게 해준 말로 봐서도 직원들에게 압력을 가해서 분기 말마다 숫자를 '부풀리는' 데 혈안이 되어 있었다. 고위직 간부가 경제 전문가나 대주주와 어려운 회의가 있을 때마다 직원들은 그야말로 초긴장 상태가 되곤 했다. 그러니 이직률이 높고 사기가 낮았던 것도 무리가 아니었다. 이 회사의 경영진이 간과했던 것은 대부분의 직원이 주주를 만족시키거나 사장을 위해 엄청난 액수의 돈을 벌려고 회사에 오는 것이 아니라 자기 나름의 개인적인 이유 때문에 회사에 온다는 사실이었다. 이직률이 아니라 직원들 사기가 높은 회사는 직원들이 자기의 꿈을 성취할 수 있는 건전한 직장 환경을 만들기 위해 애쓴다.

물론 숫자에 주의할 필요도 있다. 그러나 숫자 이야기만 해대면 직원들은 자기들이 착취당하고 있다고 느낄 것이다. 반대로 플래닛 혼다 같은 회사의 경우 팀 시아술리는 직원들에게 차를 팔면 직원들 자신의 꿈과 인생 목표를 성취하는 데 어떤 도움이 되는지를 이야기한다. 영업사원이나 기술자들이 개인적으로 어떤 사람인지 알고 싶어 하고 혼다 플래닛이 그들의 비전을 실현할 수 있는 도구가 되기를 바란다. 사실 회사 간부진은 매주 시아술리와 함께 자기들이 그 주에 실천해야 할 최우선 과제가 무엇인지에 대해 이야기하는데, 여기에는 회사 차원의 과제는 물론 간부들 개인 차원의 과제도 포함되어 있다. 시아술리는 간부들이 각자 자기 팀원에게도 똑같은 일을 해주기를 기대한다.

허브 켈러허가 사우스웨스트 항공의 직원들과 경쟁사에 대해 이야기할 때 주식 가치를 강조하는 일은 거의 없다. 그는 언제나 성공 또는 실패가 그들에게 개인적으로 어떤 의미가 있는지에 관심을 둔다. 항공 운임 경쟁에서 뒤처질 경우에 생기는 결과도 직원 개인의 생활 차원에서 설명한다.

사우스웨스트 항공에서는 공항 탑승 담당 직원, 승무원, 조종사 모두 30초만 이륙 시간이 지체되어도 이익 배당, 연봉, 직업 안정성 등이 낮아지며 이는 자신들의 생활에도 엄청난 영향을 미친다는 것을 잘 알고 있다. 이는 또한 위기에 빠진 직원들을 도와줄 목적으로 조성된 재난 자금이 줄어든다는 의미도 된다. 그 밖에 로널드 맥도널드(Ronald McDonald) 하우스 등의 전국 자선단체에 기부금을 못 내게 될 수도 있다. 직원들은 이처럼 중요한 사항을 제대로 지킬 책임이 본인에게 있음을 인식하고 있으며, 그 책임을 성실히 이행하고 있다. 그 일례로서 콜린 버렛은 이런 이야기를 한 적이 있다. 신입 조종사 한 명이 비행시간 사이에 출입구 근처를 청소하고 있는 승무원을 보고 그 일은 그녀가 해야 할 일이 아님을 지적했다. 이에 승무원은 "그건 나도 알지만 지금 내가 하는 일은 내 이익 배당과 관계있는 일이다"라고 대꾸했다. 사우스웨스트 항공기가 격납고에 있을 때 조종사가 나서서 짐 싣는 일을 도와주는 광경을 흔히 목격할 수 있다. 무스 밀라드 기장은 사실 조종사들 사이에 조종석 점검을 끝내면 주변에 바쁜 사람이 없나 둘러보고 거들어준다는 불문율이 있다고 했다. 이처럼 조종사에서 승무원, 회장에 이르기까지 필요한 일은 무엇이든 한다는 정신이 있어야 한다.

여러분 회사의 직원들도 이러한가? 회사의 성공과 자신의 성공이 직결되어 있다고 생각하고 있는가? 직원들의 업무수행과 사업성과가 서로 밀접한 관련을 맺고 있음을 직원들에게 자주 상기시킬 방법을 찾아보라. 그리고 사업성과가 그들의 삶에 어떤 영향을 미치는지를 보여주라. 직원들의 개인생활에도 관심을 기울일 만한 배짱을 가져라.

영웅을 표창하라

직원들의 열의와 관심은 한 회사가 가질 수 있는 가장 중요한 자산이다. 하지만 불행히도 이는 가장 쉽게 사라질 수 있는 자산이기도 하다. 이 사실을 염두에 둔 사우스웨스트 항공 경영진은 자신의 시간과 에너지를 직원들의 사업가 정신을 배양하는 데에 바치고 있다. 주로 쓰는 방법은 영웅적인 직원을 발굴하여 이들의 이야기를 사보에 싣거나 비디오에 담아서 회사 전체에 유포하는 것이다. 착륙 기어 상태에서 타이어를 6분 만에 갈아서 비행기가 제 시각에 비행할 수 있게 한 기술자, 자기 시간을 쪼개어 트럭용 아이스박스를 개발하여 얼음이 녹는 것을 줄이고 필요한 얼음 양을 45%나 줄인 직원, 힘들고 나이 든 승객을 저녁에 집까지 데려다주고 다음날 비행기를 탈 수 있도록 도와준 승무원,

늦게 도착한 승객의 차를 주차해주어 승객이 무사히 비행기를 탈 수 있게 해준 공항의 수화물 운반인 등이 그 예이다.

이 모든 것이 남다른 서비스와 주인정신 발현의 예이다. 그 안에는 '이 정도가 우리가 원하는 수준이다'라는 메시지가 담겨 있다. 이로써 직원들에게 자기 분야의 영웅이 되고 싶다는 생각을 불어넣어 주고 여기에서 주인정신이 구현되는 조직문화가 나오는 것이다.

때로는 직원들이 자기 자신을 추천하는 경우도 있다. 사우스웨스트 항공의 기장 로저 웨이스는 비행 도중 착륙 기어가 작동하지 않는 것을 발견하고 간신히 비상 착륙에 성공하여 사고를 모면했다. 어떻게 이런 일이 가능했을까? 아직 공중에서 비행 중일 때 가능한 한 많은 전문가에게 조언을 들었기 때문이다. 승객들이 나중에 전한 바로는 웨이스가 객실로 들어와 모든 승객에게 상황을 설명했으며 여태까지 본 가운데 가장 부드러운 착륙을 해냈다고 말했다. 이 조종사가 본사에 도착했다는 말을 들은 콜린 버렛은 이사회를 중단하고 사무실에서 일하던 전 직원을 강당으로 불러 모았다. 그러고는 허브 켈러허와 함께 웨이스를 발코니로 데려와 500여 명의 직원들로부터 우레와 같은 박수갈채를 받게 했다. 물론 조종사 본인도 이처럼 열화와 같은 성원에 고마워했지만 그보다 중요한 것은 회사 직원 전체가 이 광경을 분명히 목도했다는 사실이다.

그러니 웨이스 기장이 나중에 그 비행기에 탔던 승객 모두에게 협조해준 데 대한 감사 편지를 일일이 쓸 만도 하지 않은가? 앞서 지적했듯이 직원들이 고객을 어떻게 다루는지 보면 그 회사가 직원을 어떻게 다루는지를 알 수 있는 법이다.

여러분 회사에서는 직원들이 영웅적인 행동을 하면 어떻게 대우하는가? 다른 직원들에게 널리 알리는가? 올바른 조직문화만 갖추었다면 직원들이 남다른 행동을 하게 만드는 것은 별로 어려운 일이 아니다. 다만 이런 이야기를 모든 직원이 즉시 알 수 있도록 하기만 하면 된다. 웨이스 기장이 회사에 갑작스럽게 나타났을 때 콜린 버렛이 했던 것처럼 즉각적으로 자발성 있는 행동을 취하는 것이 얼마나 중요한지를 이해해야 한다. 사우스웨스트 항공의 경우 이런 행동이 큰 효과를 볼 수 있었던 것은 상부에 이런 사례를 보고하면 다음날 즉시 온 회사에 알려질 것임을 직원들이 알고 있었기 때문이다.

현명한 실패에는 보상을 해주어라

팀 시아술리 또한 성공 사례를 칭찬하는 것이 중요하다고 믿고 있다. 그뿐 아니라 경우에 따라서는 실패한 사례라도 칭찬해야 한다고 생각한다. 시아술리는 이렇게 말했다.

"플래닛 혼다에서는 그 결과가 좋지 않았더라도 어려운 일에 도전한 직원에게는 격려와 성원을 아끼지 않는다. 차를 수리하러 와서는 다음날까지 꼭 찾으러 오겠다고 고집을 부린 여자가 있었다. 제때 수리를 끝내서 돌려줄 자신이 없으면 아예 차에 손도 대지 말라고 했다. 기술자는 할 수 있을 거라고 생각해서 그렇게 약속을 했지만 막상 일을 시작해보니 생각보다 문제가 심각해서 수리가 끝나려면 이틀은 걸릴 것임을 알게 되었다. 그래서 여자가 차를 찾으러 왔을 때 대신 전시 중인 차를 빌려주었다. 그런데 이 여자가 차를 몰고 나가서는 사고를 내서 펜더를 망가뜨렸다. 다친 사람은 없었지만 차는 심하게 손상되었다. 여자의 실수로 사고가 난 것은 아니었지만 여자는 무척 미안해했다. 혹시나 이 일로 기술자가 회사에서 잘리는 것은 아닐까 걱정했기 때문이다.

하지만 그럴 위험은 절대 없었다. 오히려 이 기술자는 승진을 했고 회사 직원 가운데 그 이유를 이해하지 못하는 사람은 아무도 없었다."

직원들에게도 한몫 주어라

배짱 있는 리더는 직원들이 회사 일에 적극적으로 동참할 때 이들이 창출한 재정적 성공을 함께 누릴 수 있게 해야 한다고 생각한다. 이렇게 되면 회사와 직원 사이에 매우 강력한 감정적 유대감이 형성된다.

사우스웨스트 항공의 직원들은 회사를 위하는 마음이 있다. 이 회사의 자산 13%는 직원들의 몫이다. 직원들이 회사에 감정적, 지적, 재정적 투자를 할 때 더 의식 있고 근면하고 독창적인 직원이 된다는 사실은 당연한 일이다. 1990년부터 사우스웨스트 항공은 연평균 1억 8천만 달러를 이익 배당으로 지급했는데, 이는 연평균 순수익 6억 2,500만 달러를 바탕으로 한 것이다. 이는 직원들의 연간 수입 중 평균 13%쯤이 이익 배당에서 나온다는 의미이다. 그 사이 사우스웨스트 항공의 많은 직원들이 주식 소유권을 기반으로 재정적 독립을 달성했다.

텍사스 주 댈러스에 있는 기계 및 전기 제품 하청업체 TD 인더스트리스(TD Industries) 또한 모든 직원이 이익의 한몫을 받을 수 있도록 하고 있다. 2002년 이 민간인 소유 회사는 2억 1,700만 달러의 매출을 기록했는데, 이는 전년 대비 6% 가까운 성장이었다. 지금도 1,400명의 직원이 일반 건물과 공장에 배관, 에어컨, 환기 장치 등을 설치해주고 있다.

1948년, TDI의 창업자 잭 로우(Jack Lowe)는 의결권 없는 주식을 직원들에게 나누어주기 시작했다. 그래서 1980년대에 회사가 유가 폭등으로 큰 타격을 입었을 때 아버지의 뒤를 이어 최고경영자 자리에 오른 잭 로우 주니어는 직원들에게 도움을 요청했다. 5년 이상의 임기를 수행하는 직원 150명으로 구성된 오크 룸 위원회(Oak Room Council)의 의견을 따라 직원들은 투표를 실시하여 연금에서 100만 달러를 제하기로 결정했다. 그리고 보기 드문 용기를 발휘하여 퇴직연금에서 125만 달러를 추가로 제하여 그 돈으로 회사 주식을 사들였다. 이번에는 의결권 있는 주식이었다. 직원과 회사가 한 배를 탄 공동 운명체임을 깨닫고 회사 주식을 그처럼 많이 사들이기로 한 것이었다.

이익 배당과 스톡옵션도 직원들이 회사의 주인처럼 생각하고 행동하게 만드는 강력한 동기 유발 장치가 되기는 하지만 이것도 이런 제도를 가장 잘 활용할 수 있는 방법을 직원들에게 가르쳐주는 적절한 환경에서 제공되어야 효과를 발휘한다고 생각한다. 앞서 말했듯이 직원들이 회사의 주인처럼 생각하고 행동한다면 그것은 회사에서 이를 장려하고 지원했기 때문에 가능한 일이다. 이런 맥락에서 이익 배당과 스톡옵션을 활성화하면 직원들이 이미 자리 잡힌 조직문화에 부합하는 행동을 하게 만들 수 있다. 그리하여 인센티브의 힘을 활용하게 되는 것이다.

자, 이제 결론은 났다. 직원들이 회사의 주인처럼 생각하고 행동하게 만드는 것은 회사에 엄청난 경쟁 우위를 가져다주지만, 배짱 있는 리더라면 단지 경쟁사를 물리치는 것만으로 만족할까? 아니다. 직원들이 그처럼 피와 땀을 바쳐 일할 만한 가치가 있는 회사를 만들자면 직원과 고객을 진심으로 아낄 줄 아는 리더가 있어야만 한다.

✔ 규칙을 만드는 사람들을 바꾸어라 : 규칙만 바꾼다고 주인정신을 키울 수 있는 것은 아니다. 규칙을 만드는 사람들 자체를 바꾸어야 한다. 직원들을 고용하고 목표를 설정하고 계획을 수립할 권한을 최전선 가장 가까이에서 일하는 직원들에게 나누어준다고 해보자. 아마 이 직원들은 회사 일에 더욱 적극성을 띠고 더 생산적으로 일할 것이다. 왜냐하면 자기들의 의견을 회사에서 신뢰하며 그 분야의 전문가로 인정받고 있다고 느끼기 때문이다.

회사의 중요 분야를 살펴보면 통제를 과감히 버리고 직원들이 알아서 옳은 결정을 내릴 것으로 믿어줄 수 있는 부분이 보일 것이다. 이렇게 부여한 자유를 습관적으로 악용하는 직원이 있다면 합리적이면서도 단호하게 대처하라.

✔ 모두 책임의식을 가지게 하라 : 문제가 무엇인지 제대로 인식하면 그 문제는 이미 해결된 것이나 다름없다는 말이 있다. 여러분의 조직문화에서 이 격언을 명심하고 실천하게 만들어라. 문제가 무엇인지 인식한 사람이 반드시 그 문제를 해결할 책임을 진다는 뜻은 아니다. 그러나 문제 해결을 위해 어떤 수단을 동원해야 할지 더욱더 분명하게 파악할 수는 있을 것이다. 누가 맡은 분야에서든 어떤 상황에서도 절대 문제를 무시하거나 회피해서는 안 된다는 법칙을 철석같이 지켜라.

✔ 현명한 실패에는 보상을 해주어라 : 정직하게 행동하면 안 좋은 결과가 나올 수 있을 때 그런 결과에 대해서 책임 추궁을 당하지 않을 것이라는 확신이 서지 않으면 사람들은 그런 책임을 회피하게 마련이다. 적극적으로 나서서 위험을 감수하고 자기 생각을 솔직하게 말하며 상사에게 대들기도 하라고 아무리 직원들에게 타일러도 그런 행동이 자기 일자리를 위협할 수도 있다고 느낀다면 차마 하지 못할 것이다. 이 문제에 대해서 한 가지 분명한 점은 누군가 현명한 판단을 내렸으나 결국 실패했을 때 이

런 경우에도 공공연하게 보상을 받는 사례를 자기 눈으로 확인해야만 자기가 적극적으로 책임을 져도 좋다고 확신할 수 있다는 점이다. 직원들에게 실패는 성공의 어머니가 되는 수가 많다고 이야기하면 그런 실패에 대해서도 합리적인 보상을 해줄 것이라고 신뢰할 것이다.

✔ **최전선에서 일하는 사람들이 사업 내용을 얼마나 잘 알고 있는지 테스트해보라** : 최전선에서 일하는 직원 가운데 회사가 돈을 얼마나 버는지 알고 있는 직원이 몇 명이나 되는가? 재무제표를 읽을 줄 아는 직원은 몇 명인가? 자기가 속한 부서를 운영하는 데 비용이 얼마만큼 드는지는 알고 있는가?

만약 자동차 회사라면 수익을 내기 위해서는 생산량이 얼마나 되어야 하는지 직원들도 알고 있는가? 지난 4분기 수익을 결정지은 신차 주문량이 얼마나 되는지 직원들이 알고 있는가? 금융업이라면 손익분기점을 넘어서 이자 수익을 내기 위해서는 대출을 얼마나 해야 하는지 직원들이 알고 있는가? 대출 서류 가운데 5%에서 에러가 발견되면 이 에러를 수정하는 데 드는 비용이 얼마나 되는지 직원들도 잘 알고 있는가? 콜 센터의 직원이 불만 신고를 해결하는 데 전화 한 통화면 족할 것을 세 통화나 걸 경우 불필요한 비용이 얼마나 들어가는지 알고 있는가? 작년에 이와 비슷한 사례는 몇 건이나 발생했는가? 중공업 회사라면 엔지니어가 규격 사이즈를 사용하지 않아서 기술자가 필요한 부품을 다시 받으러 가는 데 드는 출장비는 얼마나 되는가?

직위 고하를 막론하고 회사 내 모든 직원이 이런 질문을 자신에게 던질 수 있으려면 이들에게 사업가다운 마인드를 먼저 길러주어야 한다. 불필요한 비용 낭비를 줄일 수 있는 방법을 제시함으로써 직원 스스로 고용인이 아닌 회사의 주인이라고 느끼게 만들어야 한다. 그리고 나서 그들이 주인정신을 발휘하여 한 행동에 대해서는 그 때문에 이익을 보았건 손실을 보았건 상관없이 가능하다면 모든 직원이 알 수 있도록 보상하라.

✔ **사업 정보 알기 캠페인을 펼쳐라** : 수익과 비용이 어떻게 이익으로 계산되는지를 이해하면 사업 정보에 통달한 직원이 된다. 여기 이런 직원을 만들 수 있는 방법 몇 가지가 있다.

셈코의 사장 스탠리 스티머와 사우스웨스트 항공의 선례를 따라 재무제표를 단순화하고 직원들에게 그 정보를 읽고 분석하는 법을 가르쳐라.

손익분기점이 무엇인지 알고 이를 분명하고 명확하게 직원들에게 알려주어라. 매출 1달러가 가져올 수 있는 파급 효과를 설명하라. 예를 들어 시어스(Sears)의 영업사원이 1달러당 3센트의 수익을 가져온다는 사실을 안다면 이들의 영업 실적에 어떤 영향을 미칠까? 비용 절감에 주의를 기울이고 고객을 더욱 성심껏 대접하지 않겠는가? 회사도 그 차이를 느낄 수 있지 않겠는가?

정보를 제시할 때에는 간결하고 쉽게 하라. 복잡한 회계 지식을 가르치려는 것이 아님을 명심하라. 그보다는 직원들의 피부에 와 닿을 수 있는 정보, 예를 들어 제품 한 대당 수익은 얼마나 되는가 하는 정보를 쉽게 설명하라.

사실 이런 교육을 게임으로 바꾸어볼 수도 있다. 델타 항공사의 '우리 항공사, 우리 회사(Our Airline, Our Business)'라는 사업 정보 알기 캠페인을 보면 항공사 운영을 보드 게임으로 만들어놓은 것을 볼 수 있다. 주사위를 던져 수익과 비용을 결정하며, 칩은 인건비와 연료비 등의 생산비용을 나타낸다. 여러 부서의 직원으로 구성된 팀이 대차대조표와 손익계산서를 작성하고 사업 영역을 확장하거나 축소하며 주주 배당금을 할당하고 부채를 관리한다. 그 결과 직원들은 화물 분실, 항공 요금 할인, 악천후 등 항공사 운영의 모든 요인이 손익 결정에 어떤 영향을 미치는지 알게 되고 이를 항상 염두에 두고 일을 하게 된다. 수익, 채용 과정, 식사 서비스 등 유난히 경쟁이 치열한 항공업계에서 살아남는 데 필요한 요인에 대해 직원들이 잘 알고 있으면 여러모로 회사에 득이 되게 마련이다.

이에 대해 항공기술자 폴 블레어(Paul Blair)는 이렇게 말했다.

"수업에 들어가서 게임을 해보기 전에는 벽에 써 있는 숫자가 뭘 의미하는지 도무지 이해할 수 없었다. 이제 비용 절감 조치가 어떤 것인지 알 것 같다. 여러 면에서 대기업 예산도 가계부를 꾸리는 것과 별반 다르지 않다. 나는 수백만 달러를 벌어들이는 델타가 어떻게 적자를 낼 수 있는지 이해할 수가 없었고, 그래서 봉급을 많이 주지 않는 데 화가 났었다. 이제는 왜 그래야 하는지 충분히 이해할 수 있다."

✓ **정보를 보기 좋게 포장해서 제시하는 데 신경을 써라** : 정보를 포장하는 방법에 따라 직원들에게 재미있는 정보가 될 수도 있다. 구성이 독특하고 재미

있는가? 아니면 다른 회사의 것과 다를 바 없는가? 메시지가 유용하고 관심이 가는 것인가? 아니면 이를 악물고 단단히 결심을 해야 읽을 만한 내용인가?

사실 직원들이 재미있게 읽을 수 있도록 정보를 제공하고 싶다면 정보를 포장해서 매력적으로 제시할 수 있는 방법에 대해 피드백을 구하라. 광고를 내기 전에 직원이나 표본 집단의 의견을 조사해볼 것을 권장한다. 정보가 잘 짜여져 있으면 직원들이 이를 숙지하기 쉬울 것이 당연하다.

직원들에게 깊은 인상을 줄 수 있는 몇 가지 방법이 있다. 만화와 아이콘을 사용하여 재무제표를 보기 좋게 꾸며라. 누구라도 이해할 수 있는 수준으로 만들어라. 중요한 정보일수록 재미있게 꾸며놓으면 기억하기가 훨씬 더 수월해진다. 퍼즐을 활용하거나 사우스웨스트 항공처럼 크래커 잭 상자에 넣어서 전달할 수도 있다.

✓ 스토리를 만들어라 : 스토리가 있으면 이론적인 것도 현실적인 것으로 다가온다는 사실은 교육가들이 수십 년 동안 사용한 교수법이다. 이를 활용하라. 정보를 극화함으로써 밋밋하고 지루한 정보도 인상 깊게 다가온다. 매일 조금씩 절약하면 연말에는 어마어마한 숫자가 될 수도 있다는 내용을 담은 이야기를 만들어라. 사람들은 누구나 이야기를 좋아한다. 재미있게 만들기만 하면 전달하고자 하는 요지나 교훈을 오래 기억하게 될 것이다. 그러나 이 전략에는 한 가지 큰 허점이 있다. 훌륭한 이야기꾼이 되어야지, 그렇지 않으면 사람들을 지루하게 해서 역효과를 낼 수도 있다. 하지만 그렇다고 절망할 필요는 없다. 아주 뛰어난 재능을 가질 필요까지는 없기 때문이다. 단지 다른 기술을 습득할 때만큼의 노력만 기울이면 된다. 이야기를 반복해서 들려주고 사람들의 반응을 살펴라. 그리고 그 반응에 따라 이야기하는 방식을 조정하면 된다.

4^장

배짱 있는 리더는
제대로 일할 줄 아는 직원을 뽑는다

Guts!

진정한 낙관주의는 문제를 인식하면서 해결책도 생각하고, 어려움을 알지만 극복할 수 있다고 믿고, 부정적인 면을 보지만 긍정적인 면을 강조하고, 최악의 상황에 맞닥뜨리지만 최선을 기대하며, 불평할 이유가 있지만 부드럽게 미소 짓는다.
월리엄 아서 워드

내가 얼마나 경기를 잘 했는지를 가늠하는 척도는 다른 팀원의 플레이를 내가 얼마나 잘 도왔는가이다.
빌 러셀

뛰어난 직원이 될 수 있는
조건을 분명히 밝힌다

어떠한 역경에서도 기회를 찾는 사람이 있다. 유머 감각이 있고 낙천적인 이는 인생을 즐겁게 만든다. 열정을 불러내고 새로운 것을 시도하기를 주저하지 않는다. 이런 사람이 주위에 있으면 삶이 즐거워진다.

그런가 하면 어떤 기회가 왔을 때 어려움만 찾는 사람도 있다. 냉소적이고 비꼬기를 잘 하며 비관적이다. 자기가 하는 일을 마음에 들어 하지 않고 뭐든 불평만 한다. 이런 사람은 주위 사람의 에너지를 빼앗아 가고 아무런 도움도 주지 않는다.

어떤 사람을 채용하고 싶은가? 대답은 간단하다. 우리의 절친한 친구 무스 밀라드는 이렇게 말한 적이 있다.

"기본 마음가짐이 나쁜 사람들은 정말 어쩔 수 없다. 회사 직원들의 열정, 에너지, 팀워크, 단결력을 갉아먹는다."

그래서 배짱 있는 리더는 제대로 일할 줄 아는 직원을 고용하기 위한 전략적 채용 철학을 가지고 있는 경우가 대부분이다.

직원을 채용할 때 겪는 문제

가장 큰 문제는 어떤 자재를 써서 회사를 짓느냐가 아니라 어떻게 하면 희망, 사랑, 봉사, 자유, 이해, 재미, 신뢰가 충만한 회사를 짓느냐 하는 것이다. 이러한 가치는 회사의 평판, 조직문화, 궁극적으로는 제대로 된 직원을 모아둘 수 있는 능력을 키워낸다. GSD&M, 플래닛 혼다, SAS, 시노버스, USAA 등은 이러한 가치의 중요성을 잘 이해하고 있는 회사들이다. 회사의 가치관과 핵심 목적을 설정하기란 분명 쉬운 일이 아니지만 채용 결정의 기초가 될 수 있는 것들이기 때문에 반드시 이 작업을 거쳐야만 한다. 회사 조직은 이러한 가치관 및 핵심 목적에 부합하지 않는 신입사원은 받아들이려 하지 않을 것이다. 회사의 미래를 무너뜨릴 수도 있기 때문이다.

명심하라. 지금은 근시안적인 시각으로 직원을 채용할 때가 아니다. 미국 노동부의 통계자료에 따르면 2010년도 미국 내 일자리는 1억 6,700만 개인 반면 채용 가능한 노동력은 1억 5,700만 명에 불과할 것으로 내다보았다. 지금도 쓸 만한 인재를 찾기가 힘들다고 생각하는가? 몇 년 만 더 기다려봐라.

꼭 맞는 인재 찾기

실력이 출중한 인재를 찾는 것은 단지 첫 단계에 불과하다. 당신이 원하는 일을 할 수 있는 직원이 되어야 하고 당신 회사에 적합한 인물이 되어야 한다.

뛰어난 직원이 되는 데 필요한 것이 무엇인지 분명히 밝혀두었는가?

기존 직원 가운데 이런 요소를 충족시키는 직원을 찾아라. 그리고 그들이 고객, 부하 직원, 동료, 상사에게 이들을 그처럼 훌륭한 직원으로 만드는 원인이 무엇인지 물어보라.

이에 대한 답을 가지고 훌륭한 직원을 만드는 요소를 나열해보라. 고객과 좋은 관계를 유지하는 것, 능률적인 업무 수행, 누구보다 첨단 기술에 해박한 지식을 가지고 있는 것, 직원의 발전을 도모하는 능력, 어려운 상황에서도 유머를 잃지 않는 성격 등이 나타날 것이다. 이 목록을 가지고 훌륭한 직원의 프로필을 만들고 새로 채용하는 직원이 이 프로필에 부합하는지 살펴보라.

직원 채용은 일종의 상호작용임을 잊지 마라. 당신이 채용하고 싶은 직원 또한 당신 회사의 일원이 되고 싶어 해야 한다. 훌륭한 직원이 될 만한 후보를 발견하거든 '이 정도 수준이 되는 사람이 우리 회사의 조직문화를 좋아할까?' 를 자신에게 물어보라. 그 질문에 대답이 '아니오' 라고 나오면 그 이유가 무엇인지 생각해보라. 그 사람이 당신에게 맞지 않는 것인가? 아니면 조직문화를 개선해야 할 필요가 있는 것인가? 만약 후자라면 우선 이 사람을 채용한 다음 조직문화를 개선할 수도 있다.

02 채용을 전략 과제로 삼아라

당신이 찾는 직원이 어떤 사람인지를 파악했으면 바로 그런 사람을 끌어당길 수 있는 방법을 모색하라. 나중에 빈 자리가 생기면 '우리 회사가 원하는 인물의 특징과 마음가짐을 분명하게 표현한 구인 광고를 만들었는가?' 라고 자문해보라.

예를 들어 사우스웨스트 항공은 다른 항공사 근무 경력이 풍부한 보수적인 마인드의 직원을 원하지 않는다. 이 회사는 기존 통념에 도전하고 남들과 다른 마인드를 지닌 창의력 있는 직원을 원한다. 이처럼 분명한 채용 기준이 있기 때문에 회사가 원하는 직원을 끌어당길 수 있는 구인 광고를 만들 수 있다. 항공업계는 실업률이 낮은 만큼 사우스웨스트 항공은 새로운 방법으로 직원을 모집한다. 비행기 멀미용 비닐봉지에 '지금 하고 있는 일에 신물이 나십니까?' 라는 문구를 새겨넣었다. 자기가 현재 하고 있는 일에 만족하지 못하거나 싫증이 나 있지만 사우스웨스트 항공으로 오면 즐겁게 일할 수 있는 사람들이 있음을 알고 이런 문구를 만든 것이다.

아무 리더나 할 수 있는 일은 아니지만, 허브 켈러허는 심지어 엘비스 차림을 하고 광고에 등장하기도 했다. 광고 카피에는 '엘비스가 다니는 직장에서 일하십시오'라고 적었다. 그리고 그 아래에는 작은 글씨로 '하지만 에델 머먼(Ethel Merman) 복장을 한 사람을 만나면 그냥 무시하십시오. 지금 그 병을 고쳐보려고 노력 중입니다'라고 적었다.

기발한 광고는 사람들이 멈춰 서서 생각해보고 미소 짓게 만들며, 무엇보다도 회사가 원하는 마인드를 가진 사람을 끌어당기는 힘이 있다. 허브가 등장한 이 광고는 분명한 메시지 한 가지를 효과적으로 전달하고 있다. 당신이 재미를 즐길 줄 알고 열심히 일하면서 자기 개성을 표현하고 싶어 하는 파격적인 마인드가 있는 사람이라면 바로 이 회사가 당신에게 적합한 직장이라는 메시지이다.

당신이 원하는 인재에게 어필할 수 있도록 구인 광고만이 아닌 구인 전략 전체를 구상하라. 광고가 사람들의 주목을 끌면서 당신이 원하는 자질과 성격을 갖춘 사람에게 어필할 수 있는가? 열성적으로 일하는 직원을 원한다면 회색 양복 따위는 집어치우고 좀더 세련되고 파격적인 광고를 만들어보라. 사우스웨스트 항공의 광고 가운데 카키 반바지에 테니스 슈즈를 신고 음료수 수레를 끌고 가는 승무원이 등장하는 광고도 있다. 그 아래에는 '바지를 입어도 되는 직장에서 일하십시오'라는 문구가 적혀 있다. 당신이 똑똑하고 전문성도 있으면서 저항 정신까지 있는 직원을 뽑기를 원한다면 그런 메시지를 전달하는 광고를 만들어야 한다. 사우스웨스트 항공의 경우 시스템 분야에서 일할 직원을 모집하는 광고에는 컴퓨터 디스크를 그려넣었다. 디스크 라벨에는 '사우스웨스트의 시스템 부서에서 내장된 디스크가 많은 직원을 찾고 있습니다'라고 적혀 있었다.

현재 쓰고 있는 구인 광고를 살펴보라. 어떤 종류의 메시지를 전달하는가? 다른 회사와 차별되는 광고인가? 만약 그렇다면 그 방법은 무엇인가? 광고 매체뿐 아니라 광고 내용도 회사의 조직문화와 회사에서 기대하는 직원의 마음가짐을 구직자들에게 알리는 데 중요한 역할을 한다.

살을 맞대고 함께 살 수 있을까

어쨌거나 사람을 뽑는 결정권은 회사에게 있다. 당신의 회사는 뛰어난 인재를 발굴하기로 유명한가? 채용 관행이 잘 알려져 있는가? 창의적인 구인 광고와 연간 보고서에서 연설문과 인터뷰에 이르기까지 배짱 있는 리더들은 전달하려는 메시지를 분명하게 알린다. 회사의 성공을 위해 필요한 올바른 인재를 찾아내어 키우고 유지한다. 그러므로 채용도 전략적 과제가 된다.

기억하자. 지금 당신은 기술자, 엔지니어, 소프트웨어 프로그래머, 영업 사원만을 뽑고 있는 것이 아니다. 당신은 세계 최고 수준의 서비스를 구현하는 데 꼭 필요한 회사 홍보 대사를 선발하고 있다. 그리고 또 한 가지 간과해서는 안 될 점은 그 직원과 살을 맞대고 함께 살아야한다는 사실이다. 오늘 채용하는 직원이 내일의 회사 조직문화를 결정하게 된다. 케빈은 유명 연예인 가스 브룩스(Garth Brooks)에게 그의 밴드에 세계 최고 수준의 음악가만을 선발하려고 신중을 기하는지 물어보았다. 가스는 이렇게 대답했다.

"공연을 160번이나 하고 나면 어느 정도 수준의 연주는 다들 하게 마련이다. 문제는 그 사람과 하루 22시간 동안 함께 여행하고 생활하면 어떨 것인가 하는 점이다."

배짱 있는 리더들은 경쟁사에서 제품을 모방할 수도 있고 가격 덤핑 공세를 펼칠 수도 있으며 심지어 품질까지 따라잡을 수도 있음을 알고 있다. 그러나 경쟁사에서 도저히 모방할 수 없는 것은 직원들의 마음가짐이다.

어마어마한 고용 비용

신입사원 한 명을 채용하는 데 들어가는 모집, 채용, 교육비용이 평균 2만 달러라고 해보자. 만약 200명을 고용하고 이직률이 15%쯤 된다면 해마다 서른 명을 새로 채용해야 한다는 계산이 나오는데, 이렇게 되면 비용으로 60만 달러가 들어간다. 만약 5천 명을 고용하고 있다면 연간 직원 고용비만 1,500만 달러가 나온다. 이는 팀을 구성하고 업무 처리가 늦어지고 기한을 놓치고 제품 단위당 원가가 높아지고 마진은 줄어들고 매출액이 떨어지고 고객에게 불만을 사는 비용까지는 포함하지 않은 수치이다. 해결책은 간단하다. 이직률을 낮추어야 한다. 우선 유능한 인재를 선발하고 이들에게 회사에 계속 남아 있을 만한 동기 부여를 해주어라. 배짱 있는 리더들은 고용 문제를 매우 진지하게 다룬다.

자신에게 물어보라. 직원 채용 문제를 다음 사안만큼 신중하게 고려하는가?

- 신규 고객이 필요로 하는 것
- 신설 공장의 위치
- 새로 제정된 법적 규제

만약 그렇지 않다면 채용 방법을 재검토할 필요가 있다.

인재 채용 전략

많은 회사에서는 채용이 인사부 소관이며 이른바 '준비-발사-조준' 방식으로 이루어진다.

준비: 회사 내에 공석이 생긴다.

발사: 적합한 기술과 경력을 갖춘 사람을 채용한다.

조준: 채용된 사람이 들어오면 오리엔테이션과 교육을 통해 조직문화에 '적합한' 사람으로 만든다. 행운을 빈다!

SAS 인사부 부사장 제프 체임버스는 이렇게 말했다.

"간부들이 직원 채용에 얼마나 많은 시간을 들이는지 알게 되면 놀라울 따름이다. 단지 어떤 구체적인 자세를 지닌 사람만을 찾는 게 아니라 SAS라는 공동체에 적응할 수 있는 사람을 찾는다. SAS의 조직문화에서 적응하고 생활하는 사람들은 누가 적임자이고 아닌지를 육감으로 알 수 있다."

질 코르시(Jill Corsi)는 텍사스 주 샌안토니오에 본사를 둔 대규모 금융기관인 USAA(미국 군용차 보험협회)의 전략 인사 담당관이다. 500만 명이나 되는 고객 대부분이 군관계자와 그 가족이다. 2002년, 이 회사는

회사가 원하는 인재를 채용하려면 회사 차원의 전략이 필요하며 '준비-조준-발사' 방식을 활용해야 한다. 준비: 공석이 생긴다. 조준: 어떤 능력이 필요한지 철저히 분석해보고 조직문화, 부서, 공동체, 직위에 가장 적합한 자세는 무엇인지 생각해본다. 발사: 어떤 능력과 자질이 회사에 '적응'하는 데 필요한지 파악하고 나면 적극적으로 모집 활동을 펼쳐서 원하는 인재를 찾아낸다.

'준비-조준-발사' 방식이 확실히 더 전략적이고 효과적이다.

고객들에게 92억 달러에 상당하는 보험, 은행업, 중개, 카탈로그, 여행 서비스를 제공했다. 코르시의 말에 따르면 물론 이 회사도 전문적인 능력을 갖춘 인재를 찾고 있지만 그보다도 함께 있으면 즐거운 사람을 원한다고 한다. 직원 가운데 60%가 서비스 부문에서 일하기 때문에 대부분의 지원자들은 콜 센터에서 일을 해야 하고 고객 서비스를 수행하기에 '적합한' 인물인지를 면접 과정에서 심사 받게 된다. 또한 고객 서비스 부서에서 근무하는 일과를 담은 비디오테이프를 본다. 코르시의 말에 따르면 이 비디오 덕택에 직책에 대해 비현실적인 기대를 하는 사람을 걸러낼 수 있다고 한다. 개중에는 "야, 이것 참 힘든 일이군. 하지만 하고 싶다"라고 말하는 사람도 있으며 이런 사람들이 채용되면 열심히 일하는 직원이 된다고 한다.

USAA의 전략적 채용 방법은 지원자들이 회사와 그 조직문화를 이해할 것을 요구한다. 지원자 심사 과정을 통해 자리를 '얻는' 사람과 얻지 못하는 사람을 구분한다. 물론 USAA는 회사가 하는 일, 가치관, 원칙에 대한 열정과 자부심이 있는 회사이기 때문에 봉사 정신이 무엇인지를 아는 사람들을 채용하고 싶어 한다. 코르시는 말한다.

"어떤 사람이 우리 회사의 조직문화에 적합한 사람인지는 척 보면 알 수 있다. 지원자들이 들어와서 우리 회사에 대해 알고 있는 바를 말한다. 다들 나름대로 조사도 해보았고 우리 회사가 하는 일에 흥미도 있다. 하지만 그저 면접장에 들어와서 아무 일이나 하겠다는 태도를 보이는 사람들은 제 몫을 다하지 못한다. 우리가 찾는 사람은 진심으로 일에 열정을 다할 줄 아는 사람이다!"

GSD&M이 채용 과정을 전략적 수준으로 끌어올리는 과정에서는 이회사 사장 로이 스펜스도 깊이 관여했다. 스펜스는 이렇게 말했다.

"언제라도 직원을 채용할 준비가 되어 있다. 뉴욕에 있든 샌프란시스코에 있든 미네애폴리스에 있든 상관없다. 미친 듯이 직원을 찾아다닌다. 지금부터 죽을 때까지 내가 할 일은 유능한 인재를 찾아서 GSD&M에 들어와 달라고 설득하는 일이다."

GSD&M에서 찾는 인재는 어떤 사람이냐고 물었더니 스펜스는 이렇게 대답했다.

"제일 먼저 보는 것은 직업윤리 의식이다. 직업윤리 의식이 투철하면 일을 잘 하든 잘 못하든 상관없이 그 사람에게 적합한 자리를 찾아줄 수 있다. 그런 사람은 부지런히 일함으로써 자기가 받는 봉급 값을 하기 때문이다. 하지만 불행히도 요즘 사람들은 부지런히 일하는 데는 관심이 없고 똑똑하게 일하는 데에만 관심이 있다고들 한다. 이건 말도 안 되는 소리다. 부지런히 일하는 것이야말로 똑똑하게 일하기 위한 불가결 조건이다."

GSD&M에서 두 번째로 중요하게 생각하는 것은 적극성, 자유, 책임감, 호기심, 경쟁력, 공동체, 성실 등 회사가 추구하는 가치관을 얼마나 소중하게 여길 수 있는가 하는 점이다. 사실 직원 채용 과정이 전략적 사업이 된 것은 이 회사가 아이디어 시티의 원형 홀 콘크리트 벽에 회사의 가치관을 공식적으로 새겨넣을 때부터였다. 스펜스는 '그때부터 직원을 전략 무기로 삼게 되었다'라고 했다.

스펜스는 직원이 전략 무기가 되면 믿을 수 없는 놀라운 일이 가능해진다고 믿고 있다. 첫째, 직원들이 회사의 가치관을 지키는 수호자가 된다. 둘째, 이런 가치관을 이해하고 포용하지 못하는 직원은 공동체에서 용납하지 않게 된다. 스펜스는 이러한 가치관이야말로 GSD&M이 인력 시장에서 최고의 인재를 끌어 모을 수 있는 가장 확실한 방법이라고 믿고 있다.

끝으로 GSD&M은 변화를 추구하고 가치 있는 노력에 동참할 수 있는 인재를 찾고 있다.

03 목적이 분명한 직원을 채용하라

USAA, GSD&M, 시노버스, 프레드릭, 그 밖의 많은 회사의 사장과 관계자들은 자사의 업무가 수익 외에 더욱더 가치 있는 목적을 추구한다고 믿고 있다. 바로 이런 믿음이 이들의 채용 과정 설정의 밑바탕이 되었다. 목적을 추구하는 회사가 무엇인지는 6장 '배짱 있는 리더는 대의명분을 구체화한다'에서 자세히 다루고, 여기서는 회사가 추구하는 목표를 입사 지원자 면접 및 심사 과정에 어떻게 반영할 수 있는지를 살펴보겠다.

스펜스는 이렇게 말했다.

"우리 회사의 목적은 매우 분명하다. 우리의 목표는 고객의 브랜드를 대표하고 매출액을 꾸준히 올리게 해주는 것이다. 아무 목적이 없는 브랜드는 홍보하지 않는다. 목적도 없는 브랜드를 가지고 와서 홍보해 달라고 하면 우리로서는 어쩔 도리가 없다. 우리가 할 수 있는 일은 이미 설정된 브랜드의 목적에 생명을 불어넣는 것이다. 우리가 목적을 설정할 수는 없지만 목적을 찾아내어 여기에 생명을 불어넣을 수는 있다. 그것이 우리 회사가 하는 일이다. 사실 우리 회사 자체의 브랜드 설립도 가치 기반에서 최종 목적 기반으로 바뀌었다. 목적이 있는 브랜드를 홍보하는 세계 제일의 회사가 되고 싶다면 자기 일에 대한 목적이 분명한 직원을 채용해야 한다."

목적이 분명한 직원을 고용하여 조직문화의 목적을 추구해야 한다는 스펜스의 말은 입사 지원자 채용 과정에서 큰 영향을 미쳤다. GSD&M의 가치관을 잘 이해하는 직업윤리 의식이 투철한 직원을 뽑는 것도 중요하지만 이제는 그뿐만 아니라 인생의 목적이 무엇인지 설명해보라는 주문까지 하고 있다. 어느 입사 면접에서 전략적으로 매우 중요한 직책을 놓고 지원자를 선발하고 있었는데, 한 지원자가 자신 있게, 그러나 거만하지 않은 태도로 스펜스의 눈을 똑바로 쳐다보면서 "나는 이 세상 어떤 일도 할 수 있습니다. 지금 광고업계에 지원을 하긴 했지만 어떤 분야에 가더라도 내가 일하면 회사에 중대한 기여를 할 수 있습니다"라고 한 적이 있었다고 한다. 스펜스는 이 지원자에게서 매우 강렬한 인상을 받았다고 했다.

어떤 일이든 다 관심이 있는 사람을 채용하고 있는가? 아니면 자기 일을 사랑하고 자신의 목적을 다른 사람들에게 이해시킬 수 있는 사람을 전략적으로 채용하고 있는가? 생각해보라. 자기가 하는 일이 소중하고 중요하다고 생각되는 직장에서 일하고 싶어 하는 사람이 있다고 하자. 회사의 목적을 이해하고 이를 긍정적으로 받아들이며 그 목적을 실현하기 위해 최선을 다하는 사람은 회사를 위해서 단지 자기가 해야 할 일을 끝내는 것 이상의 기여를 할 수 있다. 스펜스는 이렇게 말한다.

"목적이란 매우 강력한 힘을 가지고 있다! 단지 돈을 벌거나 일자리를 얻으러 온 것이 아니라 눈에 보이는 성과를 이룩하기 위해 온 사람이기 때문이다."

스펜스 자신도 목적을 위해 일하는 사람이다. 그도 눈에 보이는 성과를 이루고 싶어 한다. 일에 대한 열정과 신념을 뿜어내면서 그는 이렇게 말했다.

"나는 일자리를 가져본 적이 없지만 31년 동안이나 정말 열심히 일했고 일하기를 좋아한다. 정원 일을 하는 것도 좋고 내 손으로 육체노동을 하는 것도 좋아한다. 고객들과 일하는 것도 좋다. 이 회사를 위해 일하는 게 좋다. 그리고 내가 믿고 있는 것과 같은 신념을 가진 목적 있는 회사와 함께 일하는 것도 좋다. 지금은 장미 정원을 가꾸고 있다. 아이디어 시티의 직원용 출입구에 장미 일흔 그루를 내 손으로 심었다. 우리 회사 직원들이 이 장미꽃 옆을 매일 아침 지나가지만 그 꽃들을 내가 심었다는 사실은 모르고 있다. 그래도 나는 내가 땀 흘려 일해서 직원들에게 자그마한 행복과 기쁨을 주었다는 데 만족한다."

팀 시아술리는 플래닛 혼다 입사 지원자들을 심사할 때 마틴 루터 킹이 한 '목적 없는 인생은 살 가치가 없는 인생이다' 라는 말을 즐겨 인용한다. 이 사람도 스펜스처럼 '당신은 인생의 목적이 무엇입니까?' 라는 질문을 한다. 시아술리는 자기 계발에 온 힘을 다하는 지원자라면 회사 일을 위해서도 최선을 다할 것이라고 생각한다. 그래서 시아술리는 '앞으로 2년 동안 무슨 일을 이루고 싶습니까? 3년 후에는 어떤 곳에 있고 싶습니까?' 라는 질문을 한다. 한 지원자는 주택 융자금 6만 5천 달러를 갚고 싶다고 했고 다른 지원자는 살을 35파운드 빼고 싶다고 했다. 그러고 나서 '이 목적을 이루기 위해 어떤 계획을 세워놓고 있는지 말씀해주시겠습니까?' 라는 질문이 이어진다. 이러한 질문은 지원자의 비전, 가치관, 계획을 세우고 실천하는 능력 등을 보여주며 이 모든 것은 플래닛 혼다의 조직문화에서 중요한 자리를 차지하고 있는 요소이다.

USAA의 질 코르시는 이렇게 말했다.

"입사 지원자들을 앉혀놓고 '우리에게 자유를 주기 위해 일신의 위험 따위는 아랑곳하지 않은 채 일하고 있는 군인들을 위해 봉사한다'는 USAA의 사명을 설명할 때마다 눈에 눈물이 맺힌다. 그리고 대부분의 경우 입사 지원자들도 눈시울이 촉촉이 젖어드는 것을 볼 수 있다."

그 숭고한 목적을 인식하고 이를 위해 봉사할 자세가 되어 있는 사람들만이 USAA에 적합한 직원이라고 코르시는 말한다.

배짱 있는 리더들과 이야기를 나누면서 발견한 사실은 개인적으로든 직업적으로든 목적의식이 없으면 직업적으로 최고의 자리에 오르더라도 자기 일에 싫증을 느끼기 쉽다는 점이다. 목적이 없으면 최고의 자리도 공허하게 느껴지게 마련이다. 간단히 말해, 직원을 채용할 때는 정서적으로 한층 숭고한 목적을 추구하는 사람을 찾아야 한다. 변화를 추구하고 자기가 속한 영역을 개선하려는 사람을 찾아라. 이런 사람들이 열정적이고 부지런한 직원이 될 가능성이 높다. 목적이 없는 사람들은 전체 조직문화에서 에너지를 빼앗아 간다.

캐스팅이 쇼의 질을 좌우한다

당신이 자동차 구매를 재미있는 일로 만들고자 하는 연예인이라고 가정하면 자동차 영업소는 당신의 무대가 된다. 플래닛 혼다의 시아술리는 자동차 판매에서 공연 요소가 가장 중요하다고 생각하고 있으며, 그래서 고객들의 마음을 빼앗을 수 있는 특별한 경험을 만들어냈다. 그러나 여기에는 반드시 적합한 배우가 있어야만 하며, 그래서 플래닛 혼다는 직원 캐스팅에 그처럼 신중을 기하는 것이다. 차를 구매하고 유지하는 데 따르는 골치 아픈 문제점을 없애고 '평생 고객 확보'를 사업 목표로 삼다 보면 직원들의 마음가짐만큼 사업 전략에 중요한 것도 없다.

시아술리는 '지능지수도 높고 나는 할 수 있다는 자신감도 충만한 직원을 찾는다'고 했다. 시아술리에게 직업 경력은 별로 중요하지 않다. 그보다는 모든 면에서 자기 발전을 꾀하는 사람들에게 더 관심을 갖는다. 큰 이상과 꿈을 가진, 그 이상과 꿈을 실현하기 위해서라면 모험도 감수할 각오가 되어 있는 입사 지원자가 플래닛 혼다에 적합한 지원자이다. 플래닛 혼다는 자사의 이상을 실현하기 위한 노력의 일환으로 고객이 새 차를 구입하기 전에 15만 달러짜리 시뮬레이터를 사용해볼 수 있게 하고 있다. (이 부분은 나중에 더 자세히 설명하겠다.)

시아술리가 마음가짐을 보고 사람을 뽑는 한 가지 이유는 직원들이 '영업사원'으로서가 아니라 전문적인 조언자로서 고객을 대하기를 바라는 마음이 있기 때문이다. 영업사원들은 주차장에 세워져 있는 물건을 파는 것을 목적으로 하는 반면 조언자는 창고에 어떤 물건이 쌓여 있는지에 관계없이 고객에게 가장 적합한 차를 추천하는 것을 목적으로 한다. 분명 그 차이는 마음가짐에 있다. 고객이 무엇을 필요로 하는지에 마음을 쓰는 직원은 고객에게 여러 가지 질문을 하고 그 대답에 진심으로 주의를 기울인다. '보통 차를 몰고 어디를 다니십니까? 가족은 몇 명입니까? 애완동물을 키우십니까? 어디에 주차하십니까?' 등의 질문을 해보면 그 고객이나 가족에게 가장 적합한 차가 어떤 것인지 알 수 있게 된다. 플래닛 혼다의 직원들은 '차를 타고 다녔던 중 가장 좋았던 날은 언제입니까?'라는 질문을 하기로 유명하다. 아이 둘을 데리고 운전을 하다가 심각한 사고를 당했는데 다행스럽게도 아무도 다치지 않았던 일을 이야기하는 어머니는 안전을 최우선으로 생각하고 있을 것이다. 자동차 지붕을 열어놓고 해변을 달리던 날을 회상하는 남자는 전혀 다른 고려 사항이 있을 것이다. 시아슐리는 자신의 전략을 실행하려면 이타적이고 '타인'을 위주로 생각하는, 고객과의 친밀한 관계를 즐기는 직원이 필요하다는 점을 지적했다. 플래닛 혼다는 단순히 차만 파는 회사가 아니라 고객들이 추구하는 이상적인 차를 제공하는 것을 목표로 삼고 있는 회사이다.

근무 자세에 따른 해고

팀 시아슬리가 집안 대대로 물려오던 자동차 판매업을 물려받았을 당시 고객 서비스 평가도가 눈에 띄게 낮았다. 문제가 무엇인지 조사한 시아슬리는 그 원인을 세 명의 영업사원에게서 찾았다. 시아슬리의 말에 따르면 이 세 사람은 모두 자동차 영업사원에 대해 사람들이 가지고 있는 부정적인 고정관념을 그대로 구현하고 있었다. 제품을 제대로 설명하지도 못했고 계약이 성사되지 못할 말만 골라서 했으며 차를 사지 않는 고객은 홀대했다. 이런 사람들이 달마다 120대분의 차량 판매를 책임지고 있었다. 바로 이런 직원이 회사에서 가장 생산적인 영업사원이었다. 이들을 잘 가르쳐 장기적인 전략에 부합하는 더 훌륭한 사원으로 만들려고 몇 번 노력해본 뒤에 시아슬리는 결국 이들을 과감히 해고했다.

몇 년 안에 고객 서비스 평가는 놀랄 만큼 향상되었으며 매출액 역시 향상되어 플래닛 혼다는 전국 6위 자리에 서게 되었다. 사람들은 성공을 여러 가지 방법으로 정의한다. 시아슬리에게 성공은 단지 차량 판매 대수가 아니라 고객을 도우며 고객과의 관계를 개선시키는 것이다. '평생 고객 확보'를 향한 확고한 의지가 있었기 때문에 회사에서 가장 유능하다고 여겨졌던 직원 서너 명을 해고할 용기를 낸 것이다.

당신의 회사는 당신을 채용하고 싶어 할까?

결혼은 좋은 사람을 '찾는' 일이라기보다 좋은 사람이 '되는' 일인 것 같다. 결혼은 장기간에 걸친 헌신을 요하며 단지 끌리는 마음만으로 성공적인 결혼 생활을 할 수 있는 것도 아니다. 마찬가지로 직원 채용 역시 일시적으로 편리한 기술을 얻어내는 것 이상의 장기적인 헌신을 요하는 일이다.

결혼이 좋은 사람이 되는 일이라는 생각에 동의한다면 채용 역시 좋은 직원이 되는 일이라는 생각에도 동의할 수 있을 것이다. 즉 누구를 채용할 것인가 하는 문제도 중요하지만 그 회사가 어떤 회사인가도 그만큼 중요한 문제이다.

지금 당신 회사가 직면한 상황이 어떤 것이든 간에 당신의 자세는 당신의 의지에 따라 통제할 수 있는 요소이다. 당신은 다른 사람에게서 찾고자 하는 에너지, 유머 감각, 동정심, 팀워크, 대담성, 적극성이 모두 있는가? 유능한 인재들은 정말 근사한 회사에 다니다가도 나쁜 상사를 만나면 직장을 떠난다는 사실을 배짱 있는 리더는 잘 알고 있다. 당신 회사의 직원들은 지금 당신을 상사로 채용하고 싶어 할까?

인내심을 가지고 채용하라

상사로서 당신이 지닌 자세와 당신이 하고 있는 일을 분명히 인식한 다음에는 시간을 두고 천천히 채용 과정에 대한 결정을 내려라. 몇 번 만나보고 사람을 알기란 불가능한 일이니 인내심을 가져라. SAS 인사부 부사장 제프 체임버스는 이렇게 말했다.

"내 생각에 우리 회사는 아직도 옛날식으로 사람을 채용하고 있는 것 같다. 간부들이 원하는 직원은 SAS에 오래도록 남아 있을 사람들인데, 왜냐하면 고객은 물론 직원들과도 장기적인 관계를 유지하기를 바라기 때문이다. 채용 과정이 어찌나 오래 걸리는지 이건 꼭 혼인을 맺어 집안사람이라도 하나 새로 들이는 것 같다."

바로 이것이다!

바로 이런 이유 때문에 SAS의 이직률이 5%를 넘지 않았던 것이다. 낮은 이직률과 높은 소프트웨어 사용 재계약 비율(98%)을 보면 SAS가 직원이나 고객과 장기적인 관계를 수립하는 데 성공했음을 알 수 있다.

SAS의 경우 인사부와 간부 직원들만이 채용 결정에 관여하는 것은 아니다. 해당 부서까지도 이 과정에 개입한다. 만약 개발 연구원 자리가 비면 지원자들은 그룹 면접을 받고 그 결과가 간부진에게 전달된다. 최종적인 채용 결정은 부서에서 내린다. SAS 정보 담당 이사 겸 정보기술부 부사장인 수잔 고든(Suzanne Gordon)은 이렇게 말했다.

"사람들을 죽도록 인터뷰한다. 회사 전체가 다 그런 것은 아니지만 특히 간부직급은 면접이 매우 까다롭고 시간도 오래 걸린다. 지원자 중에는 직접 보고를 받게 될 사람, 상사, 동료, 내부 고객 등 다양한 사람들이 포함되어 있다. 직책에 따라 지원자도 달라진다. 그러나 한 가지 분명한 것은 회사에 잘 적응하고 모든 사람과 협조할 수 있는 사람이어야 한다는 점이다."

이 원칙은 견학생 선발 때에도 적용된다. 여름방학 때 노스캐롤라이나에서 견학 오는 학생들은 그저 아무나 뽑았을 거라고 생각할 것이다. 그냥 아무나 들여보내서 여기저기 구경이나 시켜주고 여름이 끝날 때쯤 보내면 끝이라고 생각할 것이다. 하지만 SAS에서는 그렇게 생각하지 않는다. 여름 동안 회사에 와서 학기 내내 파트타임으로 머물 수 있는 학생을 뽑고자 한다. 이렇게 해서 SAS는 이 학생들의 직업윤리가 어떠한지, 조직문화에 '적합한' 사람인지, 전문적 능력은 어떠한지를 평가할 수 있고 졸업 후에는 정규 직원으로 채용할 수도 있다. SAS는 견학 프로그램도 장기적인 관점에서 본다.

숱한 IT 회사들이 직원들을 해고하던 때에도 SAS는 신규 직원을 고용하고 있었다. 2000년에 굿나잇은 어떤 느낌을 받고 직원 규모를 늘리기로 결정했다. 자기 잘못도 없는데 회사에서 해고당하고 길거리에 나앉은 사람이 많다는 사실을 굿나잇은 알고 있었다. 이들이 꼭 SAS에 입사할 마음을 먹고 있지는 않더라도 지속적인 성장률과 수익성, 안정성을 가진 회사임은 알고 있었다. SAS는 이런 유능한 인재를 잡아서 활용하고자 했다. 그래서 다른 대부분의 IT 회사와는 달리 2001년에는 직원 규모를 8% 늘렸고 2002년에는 6% 그리고 2003년에도 계속해서 직원 규모를 늘렸다.

닷컴 기업이 한참 붐을 이루고 있었을 때 SAS는 추세를 파악했다. 체임버스는 자기 혼자서 중요한 일은 다 할 것처럼 말하는 사람들을 보기도 했다. 하지만 체임버스가 찾는 사람은 더 큰 공동체의 일원이 되어 큰 기여를 할 수 있는 사람이었다. SAS는 남을 제치고 밀어붙이고 정상까지 기어 올라가서 될 수 있는 대로 많은 것을 움켜쥐려는 사람에게는 관심이 없었다. 그런 사람들은 조직에 적응하지 못하기 때문이다.

SAS는 유연성과 신뢰를 바탕으로 한 조직문화를 만들었다. 체임버스가 인용하기 좋아하는 예를 하나 소개하겠다. 여러분의 딸이 오후 3시에 축구 경기를 한다면 일찍 퇴근해서 경기를 보러 가도 좋다. SAS에서는 다음 세 가지 상황 가운데 하나가 벌어질 것으로 생각(또는 신뢰)하고 있기 때문이다. ① 아침 출근을 일찍 하거나 점심시간까지 일을 해서라도 그날 퇴근 전에 해야 할 일은 다 끝내고 간다. ② 일을 동료에게 맡겨서 고객에게 불편을 끼치거나 해야 할 일에 지장을 주는 일은 없도록 한다. ③ 그날 저녁에 집에 가서 컴퓨터를 켜고 해야 할 일을 끝낸다. 마냥 자리만 보전하고 있다고 해서 훌륭한 직원으로 인정해주는 것은 결코 아니다.

SAS가 유능한 인재를 끌어모으는 방법 한 가지는 직원들에게 독특한 소프트웨어를 만들 기회를 끊임없이 제공하는 것이다. SAS는 간부 직원들에게 돌아갈 돈 가운데 25%를 해마다 연구 개발비로 돌려쓰고 있다. 이 덕분에 유능하고 능력 있는 직원들이 가장 중요하게 여기는 멋진 프로젝트와 최첨단 기술에 투자를 많이 할 수 있다. 체임버스는 '연구 개발팀 직원이 특히 이 제도를 좋아하는데, 이들을 매일같이 최첨단 기술을 연구해야 할 사람들이기 때문이다'라고 했다. 이로써 회사 전체에 에너지와 생기가 넘쳐난다. 모두 첨단 기술을 연구하고 테스트하고 판매하는 데 열을 올리고 있다. 게다가 회사에 기여할 수 있는 기회가 회사의 모든 직원에게 열려 있다. 신입 직원이거나 나이가 어리다고 해서 기회를 박탈당하는 법은 없다.

SAS는 직원을 골라 쓸 수 있는 회사이다. 왜냐하면 체임버스의 말처럼 직원들이 회사 일과 개인생활의 균형을 맞출 수 있도록 융통성 있게 업무를 관리하기 때문이다. 이들은 최첨단 기술 개발 프로젝트를 맡고 있는 사람들이지만 직장 밖의 개인생활도 소홀히 할 수는 없다. SAS의 비즈니스 모델을 보면 직원을 믿고 이들에게 융통성 있는 업무 시간과 흥미로운 일거리를 제공하는 것이 유능하고 성실한 직원을 끌어모으는 방법임을 지적하고 있다.

조직문화가 마지막 선택을 좌우한다

'올바른' 조직문화는 '올바른' 인재를 끌어들이는 자석 같아서 여러 군데에 취직이 된 입사 지원자의 마지막 선택을 좌우한다. 16년 동안 헤드 헌터로 일하다가 USAA에 입사한 질 코르시는 이렇게 말했다.

"USAA는 직원을 골라서 쓸 수 있는 회사라는 이점이 있지만 이 사람들이 USAA에 지원한 이유가 올바른 것인지, 적당한 직위에 투입하고 있는지는 신중히 생각해보아야 할 문제이다."

몇 년 전 코르시 자신도 USAA 입사 면접을 보았는데, 그때 코르시는 면접관들에게 이렇게 말했다고 한다.

"A사, B사에게서 일하러 오라는 제안을 받았지만 C사, 즉 USAA에 와보니 사람들의 얼굴 표정이 밝았고 전국 각 지역에서 모인 다양한 사람들로 구성되어 있었다. 이 사람들이 어디서 와서 무슨 일을 하는지는 모르겠지만 '야, 이것 참 멋진 회사로군! 여기서 일을 해야겠다'는 생각이 들었다."

질 코르시의 경우에는 SAS의 브랜드, 서비스, 조직문화가 확실히 마지막 선택을 좌우했다.

GSD&M의 로이 스펜스도 지적했듯이, 유능한 인재를 고용하는 한 가지 이유는 GSD&M의 조직문화를 향상시키고 보전할 다른 유능한 인재를 끌어들이기 위해서이다. 이는 스펜스가 특히 주의를 기울이는 사항이라서 아이디어 시티에 한번 가본 사람이면 누구나 그곳에서 일하고 싶어 한다. 스펜스는 이렇게 말했다.

"사람들은 아이디어 시티의 정신에 반한다. 유능한 인재를 끌어모으기 위해 경쟁할 때는 항상 조직문화가 마지막 선택을 좌우한다."

이와 비슷한 말을 SAS의 수잔 고든도 했다.

"다른 회사에서 엄청난 연봉을 제시한 우수 학생을 우리 회사로 끌어올 수 있었던 것은 이 학생들이 우리 회사의 조직문화를 아주 마음에 들어해서 그 속에서 일하고 싶어 했기 때문이다."

수잔이 시애틀에서 개발 연구원을 데려올 때 일화가 있다. 분명 이 연구원은 서류로 볼 때 매우 훌륭한 인재였다. SAS에 면접을 보러 왔을 때 모두 그를 마음에 들어 했고 수잔의 사무실까지 왔을 때는 이미 마음을 정한 상태였다. 그는 수잔에게 '시애틀에서 여기까지 가족을 데리고 이사를 와야 할지 확신이 서지 않았는데 이곳 사람들과 이야기를 해보고 함께 협력하는 분위기에서 일하는 모습도 보고 아름다운 조경도 감상하고 나니 이곳으로 와야겠다는 결심이 섰다'라고 했다. 이처럼 조직문화는 회사에 필요한 인재를 끌어오는 강력한 도구가 될 수 있다.

유능한 인재 찾기에 몰두하라

전문 분야가 무엇이든 간에 감별사들이 포도주, 미식, 미술품 등에 대한 해박한 지식을 갖게 된 것은 그 대상에 대해 남다른 애착이 있기 때문이다. 좋은 포도주를 감별하는 사람들은 〈와인 스펙테이터(Wine Spectator)〉를 읽고 포도주 양조장에 가서 포도 수확과 포도 품종별 차이를 배운다. 포도주 시음 대회에 참여해서 맛과 향을 분별하는 기술도 쌓는다. 감별사들은 자기가 가지고 있는 수집품, 새로 나온 물건, 어디에 가면 좋은 물건을 얻을 수 있는가 등에 대하여 다른 감별사들과 이야기를 나눈다. 특별한 명품에 대해 남다른 애착이 있다 보면 그 애착을 끊기 어렵다는 사실은 많은 사람들이 인정한다. 시간이 흐를수록 상당 수준의 지식이 쌓이게 된다. 왜 그럴까? 그 이유는 다른 사람들보다 자기가 원하는 것을 더 적극적으로 추구했기 때문이다. 그 결과는 무엇일까? 누구보다도 빨리 최고의 포도주를 가장 좋은 가격에 찾아낼 수 있게 된다.

세계 최고의 인재를 감별하는 재주를 지닌 친구 두 명이 있다. 샌디에이고 파드리스(San Diego Padres)라는 야구팀의 케빈 타워스(Kevin Towers)와 브루스 보치(Bruce Bochy)다. 케빈은 재능 있는 야구 선수를 스카우트하는 능력이 있고 브루스는 이렇게 스카우트한 선수를 길러내는 능력이 있다. 선수 층은 얇고 연봉은 그저 평균 이하인 상황에서 이 두 남자는 잠을 잘 때나 밥을 먹을 때나 숨을 쉴 때나 항상 어떻게 하면 재능 있는 야구 선수를 발굴할 수 있을까 하는 생각만 한다. 왜 그럴까? 그 이유는 팀의 성공과 그들의 생계가 거기에 달려 있기 때문이다. 유능한 인재를 찾을 때에도 이 사람들과 똑같은 동기가 있어야 한다.

소프트웨어를 개발할 때에는 똑똑한 인재를 찾아야 한다는 사실은 두말할 나위도 없겠지만, SAS는 단지 머리만 좋은 사람을 찾지는 않는다. 열정과 끈기가 있는 사람을 원한다. 수장 고든은 이렇게 말했다.

"머리만 좋은 사람은 장애물에 부딪치면 바로 그만두는 경우가 많다. 안 된다는 생각을 버리고 자기가 할 수 있는 일이라면 뭐든 끈질기게 노력하는 사람을 원한다. 또한 다른 사람을 잘 이해하고 격려하는 마음 넓은 사람이 필요하다."

GSD&M처럼 SAS도 강한 직업윤리 의식을 중요하게 생각한다. 고든은 이렇게 말했다.

"우리 회사는 복지 혜택이 훌륭한 만큼 직원들이 그만큼 열심히 일하기를 기대한다. 그리고 실제로도 우리 직원들은 매우 열심히 일한다. 회사 일이 그들 인생에서 큰 부분을 차지한다."

SAS의 짐 굿나잇은 유능한 인재라면 사족을 못 쓴다고 말해도 지나친 말이 아니다. 고든이 인재를 발굴했는데 회사에 공석이 없을 때에는 우선 굿나잇을 찾아간다. 여러 해 전에 SAS는 노스캐롤라이나 주립대학에서 온 학생 한 명을 인턴사원으로 고용했는데, 그 학생과 함께 일해본 사람들이 모두 그 학생을 똑똑하고 재능 있다고 칭찬을 아끼지 않았다. 고든은 이 학생을 잃고 싶지 않았지만 정규직으로 채용할 만한 자리가 없었다. 그래서 고든은 혹시 우연히 굿나잇과 마주치게 되지 않을까 하는 바람으로 이 재능 있는 인턴을 점심식사에 초대했고, 운 좋게도 샐러드바에서 이 두 사람이 만나게 되었다. 고든은 그 당시를 이렇게 회상했다.

"그 학생을 굿나잇에게 소개하면서 참 능력 있는 아가씨인데 안타깝게도 회사에 공석이 없다고 말을 해주었다. 굿나잇이 그 아가씨와 이야기를 좀 나누어보더니 걱정 말고 채용 서류를 작성해오면 자기가 서명을 해주겠다고 말을 했다."

그러면서 실은 그 수법을 여러 번 써먹은 적이 있다고 고백했다.

"굿나잇도 그 인재를 직접 보면 얼마나 총명한지 알 수 있을 거라고 생각했다. 굿나잇 역시 그런 인재를 잃고 싶지 않아 했다."

고든은 굿나잇이 만든 소프트웨어에 고쳐야 할 부분이 있다는 점을 지적한 유난히 똑똑한 인턴 한 명에 대한 이야기도 해주었다. 다음번에 고든이 굿나잇을 만났을 때 그 학생에 대한 이야기를 했다. 결국 그 학생은 굿나잇과 자리를 함께 하게 되었고 대화를 나눈 뒤 굿나잇은 그 인턴에게 정규직 자리를 주었다.

이와 비슷한 이야기를 SAS에서 여러 차례 들은 바 있다. 재능 있는 직원이야말로 SAS가 가진 가장 큰 경쟁 무기이고 이런 인재를 데려오기 위해서라면 뭐든 할 준비가 되어 있다는 내용이었다. SAS는 인재를 중시하는 조직문화를 키우고 보호하기 위해 열과 성을 다하고 있다.

직원이 모두 채용과정에 참여한다

SAS, GSD&M, 플래닛 혼다, USAA, 셈코 같은 곳에서는 직원 모두가 채용과정에서 한몫을 한다. 결국 채용 목적은 공석을 채우는 것만이 아니라 재능 있는 인재들로 구성된 공동체를 형성하는 것이다. 수장 고든은 이력서 더미를 뒤져 어떤 직책에 가장 적격일 것 같은 지원자 한 명을 부른 적이 있었다고 한다. 스콧 반 발켄버그라는 사람이었다. 바로 연락이 되었고 두 사람은 전화로 한 시간 이상 이야기를 나누었다. 직접 만나 면접까지 하고 부서에서도 면접을 해본 뒤 모두 스콧이 적임자라는 사실에 동의했다. 고든은 만족했고 스콧을 데리고 사장을 만나러 갔다. 그런데 갑자기 청천벽력 같은 일이 벌어졌다. 고든은 말을 들어

보면 이렇다.

"사장이 스콧과 이야기한 뒤에 내게 전화를 해서 '뛰어난 사람이다. 참 잘 찾아냈다. 하지만 지금 염두에 두고 있는 자리 말고 다른 직책에 더 적합한 사람일 것 같다'라고 했다. 내심 실망스러웠지만 사장이 제안한 자리가 스콧의 경력에 딱 맞았기 때문에 괜찮다고 생각했다. 어쨌거나 스콧을 SAS 직원으로 둘 수는 있게 되었다. SAS에서 중요하게 생각하는 것이 바로 이 점이다. 해당 부서에만 신경을 쓰는 것이 아니라 SAS 전체에 가장 좋은 결정이 무엇인가를 염두에 둔다는 점이다."

반역자, 혁명가를 채용하라

고객이 점점 더 나은 서비스를 요구하는 초고속 인터넷 속도로 움직이는 세계에서 혁신은 생존의 필수 요소이다. 문제는 이런 과제를 해결하기 위해 우리에게 필요한 창의적인 사람은 제멋대로이고 감성적이며 변덕스럽고 예측할 수 없는 인물이라는 점이다. 이런 사람은 고용하기를 꺼릴 수도 있지만, 옛 습관을 바꾸고 관료주의의 사슬을 끊고 이제 먹혀들지 않는 낡은 생각을 떨치려면 위험을 무릅쓸 줄 아는 결단력 있는 인재가 필요하다. 대부분의 회사에서는 '하던 대로' 하면 된다는 생각이 엄청난 장애물로 자리 잡고 있다. 당신의 회사를 혁신적으로 바꾸고 싶다면 새로운 혁명가를 불러들일 필요가 있다. 독특하고 열정적이고 '정신 나간' 생각이 머리에 꽉 차 있는 사람은 자기 목표를 향해 돌진할 줄 안다.

세계 역사상 위대한 혁명가 중에는 불경스럽고 조급하고 파괴적이며 광기 있는 반동 세력으로 간주된 사람이 많았다. 흔히 하는 말로 이런 사람들이 없었다면 사회적, 정신적, 정치적, 경제적으로 어떻게 지금의 위치까지 올 수 있었겠는가? 그런데도 이런 사람들을 직원으로 둔다는 것이 너무 위험하게 느껴질 때가 많다.

자기와 다른 사람을 채용하려면 배짱이 있어야 한다. 대부분은 자기가 지닌 틀에서 벗어나지 않는 사람만 채용하려는 경향이 있다. 그렇게 해야 마음이 편하고 관계에서 발생할 수 있는 온갖 종류의 문제와 어려움을 피할 수 있기 때문이다. 그러나 자기가 지닌 틀에 맞는 사람만 고용하다 보면 단절되고 폐쇄적인 회사를 만들게 된다. 그리고 무엇보다 중요한 것은 막강한 경쟁사가 보유하고 있는 인재를 얻지 못하게 된다는 점이다. 신선한 시각, 새로운 아이디어, 더 나은 작업 방식, 혁신적인 변화가 있어야만 경쟁에서 살아남을 수 있다.

우리가 하는 말을 오해하지는 마라. 물론 조직문화에 적응할 수 있는 사람을 채용해야 하는 것은 기정사실이다. 반드시 그렇게 해야만 한다. 그러나 통일성과 획일성을 혼동하지 않도록 주의하라. 통일성 있는 조직문화는 '차이'도 인정할 수 있는 포용력이 있어야 한다. 플래닛 혼다는 15개 언어를 구사할 줄 아는 다양한 직원을 보유하고 있지만 이들은 모두 하나의 조직문화 속에 단결되어 있다. GSD&M의 아이디어 시티에서 일하는 직원들은 나이, 민족, 성격, 정치적 신념 등이 모두 다르지만 목적 있는 브랜드를 구축하는 데 온 힘을 기울인다는 점에서 단결력을 보여주고 있으며, 이들의 헌신적인 노력이 회사가 발전하는 원동력이 되고 있다. 모두 올바른 대의명분과 신념 속에 하나로 뭉쳐져 자신의 창의력을 발휘하고 있다. 모든 직원이 다 똑같은 모습을 하는 획일적인 조직문화는 혁신을 억누른다.

반항적이고 기존의 규칙을 깨려는 사람들은 혼란과 혼돈을 일으킬 수 있지만, 한편으로는 정열의 불길을 태우고 창의력의 물살을 휘젓는 역할도 한다. 이런 사람들이 생동감, 적극성, 모험심을 조직에 가져와서 다른 직원들이 더 훌륭한 성과를 얻게 해준다. 회사측에서 생각해 보아야 할 문제는 혁신을 향한 정열이 우리와 다른 사람들을 고용하는 데 대한 두려움과 불안을 이길 수 있을 것인가 하는 점이다.

자유는 책임과 함께한다

셈코는 운영 방식에서 가히 업계의 이단아라 할 만하다. 그렇다면 리카르도 셈러가 거둔 성공 비결은 무엇일까? 그것은 바로 어른답게 행동하는 사람들을 채용해서 이들에게 자기 일을 자기 의지대로 처리할 수 있는 자유를 과감하게 주는 것이다. 셈러는 그의 저서 《7일간의 주말(*The Seven-Day Weekend*)》에서 이렇게 말했다.

"회사에 다니는 사람들이 쓰는 시간에서 20~30% 정도는 기숙학교에서나 신경 쓰는 일에 들어간다. 즉 언제 출근하고 직책은 무엇이며 연봉은 얼마이고 누구와 이야기할 수 있으며 무슨 이야기를 나누는가 하는 점이다. 이는 상당히 많은 시간이다. 우리는 직원들에게 자유를 부여하고자 한다."

권한을 주고 신뢰하는 환경에서 동료간의 압력은 모든 직원이 최고의 능력을 발휘할 수 있게 해준다. 셈러는 이렇게 설명했다.

"이는 마치 자유시장과 같다. 직원들은 자기 능력을 회사에 바치고 우리는 직원들이 자기 이익을 추구하는 과정에서 회사도 발전할 수 있는 방법을 모색한다. 다만 직원들은 스스로 절제할 수 있는 능력이 있어야 한다."

오후에 낮잠을 즐길 수 있도록 그물 침대를 설치한 사무실을 다른 회사에서는 거의 찾아볼 수 없겠지만 그렇다고 해서 셈코가 언뜻 들리는 것만큼 직원들이 태평하게 노닐 수 있는 회사는 아니다. 제대로 성과를 올리지 못하는 직원은 살아남기 어렵다. 셈코에서 일을 계속하려면 간부진에게 6개월마다 유능한 사원으로 선발되어야 한다. 그러므로 계속해서 자기 업적을 갱신하고 회사에서 자기 브랜드를 구축해야 한다. 가치를 창출하는 직원은 '상향 조정' 되지만 그렇지 못한 직원은 회사를 나가야 한다. 셈러는 '자유란 쉽게 얻을 수 있는 것이 아니다. 자유가 주어진다고 해서 인생이 편해지는 것이 아니라 어려운 선택을 해야 하는 책임이 주어지는 것이다' 라고 한다.

올바른 태도를 가진 사람들만이 자기 규율이 상부의 명령이나 통제를 대신하는 조직문화에서 성공할 수 있다. 예를 들어 높은 직책에서 승인하기만을 바라거나 단지 남을 기쁘게 하기 위해서 열심히 일하거나 좀처럼 자기가 나서서 책임을 지지 않으려는 사람은 셈코에서 살아남기 어렵다. 셈코는 자신의 느낌을 믿는(배짱 있는) 사람들을 고용하고 권위란 오로지 자기 자신에게서만 나온다고 생각한다. 살아남을 수 있느냐 없느냐는 다른 사람들 손에 달린 것이 아니라 자기 손에 달려 있다. 직원들이 회사를 자기 회사처럼 생각하면 회사의 운명도 마땅히 자기가 책임지게 마련이다.

기존 회사들은 전략을 세우고 시각이 더 넓은 사람들만이 믿을 수 있는 지시를 내린다고 생각한다. 물론 이런 사람들이 권력과 통제력을 가지기는 한다. 그 결과 회사에 가치 있는 기여를 하는 것이 아니라 줄을 잘 잡아서 윗자리로 올라가는 것이 바로 성공이 된다. 이런 사고방식이라면 직원들을 단단히 통제하지 않으면 회사의 이익에 어긋나는 행동을 하게 될 것이라고 생각하게 된다. 그러다 보니 엄격한 명령과 통제 체제를 구축할 수밖에 없다. 하지만 조심해야 할 것은 이런 체제를 구축하다가는 생명력 없는 죽은 회사를 만들게 될 수 있다는 점이다.

리카르도 셈러의 남다른 경영 방식은 남다른 세계관에서 나온다. 셈러는 원래 사람이란 자기 이익을 추구하다 보면 책임 있는 행동을 하게 마련이고, 이를 통해 회사의 이익도 추구할 수 있다고 생각한다. 직원들이 하고 싶은 일에 최선을 다하도록 장려한다. 자기가 옳다고 믿고 즐거워하는 일을 하다 보면 다른 어느 누가 명령을 내렸을 때보다도 더 강한 자제력을 스스로 발휘한다. 셈러는 직원들에게 자기가 하고 싶은 일을 할 자유가 주어지면 실패보다 성공을 훨씬 더 많이 이룰 것이라고 믿는다. 게다가 흥이 나서 일을 하다 보면 돈도 벌게 돼 있다.

셈코는 열정, 에너지, 흥분이 살아 있는 회사이다. 자기 자신을 표현하기를 두려워하지 않는 사람을 찾아서 채용하기 때문이다. 이런 혁신적인 조직문화에서 성공하려면 위험을 무릅쓰고 정직하게 말할 수 있는 용기를 가져야 하고 자신의 입장을 다른 사람들에게 분명히 전달해야 한다. 직책이나 직위가 아니라 훌륭한 아이디어를 내고 건설적인 토론을 하고 동료들과 솔직한 대화를 나눔으로써 영향력과 힘을 얻는다. 표현의 자유가 없다면 경쟁 우위도 없는 지루하고 딱딱한 회색빛 관료주의가 팽배하게 된다. 셈러는 '직함, 경계, 제한 따위를 포기하기만 하면 대규모 조직이라도 굳이 명령을 내리지 않고 쉽게 변화시킬 수 있다'라고 한다.

이런 '정신 나간' 경영을 실천하는 사람이 셈러 한 사람만은 아니다. 홀 푸드의 경우 채용은 순전히 담당 부서의 소관 사항이다. 상점 운영자들이 지원자를 심사하고 특정 부서에 자리를 추천한다. 그러면 그 부서가 신입 직원을 선발할 독립적 권한을 갖는다. 보통 30일 정도 되는 시험 기간을 거치고 부서 직원들의 3분의 2 이상이 찬성을 해야 지원자가 공식적으로 채용된다.

이런 동료 채용 과정이 홀 푸드에게는 매우 긍정적인 효과를 주었다. 눈에 보이지 않는 상층부에서 모든 지휘를 내리는 것이 아니라 일반 직원에게도 권한을 부여하여 직원들이 회사 생활에 대한 통제권을 가지게 했기 때문이다. 간부진들은 지원자가 탈락되었다는 보고를 들어도 결코 놀라지 않는다. 오히려 그 반대로 이를 직원이 회사 일에 최선을 다하고 있다는 증거로 받아들인다. 최고경영자 존 매케이는 이렇게 말했다.

"어떤 부서에서 누군가에게 '아니오' 라고 말할 수 있다면 그만큼 자기 자신들끼리는 '예' 라고 말할 수 있다는 뜻이다. 우리에게는 높은 기준이 있고 그 기준에 부합하지 않는 사람은 받아들이지 않으려는 것이다. 이렇게 되면 직원 사이에 주인정신이 한층 고양된다."

셈코처럼 홀 푸드도 부서 직원이 유능한 지원자만을 선발하게 만드는 중요한 인센티브를 제공한다. 그 인센티브란 바로 자신들의 수익이다. 홀 푸드의 이익 배당 프로그램에 따르면 보너스 지급이 부서의 성과와 밀접한 관련이 있다. 제대로 일할 줄 모르는 사람을 부서에 받아들이면 나중에 받게 될 보너스가 줄어들 수도 있다. 이만하면 기존의 경영 방식을 과감히 깨는 혁신적인 마인드라고 할 수 있지 않은가?

신입 직원을 인정하라

　　　　　유능한 인재가 회사에 입사했을 때 어떤 정보를 이들에게 제공하는가? 신입 직원은 자신이 옳은 결정을 내렸는지 알고 싶어 한다. 또한 회사에서 자기에게 기대하는 것이 무엇인지, 회사에 잘 적응하려면 어떤 일을 해야 하는지도 알고 싶어 한다. 현명한 회사에서는 신입 직원의 걱정을 덜어주기 위해 즉각적으로 이들이 궁금해하는 바를 충족시켜준다. 우선 무엇보다도 신입 직원이 온 것을 환영해야 한다. 이 과정을 빠뜨리면 다시는 좋은 첫인상을 심어줄 기회가 오지 않을 것이다.

　플래닛 혼다의 신입 직원에 대한 대우는 이들이 환영받고 있으며 유능하고 회사의 영업 방식을 가능한 한 빨리 익힐 수 있으리라는 자신감을 갖게 해주는 데서 출발한다. '지식이 자신감을 낳고 자신감은 열정을 낳으며 열정에서 사업 성공이 이루어진다'라는 플래닛 혼다의 신조를 보면 회사가 직원들에게 기대하는 것이 무엇이며 어떻게 적응해야 할지를 단번에 알 수 있다. 시아술리는 직원 교육을 매우 중요하게 생각한다. 그래서 모든 신입 직원은 '플래닛 101'이라는 오리엔테이션에 참여한다. 이 프로그램에는 각 부서 순례, 회사의 조직문화와 성격에 대한 깊이 있는 설명, 플래닛 혼다의 조직문화, 업무 처리 과정, 절차 등을 익힐 수 있는 2주간의 집중 교육 등이 포함되어 있다. 예를 들어 영업부 직원 교육에는 플래닛 혼다에서 채택하고 있는 자동차 판매 방법을 설명하고 보여주는 프로그램이 있다. 그 다음에는 신입 직원들이 배운 것을 직접 시연하고 이를 비디오로 녹화한다. 이는 매우 효과적인 방법이다. 나중에 녹화한 비디오를 재생해보면 자기가 어떤 부분에서 취약했는지 알 수 있다. 예를 들어 말을 너무 빨리 하다가 중간 단계를 빼먹는 것도 녹화된 테이프를 보면서 확인할 수 있다.

시아술리는 모든 영업직원이 판매 계약을 처음부터 끝까지 완수할 수 있기를 바란다. 즉 직원들이 자동차를 구매하도록 설득하고 지불 계산을 빠르게 처리하며 제품을 속속들이 설명할 수 있기를 바라는 것이다. 당연한 얘기처럼 들리겠지만 이 정도 수준의 교육을 신입 직원에게 실시하는 회사는 업계에서 전무후무하다. 이런 교육이 효과를 보는 이유는 충분한 지식을 지닌 직원에게서는 자신감이 뿜어져 나와 고객의 신뢰를 살 수 있기 때문이다.

오하이오 주 더블린에 본사를 둔 카펫 세탁업체 스탠리 스티머에서는 신입 직원을 뽑자마자 교육이나 오리엔테이션을 시키지 않는다. 그 대신 환영회를 거창하게 열어준다. 1947년에 설립된 이 회사는 집안 바닥 전체를 카펫으로 까는 것이 처음 유행하던 때에 사업을 시작해서 지금은 230개가 넘는 체인점을 운영하는 대규모 회사로 성장했다.

스탠리 스티머의 배짱 있는 리더 필 딘은 직원 채용에 확실한 태도를 보여주었다. 그는 이렇게 말한다.

"우리 회사는 로켓 연구원을 뽑는 회사가 아니다. 카펫 세탁 방법을 배우는 것은 그다지 어려운 일이 아니다. 그렇지만 이들에게도 자기 자신과 가족을 위한 꿈이 있다. 나는 우리 회사가 그 꿈을 실현시켜주는 회사라는 점을 알려주고 싶다."

이 회사는 고등학교를 갓 졸업한 남성을 주로 채용한다. 이들의 머릿속은 사춘기에 경험한 '잡동사니' 같은 생각으로 꽉 차 있다고 필 딘은 생각한다. 학업 성적 부진, 친구들의 대학 진학, 미식축구 팀에 들어가지 못한 것, 연애 실패, 젊은 나이에 신입 직원으로 입사할 수밖에 없었던 상황 등이 그들이 머릿속을 채우고 있다. 자기들이 인생 실패자라고 느끼는 것도 어찌 보면 당연한 일이다. 딘은 말한다.

"우리 회사의 오리엔테이션 담당 교사는 물론 카펫 세탁 방법도 가르치지만 그보다 중요하게 가르치는 것은 이들도 인생에서 성공할 수 있다는 믿음을 심어주는 것이다. 직업 적성보다는 태도를 기르는 데 더 중점을 둔다."

스탠리에서는 모든 신입 직원에게 '패스포트를 나누어주는데, 이 패스포트에는 직원들이 직접 만나서 회사 일을 의논해야 하는 고위직 간부 여덟 명의 이름이 적혀 있다. 한 명씩 만날 때마다 간부들이 패스포트에 사인을 한다. 이런 제도를 실시하는 목적은 직원들에게 그들이 고위직 간부들도 시간과 주의를 투자할 만한 가치가 있는 존재임을 알려주는 데 있다. 그리고 동시에 모든 직원이 회사에게 중요한 존재임을 느끼게 하기 위해 고위직 간부들도 최선의 노력을 다하고 있음을 일깨워주는 목적도 있다.

입사하고 첫 한 달이 지나면 신입 직원은 서너 명씩 모여서 딘과 그의 부인과 함께 6시간을 보낸다. 처음 두 시간은 모든 직원의 가치관, 목표, 꿈에 대해 폭넓은 토론을 한다. 딘의 가족은 모든 직원이 속마음을 털어놓을 수 있을 만큼 안락하고 편안한 분위기를 만들고자 노력한다. 그리고 나서 잡지 한 무더기, 풀, 가위, 대형 마분지를 가지고 와서 딘의 가족을 포함한 전원이 '꿈 게시판'을 만든다. 잡지에서 오려낸 사진으로 만들어진 콜라주를 통해 각 개인의 목표, 희망, 심지어 실현하지 못한 바람까지 표현한다. 랩 가수가 되어 롤스로이스를 몰고 다니는 모습, 나무 숲 사이에 자리 잡은 안락한 오두막집, 장애아를 돌보는 교사 등이 그려지기도 한다. 이 게시판은 각 직원의 사물함 문에 딱 맞는 크기로 만들어져서 사물함 문을 열 때마다 스탠리 스티머라는 회사가 자신의 꿈을 실현시켜줄 수 있는 곳임을 일깨워준다. 작업이 끝나면 딘 가족은 스탠리 스티머가 어떻게 직원의 꿈을 실현시키는 데 도움을 줄 수 있을지에 대해 네 시간 정도 대화를 나눈다.

이 꿈 게시판은 상당한 심리적 통찰(생각하는 대로 된다)을 제공하며 스탠리 스티머가 직원을 얼마나 깊이 생각하는지를 보여준다. 이것은 당신 회사에서도 효과를 거둘 수 있는 방법이다. 그러나 그 전에 딘 가족만큼 직원을 마음 깊이 아끼는 마음부터 가져야 한다.

생각해볼 것이 많은가? 물론 그럴 것이다. 그러나 직원 채용 개념을 이런 식으로 바꾸고 싶다면 이 점 한 가지는 분명히 명심해야 한다. 함량 미달인 사람은 채용하지 마라. 그리고 다른 직원들의 성실성, 에너지, 생산성을 증대시킬 수 있는 능력과 열정을 가진 사람을 채용해라. 분명 그에 상당하는 이득을 얻을 것이다. 그래야만 기존 틀에 박힌 경영 방식에서 탈피할 수 있을 것이다.

✔ 준비, 조준, 발사 : 채용 과정에서 밟아야 할 첫 단계는 신입 직원에게 바라는 능력과 태도가 무엇인지 분명히 밝히는 것이다. 물론 그 직원이 맡게 될 구체적인 직무가 무엇인지도 알아야겠지만 조직문화를 내부에서부터 수립하거나 향상시키는 데 도움이 될 수 있는 성격은 어떤 것인지도 분명히 할 필요가 있다. 유능하지만 스타일이나 성격이 회사의 가치관과 충돌하는 직원을 채용하는 것은 실수이다. 이와 마찬가지로 성격은 '완벽'하지만 능력이 못 미치는 직원을 채용하는 것도 실수이다.

✔ 인재 확보를 전략적 우선 과제로 삼아라 : GSD&M과 GE에서처럼 직원 채용을 전략 수준으로 끌어올려라. 직원을 모집하고 세계 최고 수준의 인재를 유지하는 데 간부진도 적극 관여해야 한다. 잭 웰치는 GE의 사장 직책을 맡고 있는 동안 누구라도 부러워할 만한 보좌관을 거느리고 있었다. GE의 최고위 500개 직책을 맡을 인재를 모집하고 채용하는 과정에 깊이 관여하기도 했다. 웰치 후임으로 제프 이멜트(Jeff Immelt)가 선출되자 그 바로 아래 직책을 맡았던 두 명의 간부는 즉시 IBM과 홈데포 (Home Depot)의 최고경영자 자리를 제안받았다.

간부들끼리 모여서 가장 바람직한 직원 모집과 채용 방법이 어떤 것일지 논의하는 자리를 일 년에 두 번 가져라. 직원 모집 프로그램과 직원 유지 비율 사이의 관계도 알아보라. 경영자 '보좌관'의 능력을 평가하고 성과에 따른 보상은 어떻게 이루어지는지도 점검해보라.

✔ 프로필을 개발하라 : 최고의 직원을 채용하려면 어떤 직원이 우수한 직원인지를 파악해야 한다. 우선 현재 보유하고 있는 직원 가운데 어떤 직원이 우수한지 알아보고 그들의 고객, 동료, 상사에게 무엇이 이들을 그처럼 성공적이고 함께 일하기 편한 직원으로 만들어주는지 물어보라. 어떻게 동료들의 발전을 도와주고 좋은 관계를 유지하며

고객이 필요로 하는 바를 충족시켜주고 성과를 올리는지 알아보라. 그들의 능력이나 경력 외에 유머 감각, 위급한 상황에서의 침착성, 목적의식과 열성, 자신감 등의 요소도 따져보라. 이 과정에 신입 직원이 합류할 부서도 반드시 참여하게 하라. 신입 직원에게서 바라는 게 무엇인지 들어볼 필요가 있다.

여기서 얻은 지식을 바탕으로 우수 직원에게는 어떤 특성이 있는지를 명확히 밝혀주는 프로필을 작성하라. 입사 지원자가 조직에 잘 적응할 수 있고 적극적이면서도 긍정적인 마인드를 지닌 사람인지 알아보려면 면접 때 어떤 질문을 해야 할지 적어보라. 당신이 원하는 직원의 자세를 확실히 인식하고 이에 못 미치는 지원자는 선발하지 마라.

✔ 무엇을 알고 있느냐보다는 어떤 사람이냐가 중요하다 : 어떤 사람과 함께 일하고 싶은가? 물론 아는 것도 많아야겠지만 그보다는 어떤 사람이냐가 중요하다. 사람됨도 바뀔 수 있다고는 절대 생각지 마라. 조직과 방법론에 대해 가르쳐줄 수는 있지만 협동하는 자세와 조직문화에 적응하는 방법까지 가르쳐줄 수는 없다.

✔ 목적의식이 있는 사람을 채용하라 : 로이 스펜스와 팀 시아슐리에게서 얻을 수 있는 교훈은 자기가 하는 일로써 조직에 긍정적인 변화를 주려 하는 사람을 찾으라는 것이다. 이력서로 보아 '너무나 완벽한' 사람은 여태까지 해오던 대로 일을 하려는 관성이 붙은 사람일 수도 있다. 계속해서 혁신을 추구하는 회사라면 이런 사람은 적합하지 않다. 당신 회사에 적합한 사람은 능력, 용기, 상상력, 꿈, 에너지, 열정을 모두 갖춘 사람이다. 토대는 뛰어오르라고 만들어진 것이지 그 위에 주저앉아 쉬라고 있는 것이 아니다.

✔ 남다른 인물을 채용하라 : 늘 똑같은 마인드로 생각하고 행동하고 문제에 접근하는 사람은 결국 조직을 무기력하게 만드는 획일적인 분위기를 양성하게 마련이다. 그렇게 되면 상황이나 환경이 변했을 때 회사는 빠르게 효과적으로 대응할 수 없다. 개방적인 사고를 할 줄 알면서도 재미있고 자발적이며 위험을 무릅쓸 줄 아는 배짱이 있는 사람을 찾아라. 이런 사람만이 어려운 상황이 닥치더라도 한계를 뛰어넘을 수 있다.

✓ **열정이 있는 사람인지 확인해보아라** : 이력서에 공간이 있다고 해서 무능한 사람일 거라고 생각하지 마라. 사실 이것은 독립적인 사고를 할 줄 아는 사람이라는 증거일 수도 있다. 게다가 정해진 길만 걸어온 사람을 채용하는 것은 그다지 바람직하지 않다. 면접 때에는 누구나 좋은 행동만 보여주기 때문에 그 사람에게 열정이 있는지를 알아보려면 과거 성과, 선택, 열정, 취미 등에 대해 자유롭게 이야기하도록 하는 게 좋다. 말의 내용뿐만 아니라 어조나 열성까지도 살펴보라.

회사마다 필요에 따라 면접 때 할 질문을 만들어놓았겠지만 여기 지원자의 생각이나 태도를 살펴볼 수 있는 질문의 예를 몇 가지 적어보겠다.

- 가장 최근에 고객을 도우려고 규칙을 깼던 적은 언제인가?
- 고객의 필요를 충족시키기 위해 관행을 바꾸었던 경험이 있으면 말해보라.
- 긴장된 분위기를 부드럽게 하려고 유머를 사용한 적이 있는가? 언제 어떻게 했는가?
- 보답을 바라지 않으면서 자기 일도 아닌 일을 해서 동료를 도와준 적이 있었는가? 언제 어떻게 그랬는가?
- 가장 최근에 뭔가 새로운 것을 시도한 적은 언제였는가? 가장 최근에 자청해서 책임을 맡은 적은 언제였는가?
- 가장 최근에 자기가 한 일에 피드백을 요청한 적은 언제였는가?
- 최근에 부정적인 피드백을 받은 적이 있었는가? 그 피드백에 동의했는가? 어떻게 대처했는가?
- 지난 3주 동안 회사의 가치를 높여줄 수 있는 방법을 배웠는가?
- 여러 사람과 공동 작업을 해서 혼자 일하는 것보다 더 나은 결과를 얻었던 경험을 말해보라.

✓ **당신이 못하는 일을 잘 하는 사람을 고용하라** : 배짱 있는 리더는 자신의 약점을 잘 알고 이를 보충할 수 있는 사람을 채용한다. 샌디에이고 파드리스 팀의 경우 구원 투수가 부족하다면 유능한 구원 투수를 새로 스카우트한다. 점수가 잘 나지

않은 시즌에는 홈런 타자를 찾아 나선다. 장점을 살리는 동시에 약점도 보완할 수 있는 채용 방법을 모색해야 한다. 배짱 있는 리더는 자기 자존심은 접어둘 줄 안다. 자신의 약점이 무엇인지 파악하고 자기에게 없는 장점을 지닌 사람을 주위에 두기를 두려워하지 않는다.

✓ **어디에서든 인재 확보 경쟁에서 승리하라** : 적절한 교육과 격려만 있으면 누구라도 뛰어난 성과를 낼 수 있다고 믿고 싶겠지만, 사실은 정말 유능한 직원 한 명이 별 볼일 없는 직원 열두 명 몫을 하는 것이 현실이다. 《좋은 기업을 넘어 위대한 기업으로(Good to Great)》의 저자 짐 콜린스(Jim Collins)는 좋은 기업과 위대한 기업 사이의 단 한 가지 차이는 직원의 능력이라고 했다. 배짱 있는 리더에게 훌륭한 인재를 찾아 채용하는 것보다 더 중요한 일은 없다.

✓ **공석이 생기면 기발한 방법으로 광고하라** : 구인 광고는 당신이 찾고 있는 구체적인 능력과 자세를 정확히 전달할 수 있도록 만들어야 한다. 창의력과 적극성과 열정을 갖춘 사람을 고용하려고 한다면 당신의 광고도 그런 메시지를 전달해야 한다. 이 점에서는 사우스웨스트 항공만큼 뛰어난 회사가 없다. 이 회사의 구인 광고에는 한 어린아이가 낙서를 하고 있는데 선생님이 와서 '브라이언, 선(line) 안이 빈 공간(air)이잖니' 라고 나무라는 광고가 있다. 그 아래에는 '브라이언은 일찍부터 사우스웨스트 항공(airline)에서 일할 적성을 보여주고 있습니다' 라는 문구를 넣었다.

라일 로빗(Lyle Lovett)과 닮은 사람이 등장하는 또 다른 광고에는 '사우스웨스트에서는 당신의 머리가 크건 음치이건 상관하지 않습니다. 다만 자기 일을 맡아 그 일을 기쁜 마음으로 하기를 바랄 뿐입니다' 라고 적었다. 이런 광고는 보는 사람들의 주목을 끌고 이들을 미소 짓게 만들며 사우스웨스트가 원하는 종류의 사람에게 어필한다. 당신 회사의 구인 광고도 이런 기능을 하는지 자문해보고 만약 그렇지 않다면 회사의 스타일, 브랜드, 조직문화를 창의적으로 반영하는 광고를 만들도록 노력하라.

✓ **평범한 방법으로만 인재를 찾지 마라** : 배짱을 가지고 두려움을 버려라! 로이 스펜스가 지적했듯이 세계 최고 수준의 인재들은 대부분 이미 누군가에게 고용되

어 있다. 그러니 새롭고 창의적인 수단으로 이들을 사로잡기 위해서는 위험을 무릅쓸 줄 알아야 한다. 여기 몇 가지 방법을 제시하겠다.

- 단지 인재를 찾을 목적으로 회의에 참석하라. 이사회 임원, 프로그램 의장, 이사진 등에게 누가 가장 뛰어난 인재인지 물어보라. 회의의 의제가 무엇인지 살펴보고 연사와 대화를 나누면서 인간관계를 구축하라. 그리고 누가 최고의 인재인지 물어보라. 세미나를 주재하거나 패널 토론의 일원일 경우 누가 자기 의견을 재미있고 명확하게 발표하는지 유심히 지켜보라.
- 잡지를 읽어라. 당신이 속한 분야에 대한 글을 누가 쓰고 중요한 기여를 하는지 알아본 뒤 그들과 이야기를 나누어라. 이야기가 어떻게 흘러갈지는 아무도 모르는 일이다. 잡지 편집자들에게 그들의 주목을 끌었던 사람이 있는지 물어보라.
- 새로운 시각과 견해로 세간의 주목을 끄는 사람들이 등장하는 신문을 읽어라. 라디오나 텔레비전 인터뷰를 접할 때에도 같은 목표로 관찰하라. 누구의 말이 어떤 맥락에서 인용되는지 귀 기울여라. 요점은 혹시 인재가 될 수 있을 만한 사람이 눈에 띄지 않는지 촉각을 곤두세우라는 것이다.
- 이 점을 명심해라. 다음번에 누군가에게서 특별한 서비스를 받으면 명함을 내주면서 더 좋은 기회를 잡고 싶으면 전화하라고 말하라. 인생을 새롭게 바꾸려는 열망이 있는 유능한 인재를 발굴하게 될지도 모른다.
- 모든 신입 직원과 면담을 하라. 업계나 이전 직장에서 활약을 펼쳤던 사람들 이름을 대보게 하라. 과거에 그들에게 깊은 인상을 남겼던 배짱 있는 경영인, 지도자, 조언자 등에 대해서도 물어보라.
- 컨설턴트들의 지식과 경험을 활용하라. 많은 사람들과 일해봤기 때문에 당신이 찾는 인재를 가르쳐줄 수도 있다.
- 인터넷을 활용하라. 인터넷은 자기를 표현하는 새로운 매체이며 상품, 서비스, 심지어 사람들의 평판에 대한 솔직한 이야기를 접할 수 있다. 채팅방에서 나오는 이름에 주목할 필요가 있다.

✓ 모든 직원을 헤드헌터로 만들라 : 갤럽의 연구에 따르면 직장에 마음 맞는

친구를 두고 있는 것이 연봉, 복지 혜택, 승진보다도 애사심을 높이는 데 더 중요한 요소로 작용한다고 한다. 그러니 당신 회사에 잘 '적응' 할 수 있는 친구가 있는지 뛰어난 직원들에게 물어보라. SAS에서 효과를 본 전략이니 당신 회사에서도 효과가 있을지 모른다.

✓ 부서에서 결정하게 하라 : 인사부가 직원 채용 문제를 전담하게 하지 마라. 처음 심사 과정에서는 이 부서의 역할이 크겠지만 최종 결정까지 이곳에서 내리게 해서는 안 된다. SAS의 경우처럼 해당 부서가 결정하게 하라. 또한 신입 직원과 함께 일하게 될 고객 집단에게서도 피드백을 받아라.

✓ 자세를 보고 채용하라 : 스탠리 스티머의 필 딘은 치료되지 않은 암처럼 한 직원의 나쁜 태도는 전체 직원에게 퍼져나간다는 사실을 알고 있다. 제대로 된 사람을 고용하여 이 문제를 피할 수도 있지만 배짱 있는 리더는 내부에서 번져 나오는 파괴적인 영향력으로부터 자기 회사를 보호하는 데 한 치의 양보도 하지 않는다. 개인적인 어려움 때문에 직장 일을 제대로 하지 못하는 사람을 어떻게 해야 할지 고민한 경험이 누구에게나 있을 것이다. 이런 비관적인 태도는 적극성, 열정, 팀워크에 손상을 준다.

✓ 적합한 사람을 고용하라 : 사람들 사이의 '화학 작용' 이 실은 성공의 필수 전제조건이다. 간단히 말해 남들과 잘 어울리는 사람들이 업무 수행도 더 잘 한다. 일을 잘 하는 부서는 업무 성과 이상의 시너지 효과를 창출하는 경우가 거의 대부분이다.

✓ 훌륭한 인재를 모집하고 붙잡아두라 : 훌륭한 인재를 붙잡아두려면 이들이 회사에 만족하게 만들 방법을 찾아야 한다. 배짱 있는 리더는 최고 인재를 대할 때 이들이 항상 다른 회사로부터 스카우트 제의를 받고 있는 것처럼 대우한다. 물론 이러다 보면 연봉도 후하게 주어야겠지만 그보다도 칭찬, 인정, 격려가 더 중요하다. 하버드 경영대학의 로사베스 모스 칸터(Rosabeth Moss Kanter)는 저서에서 '봉급은 직원의 권리이지만 능력 인정은 직원에게 주는 선물이다' 라고 한 적이 있다. 월마트의 샘 월튼(Sam Walton)은 이렇게 말했다.

"뛰어난 리더는 직원의 자존심을 올려주기 위해 남다른 행동을 한다. 직원들이 자기 자신의 능력을 믿을 때 놀라운 성과를 올릴 수 있다."

어떤 방법이 있을까? 성공한 회사는 가장 소중한 인재에게 회사에 머물러야 할 강력한 이유를 끊임없이 제공한다. 승진, 도전해볼 만한 과제, 대중의 인정, 가르침, 간부진과 개인적으로 함께 하는 시간 등이 이에 해당된다. 역설적으로 회사의 스타 플레이어들이 자신의 시장 가치를 끊임없이 높이게 만들어야 한다. 잭 웰치는 자기 직원들을 끊임없이 발전시켜서 항상 GE의 경쟁사들이 스카우트하게 만들기로 유명했다. 그러나 GE와는 달리 대부분의 회사는 유능한 인재가 끊임없이 모여들지 않기 때문에 이미 확보한 인재를 유지하는 데 목표를 두어야 한다. 사우스웨스트 항공은 GE의 방법을 독특하게 변형시켜 각 부서별로 자기 부서의 훌륭한 인재를 다른 부서에서 스카우트하도록 만들게 했다. 내부감사팀 팀장인 알 데이비스(Al Davis)는 부서간 이직률이 50%까지 치솟았다고 말한 적이 있다. 직원들의 시장성을 향상시키면 대부분의 직원은 그 회사를 떠나지 않고 회사를 위해 더 많은 가치를 창출한다.

여기 훌륭한 인재를 모집할 수 있는 방법을 제안하겠다. 우선 팀을 조직하여 직원들을 붙잡아둘 수 있는 25가지 방법을 고안하게 해보라.

1. 부하 직원들이 따르고 싶은 상사를 두고 있는가? 함께 일하기 즐거운 사람들인가? 이들은 다른 사람의 성공을 위해 노력하는가? 자기 직원을 격려하는가? 직원들이 회사에서 소중한 존재임을 일깨워주는 상사인가? 적극적이고 남의 말을 잘 들어주는가? 직원들과의 관계를 개선하기 위해 이들이 할 수 있는 일에는 무엇이 있는가?

2. 귀중한 인재들에게 근사한 프로젝트를 맡겨라. 지금 하는 일이 5년 후에도 기억에 남을 만한 것인가? 직원들이 자기 능력을 향상시키게 만드는 일인가? 당신이 맡긴 프로젝트가 직원들의 시장성을 향상시키는가? 모든 직원이 열성적으로 일하고 싶은 마음이 들도록 프로젝트를 재구성할 수 있는가?

3. 직원들이 회사에 애착을 가지게 해라. 이는 직원들이 한 일을 높이 평가할 때에 가능한 일이다. 직원들의 성과에 대한 보상이나 능력 인정 프로그램

을 만들어놓았는가? 이런 프로그램이 회사를 이끌어가는 가치관을 강화시키는가? 직원들에게 기대하는 구체적인 자세나 행동을 강화시키는가? 직원들이 회사에 얼마나 소중한 존재인지를 보여주는 공식·비공식 이벤트를 만들어라.

4. 직원들이 자신감을 가지도록 도와주어라. 불안감은 사람들이 변화를 두려워하게 만들며 권력 투쟁이나 영역 싸움을 유발할 수 있다. 직원들에게 어려우면서도 의미 있는 과제를 주고 성공하면 보상하되 실패했다고 해서 처벌하지 마라. 위험을 감수했다는 것만으로도 보상 받을 가치가 있다.

5. 회사의 목적, 비전, 가치관을 검토할 방법을 찾아라. 이를 공유하고 포용함으로써 직원들 모두 헌신적으로 일하는 튼튼한 조직문화를 기를 수 있을 것이다.

6. 관료주의를 버려라. 말단 사원이 어떤 생각을 행동에 옮기려면 얼마나 많은 사람의 승인을 받아야 하는가? 위계 구조를 서너 단계가 넘지 않는 선까지 축소하라.

7. 격의 없고 직접적인 의사소통 방법을 만들어라. 굳이 회의를 열거나 정식 보고서를 쓰지 않아도 복도에서 악수 한 번 하는 것으로 어떤 일이 결정될 수 있다면 악수하는 쪽을 택하라.

8. 부족주의를 철폐하라. 직원들에게 다양한 경험의 기회를 제공하라. 그렇게 하면 직원들이 하는 일을 더욱 잘 이해하고 팀워크를 기를 수 있을 것이다.

9. 직원들의 주의 집중을 떨어뜨리는 일을 없애라. 어떤 사소한 일 때문에 정작 중요한 일에 전념하기 어려운지 직원들에게 물어보라. 고객을 위해 가치를 창출하고 회사에 경쟁 우위를 심어주는 데 방해가 되는 요소는 무엇인가?

5장

배짱 있는 리더는
사랑으로 이끈다

Guts!

Guts!

대부분의 직원은 일을 잘 하고 싶어 한다. 다만 차이는 누구 밑에서 일하느냐이다.

대릴 하틀리 레너드

지도자로서 영향력을 행사하는 핵심은 스스로 진실성을 가지는 것이다. 감정에 호소하기 전에 우선 자기 자신을 깊이 돌아보아야 한다. 다른 사람들의 눈물을 자 아내기 전에 당신 먼저 강물 같은 눈물을 흘려야 한다. 다른 이들을 설득하려면 당신 자신에게 신념이 있어야 한다.

윈스턴 처칠

한번 고객은 영원한 고객

뉴욕 주 북부 지방에 진눈깨비가 심하게 몰아쳤을 때 금융 서비스 회사 USAA의 대표 스테파니 발데스(Stephanie Valdez)는 죽기 전 자기 회사의 고객이던 롤리스(Lawless)라는 육군 장교의 나이 지긋한 부인에게서 걸려온 전화를 받았다. 롤리스의 부인은 발데스에게 지금 자기는 몸이 아픈데 약도 없고 게다가 집에 난방도 되지 않아 거의 얼어 죽을 지경이라고 했다. 그런데 남편이 죽기 전에, 자기가 USAA의 보험에 가입되어 있으니 혹시 문제가 생기고 도움을 요청할 곳이 없거든 USAA에 전화하라고 했다며 자기 처지를 설명했다. '남편은 당신이 문제를 처리해줄 거라고 했다' 며 말을 맺었다.

기록을 뒤져본 발데스는 롤리스가 죽은 뒤로 그 보험 상품은 해지된 상태임을 알았다. 하지만 그렇다고 해서 한때 고객이던 사람을 그대로 둘 수 없어서 적십자에 전화를 했다. 그날 오후 롤리스 부인은 약을 얻었고 집에 난방도 다시 들어왔다. 죽은 롤리스는 아내에게 어디에도 도움을 청할 곳이 없을 때는 USAA가 도와줄 것이라고 했고, 발데스는 보험료를 내건 아니건 간에 그 약속을 지키고 싶었다.

다른 대부분의 회사와 달리 USAA는 단지 '보험 계약' 상의 지침만을 준수하라고 직원들을 가르치지 않는다. 이곳 직원들은 고객의 피신처가 되어주기를 원하며 고객들을 '회원'이라고 부른다. 군과 인연이 있는 사람들을 돕는 USAA는 회원에게 변함없이 꾸준한 배려를 해주었다. 지위 고하를 막론하고 모든 직원이 '조국을 위해 그토록 봉사한 사람에게 도움을 베푼다는 것은 우리의 특권이다'라고 생각한다.

이에 대한 군인들의 호응도 대단하다. 이 회사는 소유와 관리 자산으로 660억 달러를 소유하고 있으며 직원 수는 2만 1천 명이 넘는다. 현재 복무 중인 장교 가운데 96%, 장교 임명은 받지 않았지만 복무 중인 군인 44%가 USAA에 가입되어 있다. 그뿐 아니라 우주 비행사를 회원으로 하는 회사도 USAA 하나뿐이다. 틈새시장이라고나 할까?

강연회에 나가서 USAA에 가입한 사람이 몇 명이나 되는지 물어보면 항상 손을 드는 사람들이 있다. 보험사를 바꿀 의향이 있느냐고 물어보면 대답은 언제나 강력한 '아니오'이다. 광고를 거의 하지 않는데도 총수입이 연간 90억 달러에 이르며 영업은 거의 고객들 사이의 입소문으로 이루어진다.

여기서 중요한 질문은 어떤 이유로 USAA가 시장의 95%를 장악하느냐는 점이다. 우선 이 회사는 회원이 필요로 하지 않는 상품은 절대 팔지 않는다. 회원들이 회사를 상대하기가 매우 수월하도록 사업 기술을 활용하고 회원이 기대하는 것 이상의 서비스를 제공한다. 회장 겸 최고경영자 밥 데이비스(Bob Davis)는 그 이유를 USAA가 회원과의 신성한 신뢰를 유지하기 위하여 최선을 다한다는 데서 찾는다. 데이비스는 이렇게 말했다.

"우리 회사와 회원들의 유대 관계는 다른 어느 회사에서도 찾아볼 수 없는 것이다. 나 자신도 베트남 전쟁에 참전했을 때 이 회사의 회원이었는데 보험 문제에 대해서는 전혀 걱정해본 적이 없었다. 무슨 일이 생기면 언제든지 USAA에 전화를 걸면 된다는 믿음이 있었기 때문이다. 마치 결혼 같은 유대감이었다. 가장 중요한 것은 신뢰이며 이를 절대 깨뜨려서는 안 된다. 그런 일이 생긴다면 그걸로 끝이다."

밥 데이비스가 말한 '유대감'이라는 것이 사실은 회원과 전체 군인 가족에 대한 USAA의 사랑이라는 것을 곧 깨달을 수 있었다. 제1차 걸프전이 발발했을 때 USAA는 중동 지역에 파병 나간 회원 목록을 만들었다. 이들이 미국으로 돌아왔을 때 모두에게 편지를 보내어 조국을 위해 수고한 데 대해 USAA가 느끼는 자긍심과 감사를 전달하고 고국에 무사히 돌아온 것에 대해 환영의 뜻을 표했다. 그리고 편지봉투에 중동에 가 있는 동안 지불된 보험료 전액을 환불한 금액을 동봉하면서 '그 사이에 차를 많이 몰고 다니지는 않으셨으리라 생각합니다'라는 말을 적어넣었다.

어떻게 이런 회사가 생겨났을까? USAA는 1922년, 미군 장교 스물여섯 명이 텍사스 주 샌안토니오에 있는 호텔에서 만나 함께 자동차 보험 회사를 차리면서 시작되었다. 군인들은 여러 곳을 옮겨 다니기 때문에 대부분의 자동차 보험 회사에서는 이들을 '유랑자'로 분류했고, 보험 가입을 받아주지 않았다. 회사 설립 2년 만인 1924년에는 해군 장교까지 받아들였고 이때 회사명을 USAA라고 지었다.

회원수가 늘면서 USAA는 재산과 상해보험, 생명보험 등 거의 모든 종류의 보험 서비스를 제공하게 되었다. 지금은 은행업, 어음 할인 중

개, 자산 관리, 뮤추얼 펀드, 부동산 투자, 퇴직 연금, 투자 설계 등 전반적인 금융 서비스를 모두 제공하고 있다. 금융업 외에도 500만 명에 이르는 회원을 활용하여 할인 구매 프로그램과 우편 주문 카탈로그 사업 등을 펼치고 있으며, 장거리 전화 사업과 신용카드 사업까지도 겸하고 있다.

설립 이래 지금까지 USAA는 신기술 도입의 선구자 역할을 했다. 우편 신청이 아닌 무료 전화번호를 도입한 최초의 보험회사였으며, 1980년대 말에는 광학 시스템을 활용하여 전산 작업 일부를 자동화했다. 그리고 몇 년 뒤에는 첨단 스크린 전화기를 도입하여 홈뱅킹 시스템을 구축했다.

대부분의 회사가 그러했듯이 USAA도 2000년도가 도래할 무렵 불어닥친 경기 침체 여파로 투자 수입이 급감했다. 2000년에는 회사 설립 이래 처음으로 직원을 해고해야 했으며 2002년도 순수익 5억 달러는 전년도보다 줄어든 액수였다. 그러나 USAA의 주요 자산이라 할 수 있는 회원수는 줄어들지 않았으며, 2010년경에는 현재의 두 배까지 증가할 것으로 내다보고 있다.

사랑을 표현하고 진심으로 배려하라

　　　　　　어떤 분야에서는 사랑이라는 개념이 냉철하지
못한 마인드로 인식된다. 간호사, 의사, 사회사업가, 교사 등의 직종에
나 어울릴 법한 무정형 개념이라고 생각하는 것이다. 이런 견해를 따르
자면 물론 사랑은 대규모 사업체에는 어울리지 않는다. 하지만 우리의
생각은 다르다. 인간에게는 선천적으로 사랑받고 보호받고 싶은 욕망
이 내재되어 있다. 직장이라고 해서 그런 선천적인 욕망을 무시할 이유
는 무엇이란 말인가? 사실 직원들의 심리적 또는 감정적 욕구를 인정하
지 않는 환경에서 직원들이 제 기능을 효율적으로 해내기를 기대한다
는 것 자체가 무리일지도 모른다.

　이런 생각은 직원뿐 아니라 고객에게도 적용될 수 있다. 직원들은 자
신들을 물건화(物件化)된 시장의 상품으로 보기보다는 개별 인격체로서
존중하는 회사에서 일하고 싶어 한다. 그렇게 직원을 아끼고 보살펴주
는, 사랑이 숨쉬는 회사가 있다고 생각한다. 물론 당신 회사를 사회사

업 단체로 만들라는 뜻은 아니다. 다만 회사의 귀중한 자산인 직원들에 대해 인간적인 연민과 배려를 할 줄 알아야 한다는 뜻이다.

우리 회사 프라이버그스 닷컴(Freibergs.com)의 마케팅 부장 트리시 더호(Trish Derho)는 이런 말을 한 적이 있다.

"저는 사랑받을 때 일을 더 잘 한답니다. 한번 시험해보세요!"

우리 모두 이 말을 한번 시험해봐야 하지 않을까? 사람들은 자기가 사랑받는다고 느낄 때 이전과는 다르게, 덜 방어적으로 행동한다.

직원들은 두려움이 아닌 사랑으로 이끌어질 때 더 융통성 있고 책임 감 있게 행동하려 한다. 고객은 회사의 대표라 할 수 있는 직원들이 진 심으로 자신을 배려할 때 그 회사를 신뢰하게 된다.

그렇다면 왜 그렇게 많은 리더들이 직장에서 사랑을 표현하고 진심 으로 배려하기를 꺼릴까? 그것은 아마도 냉철한 현실주의자가 아닌 물 러터진 로맨티스트로 비치지는 않을까 하는 걱정 때문일 것이다. 어쩌 면 이들은 사랑을 사업가답지 못한, 자기 절제를 할 줄 모르는 행동의 발현이라고 생각하는 것 같다. 그러나 우리가 연구한 회사의 경우는 결 코 그렇지 않았다. 사랑은 그저 변덕스러운 감정이 아니라 다른 사람을 배려하는 결정이 자신에게 불편하거나 손해가 될지라도 다른 사람의 안녕(安寧)을 걱정하는 이타적인 마음에서 나오는 배짱 있는 행동이다. 배짱 있는 리더는 마음에 내키지 않을 때조차도 직원들을 사랑하는 쪽 을 택한다.

자기 자신만의 이익이 아닌 타인의 이익까지 생각하는 마음을 가지 려면 강한 의지력, 자기 절제, 안정감이 필요하다. 예를 들어 다른 직원 이 성공하기를 바라는 마음에서 그 직원의 약점에 대해 솔직하게 이야 기하려면 배짱이 필요하다. 위험을 무릅쓰고 남의 약점을 지적한다는 것이 언뜻 보기에는 그다지 정치적이지 못한 행동으로 보이겠지만, 이것이야말로 옳은 행동인지 모른다.

다른 사람들에 대한 진심 어린 걱정을 행동으로 옮기는 것은 어쩌면 불편하고 인간 본성에 어긋나는 일일 수도 있기 때문에 그만큼 배짱이 필요하다. 때로는 어떤 문제에 대해서 자기 이익과 상충되는 편에 서야 할 때도 있다. 만약 상사가 회의장에서 비합리적인 주장을 한다면 그 상사에 대해서 동료에게 불평하거나 또는 관계자들만 모인 자리에서 그 문제를 다시 한 번 논의하기를 제안할 수 있다. 그 중에서 후자가 더 현명하고 더 외교적인 선택이다. 전자는 (2장에서 다룬) 부족주의를 유발하고 해로운 직장 분위기를 만들 수 있다. 나의 상사에게도 둘 중 한 가지를 선택할 기회가 있다. 미안한 마음까지는 느끼지 않을지 몰라도 나의 기분을 진심으로 염려하는 태도를 보여줌으로써 내 처지도 헤아려 준다는 뜻을 전달할 수 있다. 자신을 방어하고 상대를 부정하고 자기 연민에 빠질 수도 있고 아니면 그 순간을 초월하여 우리 모두 인정하는 한층 고귀한 가치에 따라 행동할 수도 있다.

'사랑'은 좋은 사업

사우스웨스트 항공의 허브 켈러허는 '두려움으로 묶여진 회사보다는 사랑으로 묶여진 회사를 가지고 싶다' 라고 했다. 이것은 애정을 잘 표현하기로 정평이 난 어느 아일랜드 출신 사업가가 단순히 자기 세계관을 피력한 것만은 아니다. 허브는 '사랑으로 묶여진' 조직문화를 사업적으로 활용하는 법을 알고 있다. 직원들을 아끼는 회사에서 일하는 직원들은 그저 만족하는 데 그치지 않고 자신의 신념과 마음을 다해서 회사를 포용하고 충성을 다한다. 이런 회사는 세계 최고 수준의 인재를 끌어모을 가능성이 높아지며 직원들의 헌신과 생산성 수준 또한 높게 마련이다. 이는 평생 고객을 만들고 수익을 증진하는 데에도 도움이 된다.

이 책에 등장한 경영인을 포함한 대부분의 배짱 있는 리더는 자신의 성공 비법을 '사랑'이라고 표현하지는 않았다. 그러나 허브의 표현처럼 사랑으로 묶인 회사를 만드는 데 필요한 요소를 모두 한결같이 지적했다. 여기 직장에서 이러한 친절함과 보살핌의 행동을 실천한 예를 몇 가지 제시하겠다.

고객이 어떤 사람인지 파악하라

USAA의 밥 데이비스는 상대방이 무엇을 필요로 하는지, 생활 스타일은 어떤지를 알지 못하면 그 사람의 요구를 제대로 맞춰주기란 사실상 불가능함을 알고 있다. 그렇기 때문에 USAA는 굳이 힘들여 가면서 직원이 고객을 파악하는 일을 돕고 있다. 데이비스는 매월 회사 간부들과 회의를 여는데 이 회의는 위성을 통해 전 직원에게 방송된다.

회의에서 중점을 두는 사안은 고객의 일상적인 가정생활을 될 수 있는 대로 정확하게 묘사하는 고객 비디오 프로필이다. 아버지가 미 해군 장교였던 데이비스는 육군에 지원했고 대위로 퇴직했다. 참전 용사로서 USAA를 경영했던 그는 누구보다도 높은 훈장을 받기도 했다. 또한 군대에서만 겪을 수 있는 중요한 사건을 많이 경험했기 때문에 USAA 고객들이 느끼는 감정과 우려를 잘 이해했다. 데이비스는 군 생활이 USAA 고객의 삶에 미치는 영향을 직원들이 잘 이해해야 한다고 굳게 믿고 있다. 그래서 굳이 힘들여서 고객 프로필 문제를 회의에서 논의하는 것이다. 데이비스는 직원이 USAA 고객과 유대 관계를 형성하는 일이 얼마나 중요한지를 잘 깨닫고 있다. 그래서 '직원은 고객의 삶을 자기 눈으로 보고 직접 느끼고 그 일부가 되어야 한다'라고 했다.

우리가 USAA를 방문했을 때 본 프로필은 미 해군을 샌디에이고에서 전출시키는 장면이었다. 승조원들은 6개월 동안이나 가족과 떨어져 있어야 한다는 데 대해 걱정을 하고 있었다. 이들의 재정 문제를 누가 처리해줄 것인가? 어느 전투기 조종사는 어린 딸의 손을 잡고 항구에 서 있는 아내의 모습을 비행기에서 내려다보고 있었다. 서로 작별인사를 나누고 '보고 싶다', '사랑한다'라고 써 있는 푯말을 들고 서 있는 가족의 모습이 화면에 비치자 보고 있는 사람들의 눈에서 눈물이 흘러나왔다. 군인들에게는 이렇게 가족과 헤어지는 일이 가장 힘든 일일 것이 분명해보였다.

이런 군인들을 USAA가 어떻게 도울 수 있을까? USAA는 현충일과 재향군인의 날에 육군 사령관과 선임하사관들을 기념식에 초청해 조국을 위해 희생한 군인들을 기리는 행사를 한다. 최근에는 공군 하사관을 초대해서 USAA 직원들과 만나게 했다. 아내와 갓 태어난 아기를 데리고 온 사령관은 부대원들을 뒤에 남겨둔 채 말을 타고 적이 숨어 있는 아프가니스탄의 동굴과 벙커를 찾으러 나갔다가 돌아와 보니 폭격으로 부대원 대부분이 목숨을 잃은 광경을 목격한 경험담을 들려주었다.

이런 경험을 들려주는 것도 직원들에게 책임감을 부여하는 방법이라고 데이비스는 생각한다. 그는 이렇게 말했다.

"군인들의 눈을 바라보고 우리가 매일 안심하고 평화롭게 살 수 있도록 지켜주는 이들을 사랑할 수 있어야 한다."

고객 프로필은 전화, 편지, 업계 잡지로만 만나는 고객과 친근해질 수 있도록 만들어져 있다.

남편이 살아서 집으로 돌아올지도 모르면서, 그야말로 하루아침에 한 아이의 어머니가 되어버린 18~20살 사이의 젊은 여성의 처지를 이해하려면 특별한 노력이 필요하다. 데이비스는 USAA 직원들이 고객과 공감할 수 있고 인간적 유대감을 느낄 수 있다면 남다른 서비스는 저절로 우러나올 것이라고 믿고 있다.

직원들에게 믿음을 주어라

USAA와 고객 사이의 유대는 서로간의 믿음이 그야말로 생사를 가르는 군대의 조직문화를 그대로 반영하고 있다. USAA의 전설적인 전임 부회장 빌 쿠니(Bill Cooney) 장군은 이런 예를 들었다.

"어느 시간 어느 시점에 보스니아 상공에 갈 것이라고 말하려거든 반드시 그 말대로 해야 한다. 왜냐하면 나는 그 말을 믿을 것이기 때문이다. 그대로 시행하지 않는다면 내 목숨이 날아갈 수도 있다."

여기서 쿠니가 말하려는 것은 서로가 서로를 위해 주의할 것이라는 기대를 저버려서는 안 된다는 점이다. USAA는 그런 기대를 받을 만한 가치가 있는 회사임을 여러 차례 입증한 바 있다.

예를 들어 USAA 생명보험 회사의 사장이자 최고경영자 짐 미들턴(Jim Middleton)은 2001년 7월, USAA의 재산 및 상해 보험사 직원 데보라 패터슨(Deborah Patterson)이 뉴욕 세계 무역센터에서 일하는 한 고객에게 생명보험을 들 것을 권유했던 일화를 소개했다. 고객은 이 권유에 응했다. 보험 신청 절차를 밟았고 9월이 되자 혈액 검사와 건강 진단을 포함한 모든 계약 절차가 완료되었다. 이제 이 고객은 첫 달 보험료만 내면 그만이었다. 그러던 중 2001년 9월 11일, 비행기 두 대가 세계무역센터에 충돌하면서 이 고객은 사망했다. USAA는 즉시 위기 대처반을 현장으로 파견했다.

위기 대처 센터에서 USAA 직원들이 처음 만난 사람 중에는 이 고객의 부인도 있었다. 이 비극적인 상황에서 그녀는 남편이 USAA의 생명보험에 가입하려 했던 사실을 기억해냈다. 스테파니 발데스가 롤리스 부인의 일을 어떻게 처리했는지를 생각하고 이 비극적이고 전례 없는 특수 상황을 감안하여 USAA는 미망인에게 첫 달 보험료를 수령하고 보험금 12만 5천 달러를 지불했다. 짐 미들턴은 '언제라도 이런 행동을 다시 할 용의가 있다' 라고 했다.

USAA는 과감한 조치를 통해 형식적인 서류 절차를 파괴하고 있다. 이라크전 당시 미국은 22만 5천 명이 넘는 군대를 중동으로 파견했고 USAA는 이들을 뒤에서 적극 지원했다. 군인이면 누구나 가입할 수 있는 보험금 25만 달러짜리 생명보험 상품 GSLI의 보험금을 25만 달러 더 올려서 별도의 혈액 검사나 건강 진단 없이도 총 50만 달러에 달하는 보험금을 제공하고 있다.

몇 년 전 케빈이 USAA의 경영 마인드에 대한 강연을 하고 난 뒤 청중 한 명이 감동적인 이야기를 하나 들려주었다. 이 남자는 6개월 전에 아들을 잃었고 아들의 금전 문제를 정리하려는 중이었다. 아들에게는 신용카드가 몇 개 있었는데 그 중에는 5천 달러를 지급해야 할 USAA 카드도 있었다. 이 남자가 USAA에 전화를 걸어 이 문제를 상의하려는 데 상담원이 이 남자와 부인이 어떻게 지내는지를 물었다. 남자는 '다른 금융 기관에서 신용 불량 고발 통지를 보내고 있으며 검사에게서도 독촉장이 날아오고 있는데 우리 걱정을 해준 회사는 USAA가 처음이다' 라고 말했다.

이 전화 상담원은 USAA의 생존고객관리팀(SRT) 소속이었다. USAA는 매일 130명가량의 사망 통지를 받는다. 해마다 2만 6천 명이 넘는 USAA 고객이 죽어간다. 2년 반 전에 USAA는 SRT를 조직하여 고객 가족의 힘겨운 재정 문제를 해결하는 데 도움을 주었다. USAA의 특별 서비스팀 담당 이사 브라이언 토머스(Bryan Thomas)는 이렇게 말했다.

"힘든 시기에는 고객의 가족에게 도움의 손길을 내민다. 우리가 이처럼 고객을 생각하는 것은 고객을 우리 가족으로 생각하기 때문이다. 힘든 일을 겪을 때 가족이 사랑, 배려, 걱정을 표현할 것으로 기대하는 것과 같다. 이런 생각이 전화를 걸어 잘 지내고 있는지 확인하는 모습으로 나타나는 것이다."

사랑하는 사람을 잃는 것만으로도 충분히 괴로운데 행정적 문제까지 처리해야 하는 상황을 생각해보라. 신용카드 계좌, 청구서 지불, 차량 등록, 투자, 보험 상품, 세금에 이르기까지 다양한 문제가 있을 수 있다. 사람들은 제각기 독특한 방법으로 이런 문제에 대처한다. 망자를 애도하는 슬픈 상황에서 '천편일률적인' 대처 방법은 적절하지 않다. SRT 소속 직원들은 이런 문제에 잘 대처할 수 있도록 특수 교육을 받았으며, 가족이 원한다면 언제든 도움의 손길을 뻗을 능력을 갖추고 있다. 이들은 슬픔에 빠진 고객에게 무조건 정신과 치료를 받으라는 식으로 나오지는 않는다. 이들의 역할은 USAA 고객들에게 가족 사망이 주는 재정 문제를 이해할 수 있는 지식을 제공하는 것이다.

USAA가 처음 이 프로그램을 고안했을 때 SRT 소속 직원들을 다른 팀 직원과 교대 근무하게 하여 휴식할 수 있게 하려고 했다. 그러나 막상 시행해보니 그렇게 되지 않았다. SRT 직원 모두 이 팀에 그대로 남기를 희망했기 때문이다. 브라이언 토머스는 '모두 자기가 하는 일에 보람을 느꼈기 때문'이라고 설명했다. 이 팀에서 일하는 사람들은 고객을 위한 만큼 고객으로부터 되돌려 받는 경험을 하게 된다. 고객이 고마워하는 데서 힘을 얻어 자기가 중요한 존재라는 느낌을 받는 것이다. 어느 미망인은 자기가 겪은 일을 이렇게 설명했다.

"결혼해서 사는 동안 투자에 관한 결정에 관여한 적이 없었다. 이제는 내가 하고 있는 투자에 대해 완전히 이해하며 앞으로도 재산 관리를 나 혼자 힘으로 해낼 수 있을 거라는 생각이 든다."

사실 USAA의 교육 재단은 가족을 잃은 뒤 금융과 행정적 문제를 처리하는 모든 단계를 친절히 설명한 라이프가이드 시리즈(LifeGuide Series)를 출간하고 있다. 그뿐 아니라 전문가들이 고독 극복, 건강 유지, 슬픔에 빠진 자녀 도와주기 등에 대한 조언을 제공하는 소책자도 내놓고 있다.

고객을 위한 투자

부모들은 자녀가 책임감 있는 어른으로 자라도록 도와주는 길은 사랑을 베푸는 것임을 자주 느낀다. 그러나 오늘날처럼 상업화되고 소비 지향적인 세상에서 이는 결코 쉬운 일이 아니다. 문제는 '어떻게 하면 아이들이 돈을 현명하게 쓸 줄 아는 책임감 있는 성인으로 자라도록 가르칠 것인가?' 하는 점이다. USAA는 아이들에게 책임감 있는 소비자란 무엇인가를 가르쳐줄 수 있는 교육 프로그램을 제공하고 있다.

'25세 이하' 라는 책자에서 젊은이들은 주택 보험 가입, 신용카드 신청, 첫 차 구입, 할부금 납부에 대해서 배운다. USAA는 젊은이들이 차를 살 때 현명한 소비자가 되고 대출에 필요한 정보도 익히기를 바라고 있다.

최근 USAA는 일정 금액까지 적립할 수 있는 십대용 현금 카드를 개발했다. 자녀가 이 카드를 쓰면 부모는 인터넷에서 실시간으로 자녀가 어디에 돈을 쓰는지 알 수 있다. 인출 한도를 상향·하향 조정하여 아이들이 금전 감각을 키울 수 있도록 도와주고 위급한 상황에는 즉시 적립 금액을 늘릴 수도 있다.

몇 년 전 어느 대형 컨설팅 회사에서 USAA에게 투자 교육을 고객의 자녀에게만 실시하지 말고 40~45세 사이의 고객에게 유료로 실시하라는 조언을 했다. 그러나 마케팅 담당 부회장 캐런 프레슬리(Karen Presley)는 이는 본 취지에 맞지 않는 조언이며 회사의 목표는 고객과 고객의 가족이 재산 관리를 잘할 수 있도록 도와주는 것이라고 말했다. 현명한 성장 전략이기는 하지만 단기간에 효과를 볼 수 없기 때문에 인내심을 요하는 전략이었다. 프레슬리는 '다음 세대 고객들이 자신의 투자에 책임을 질 줄 알게 만들 수 있는 기회라고 생각한다' 라고 설명했다. 한편 밥 데이비스는 말을 바꾸어서 이렇게 설명하기도 했다.

"투자를 하면 소득이 돌아오는가? 그렇다. 그 소득은 무엇인가? 그걸 누가 알겠는가? 하지만 이 일은 우리가 마땅히 해야 하는 일이다."

USAA의 전략이 군인 고객이 아닌 일반 고객에게는 적용될 수 없을지도 모르지만 고객과 쌓은 이 독특한 관계가 회사에 이득을 가져다주는 것은 분명하다. 일반인 고객을 상대로 하는 회사들과 비교했을 때 USAA는 미납 보험료가 거의 전무한 수준이다. 캐런 프레슬리는 이렇게 말했다.

"우리는 고객들이 필요로 하는 것을 바탕으로 마케팅 계획을 세운다. 옳은 일을 하기 위해 투자를 하고 결국 이 투자가 우리에게 이득으로 돌아올 것을 알고 있다."

USS 벤폴드 호의 사랑

기존의 간부들은 자기 직원들보다 자기를 더 높이는 경우가 너무나 많았다. 이들은 자신의 삶과 일은 컬러로 보면서 자기 직원의 삶과 일은 흑백으로 본다. 배짱 있는 리더는 모든 사람들이 컬러 인생을 살고 있음을 안다. 이들은 자기 직관에 따라 노사간의 장벽을 허문다. 직원들의 근무 시간뿐 아니라 그들의 인생까지도 소중히 여길 줄 안다. 이들은 사랑으로 회사를 경영하며, 이는 모든 직원들의 삶이 더 편안해짐을 의미한다.

우리가 만난 배짱 있는 리더 중에는 직원을 돌보고 이들이 필요로 하는 것을 충족시켜주는 일을 원칙으로 삼고 있는 사람이 있었다. 마이클 아브라쇼프(Michael Abrashoff)는 10억 달러짜리 미사일 구축함 USS 벤폴드 호의 함장이었다. 아브라쇼프는 사기도 저하되고 재입대율도 낮으며 전반적인 작업 수행 능력도 떨어지는 이 배를 미 해군이 보유한 가장 훌륭한 함정으로 바꾸어놓았다. 재입대율이 100%까지 올라갔으며 사기도 고취되었다. 이는 아브라쇼프가 자기를 희생하면서 군인들이 무엇을 필요로 하는지를 보살폈기 때문에 가능한 일이었다.

샌디에이고에서 아브라쇼프를 만났을 때 아브라쇼프는 자신의 지휘 전략을 완전히 바꾸어놓은 일화 한 가지를 들려주었다. 신임 대령으로 부임하게 된 아브라쇼프는 전임자와 함께 이·취임식에 참석했다. 그때 전례 없는 사건을 목격했다. 승조원 310명 전원이 USS 벤폴드 호의 갑판에 서서 전임자가 떠나는 것을 소리 높여 기뻐하는 광경이었다. (바람직한 일은 아니다.) 대경실색한 아브라쇼프는 기존의 명령과 통제 전략을 써서는 좋은 결과를 낳을 수 없으리라는 것을 곧장 알 수 있었다. 그래서 자신의 배짱대로 밀고 나가기로 마음을 먹었다.

취임하자마자 아브라쇼프는 자신이 지휘하는 젊은 승조원 대부분이 교육 기회를 별로 받지 못한 하층 가정 출신임을 알았다. 이들에게 해군은 세상에서 출세할 수 있는 하나의 수단이었다. 이들에게 자긍심과 결단력을 심어줄 책임을 느낀 아브라쇼프는 300명 승조원들이 사회의 쓸모 있는 일원이 되게 만드는 것도 전투 대비 태세를 갖추는 것만큼이나 중요하다고 생각했다고 한다. 당신이 지휘하는 직원의 수는 몇이나 되는가? 30명? 300명? 그 이상?

사랑은 상대의 말을 들어주는 것

USS 벤폴드 호에 승선한 아브라쇼프가 첫 번째로 한 일은 승조원 310명의 이름을 모두 외우는 것이었다. 하지만 그것만으로는 부족하다는 것을 곧 깨달았다. 새벽 2시에 잠이 깬 아브라쇼프는 불현듯 다음과 같은 생각을 했다.

"이 배에서 올바른 조직문화를 수립할 수 있는 유일한 방법은 모든 승조원과 직접 이야기를 나누고 내 목표를 전달하고 승조원들의 목표가 무엇인지 들어보고 그 사이의 틈을 좁히는 것이다."

아브라쇼프는 즉시 일대일 면접을 시작했다. 매일 다섯 명씩 면담했으며, 그들의 말을 들으면서 자신의 태도를 바꾸었다. 사실 자기가 승조원들에게 준 것보다 오히려 받은 것이 더 많았다고 한다. 아브라쇼프의 겸손, 열린 생각, 승조원에 대한 사랑 덕분에 USS 벤폴드 호는 그의 지휘 아래 그처럼 놀라운 성공을 거둘 수 있었다.

면담은 고향, 가족, 야망, 입대 목적 등 기본적인 질문으로 시작되었다. 승조원들 모두와 인간적인 유대를 쌓기를 원했기 때문이었다. 기본적인 질문이 끝나면 벤폴드 호에 대해서 가장 마음에 드는 점은 무엇인가, 가장 싫은 점은 무엇인가, 가능하다면 바꾸고 싶은 것은 무엇인가라는 구체적인 질문 세 가지를 던졌다.

이런 질문을 해볼 수 있을 것이다.

1. 이곳에서 일하면서 가장 좋은 점은 무엇인가?
2. 이곳에서 일하면서 가장 싫은 점은 무엇인가?
3. 당신에게 권한이 있다면 무엇을 바꾸고 싶은가?

아브라쇼프는 자신의 목표와 승조원들의 꿈이 서로 맞물려 있다는 점을 승조원들이 알아주기를 바랐다. 그래서 USS 벤폴드 호를 개혁하려는 자신의 목표가 승조원들에게는 저마다 재능을 활용하고 제대로 된 목적의식이 있는 삶을 살 수 있는 기회가 될 수 있음을 알게 하고 싶었다.

아브라쇼프는 면접을 통해 승조원들에 대한 무한한 존경, 사랑을 갖게 되었다. 그는 이렇게 말했다.

"내 승조원들은 부유한 집에서 태어난 사람들은 결코 아니다. 하지만 모두 자기 인생을 의미 있는 것으로 만들어보려 하고 자기들이 하는 일을 소중히 여기고 싶어 한다."

아브라쇼프는 늘 한결같은 상사였고, 승조원들도 그의 진실한 마음을 알게 되자 자신들의 꿈, 목표, 함정을 발전시키기 위한 아이디어 등을 이야기해주었다. 좋은 제안을 들으면 마이크 버튼을 누르고 모든 사람들에게 방송했다.

"좋은 아이디어를 실천하는 데 걸리는 시간은 기껏해야 5분 정도밖에 되지 않았다."

아브라쇼프는 호탕하게 웃으며 말했다.

아브라쇼프, 승조원들, USS 벤폴드 호 그리고 궁극적으로 미 해군 전체에 미친 긍정적 효과는 대단했다.

- 취사병 13명 가운데 5명이 요리 학교에 다니면서 식사의 질이 크게 개선되었다. 아브라쇼프는 해군에서 재료를 받는 대신 일반 시장에서 재료를 사오도록 해서 비용은 더 적게 들이면서 더 질 좋은 식사를 제공할 수 있었다.
- 가치 창출에 도움이 되지 않는 잡무는 없었다. 예를 들어 아브라쇼프의 부하 승조원 가운데 한 명이 새로운 페인팅과 코팅 방법을 사용하면 함정의 페인트를 25년 동안 보존할 수 있다는 사실을 알아내었고, 또 다른 승조원은 강철 고리를 스테인리스로 바꾸는 것이 좋겠다는 제안을 했다. 이런 아이디어 덕택에 해마다 두 번씩 함정에 페인트칠을 다시 할 필요도 없어졌고 함정의 안전을 해치는 녹슬음도 방지할 수 있었다.
- 이러한 프로그램 덕택에 함정 유지와 보수비용 250만 달러 가운데 60만 달러를 절약할 수 있었고 수리비 예산 300만 달러 가운데 80만 달러를 미 해

군에 반납할 수 있었다.

> 승조원들을 사랑하고 그들의 아이디어를 믿어줌으로써 아브라쇼프는 그들의 사랑을 얻고 모두 자신의 능력을 계발할 수 있게 해주었으며 USS 벤폴드 호의 전투 준비 태세도 향상시켰다. 결국 USS 벤폴드 호는 아브라쇼프가 꿈꾸던 '미 해군 최고의 함정'이 되었다.

신뢰가 주는 책임감

당신이 존경하는 사람이 당신을 신뢰할 때 자기 자신이 더 대단하고 강하고 유능한 사람이라고 느껴지는 법이다. 전체 조직 차원에서 이런 일이 일어나면 구성원들은 조직의 리더가 자신들에 대해 한 이미지와 자신을 동일시하고 이에 맞추어 직무를 수행한다. 아브라쇼프가 USS 벤폴드 호를 지휘하기 시작한 첫 해의 연례 감사 때 드러난 성과를 보면 이런 사실을 가장 잘 확인할 수 있다.

매년 한 번씩 외부 감사관들이 해군 함정을 방문하여 이들의 전투 준비 태세를 평가한다. 24항목에 대해 모든 함정과 그 승조원들을 평가하여 가장 낮은 단계(1급)에서 가장 높은 단계(4급)까지 점수를 매긴다. 그러나 이 제도에는 자가당착의 모순이 있었으니, 감사 결과는 전투 준비에 만전을 기하기 위해 각 함정이 어떤 교육을 받아야 할 것인지 평가하는 데 쓰여야 함이 마땅한데도 실제로는 감사 점수에 상관없이 모든 함정이 일률적으로 6주 동안 훈련을 받게 되어 있었다.

그렇다 해도 아브라쇼프는 이를 좋은 기회로 생각하고 USS 벤폴드 호가 다른 함정들을 능가하여 3급을 받는 것을 목표로 삼았다. 그저 그런 점수로는 만족할 수 없었다. 당장 함정을 운영하면서 동시에 24항목 모두 감사받을 준비를 할 만한 경험 있는 장교가 충분하지 않았기 때문에 아브라쇼프는 남들이 감히 생각하지 못할 명령을 내렸다. 신임 하사관들이 몇 항목의 교육훈련을 감독하라고 했다. 장교들이 명령 복종을 거부했을 때 아브라쇼프는 어차피 밑져야 본전 아니겠냐면서 그렇게 하지 않으면 아무것도 하지 않고 손놓고 앉아 있다가 더 낮은 점수를 받는 수밖에 없다고 설득했다. 하사관들은 이 명령을 환영했다. 자신들에게 중요한 책임을 맡겨주었다는 사실이 자랑스러웠기 때문에 맡은 책임을 완벽하게 완수해야겠다고 생각했고, 몇몇 항목에서 이들이 보여준 성과는 고급 장교들이 보여준 성과를 능가했다.

특히 페르시아 만의 원유 밀수업자들을 잡아들이는 수색과 체포 훈련을 실시해본 감사관들은 하사관들의 감독하에도 훈련이 척척 진행되는 것을 보고 놀라움을 금치 못했다. 결국 USS 벤폴드 호의 점수를 4급으로 매겨줄 수밖에 없었고, 전체적으로 USS 벤폴드 호는 아브라쇼프의 목표였던 3급을 따냈다.

그 즉시 해군은 평가 절차를 개정했다. 그때부터 USS 벤폴드 호만큼의 작전 수행 능력을 보인 함정은 6주 동안의 교육을 받지 않아도 되었다. 실제로 많은 함정들이 그 정도의 작전 수행 능력을 보여주었고, 이를 위해 노력하는 과정에서 승조원들의 훈련도 더 잘 이루어졌다. 아브라쇼프는 사랑이 이런 결과를 낳을 수 있음을 증명했다. 부하의 의견을 듣고 이들에게서 깨달음을 얻을 배짱이 있었기 때문에 미 해군처럼 딱딱한 조직에서도 성공할 수 있었다. 이 정도의 사랑을 당신의 회사에서 베푼다면 무슨 일이 일어날지 상상해보라.

시간의 테스트를 통과하라

아브라쇼프의 방법은 처음에는 함정에서 상당한 반발을 샀다. 아브라쇼프는 이렇게 회상했다.

"가장 반발이 거셌던 계층은 중간급 장교들이었다. 대부분의 중간급 장교들은 변화를 두려워하고 어떻게 하면 자신의 지위를 보전할 수 있을지를 가장 중요하게 생각한다. 그러나 내가 누구에게 책임을 전가하려는 것이 아니라 단지 승조원들에 대해서 좀더 잘 알고 이들의 제안을 받아들여 USS 벤폴드 호를 향상시키려는 취지에서 이런 변화를 꾀한다는 사실을 깨닫자 놀랍게도 이 중간급 장교들은 자신의 일이 전보다 더 쉬워진 것을 알게 되었다. 승조원들은 시키는 대로만 일을 하는 것이 아니라 자기들이 스스로 알아서 적극적으로 일을 처리하게 되니 더 이상 하루에 몇 시간씩 부하들을 닦달할 필요도 없어졌다. 반복적인 업무에서 벗어나 장기적인 관점에서 생각할 시간을 가지게 되었고 USS 벤폴드 호의 승조원들이 단결할 수 있는 방법에 대해 다른 부서와 의견을 교환할 수도 있게 되었다."

아브라쇼프가 USS 벤폴드 호를 떠나던 날 함정 위에서는 눈물을 흘리지 않는 사람이 없었다. 당신이 타고 있는 배는 어떠한가? 당신과 함께 일한 직원들도 당신이 그들의 생각을 열심히 들어주고 이를 실행에 옮겼다고 생각하는가?

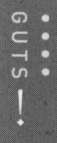

사랑을 기초로 세워진 은행

금융업계의 거물 시노버스는 100여 년 전 사랑을 기초로 세워진 회사이다.

1886년 어느 추운 겨울날 아침, 한 젊은 여성이 조지아 주 콜럼버스의 이글 앤드 피닉스(Eagle & Phenix) 면직 공장에서 일을 하고 있었다. 그녀는 양심적이고 부지런하며 더 나은 미래를 설계하기 위해서 적은 돈도 아껴 쓰는 여자였다. 어느날 갑자기 그녀의 긴 스커트 자락이 기계에 끼여 찢어지면서 마룻바닥에 돈이 쏟아졌다. 모은 돈을 스커트 단 안에 꿰매어 보관하고 있었는데 스커트가 찢어지면서 쏟아진 것이었다. 미친 듯 울며 여자는 자신의 미래이자 희망인 지폐와 동전 부스러기를 열심히 주워 모았다. 그러나 일단 돈을 줍고 나자 '이젠 이 돈을 어떻게 해야 하나?' 하는 생각이 들었다. 꿈을 저장할 안전한 장소가 없었기 때문이다. 은행에서는 그런 소액의 돈을 취급하려 들지 않았다.

공장장으로 일하던 G. 건비 조던(G. Gunby Jordan)은 직원의 복지를 진심으로 염려하는 사업가였다. 그는 이 여자의 사연을 듣고 대신 해결책을 찾아주기로 했다. 그 여자처럼 열심히 일하는 직원은 단지 급료 외에도 인간적인 존경과 도움을 받을 자격이 있다고 생각했기 때문이다. 조던은 그녀의 저축액을 안전한 회사 금고에 넣어두는 것이 어떻겠냐고 제안했다. 그리고 배짱 두둑하게도 매달 이자까지 지급하겠다고 약속했다. 여자는 이 제안을 받아들였고 그 후 이자가 쌓이는 데 놀라지 않을 수 없었다. 곧 조던은 회사 직원 대부분의 저축을 관리하게 되었고 나중에는 아예 은행을 차리게 되었다. 이것이 바로 시노버스의 시작이다.

그 후 다양한 금융 서비스를 제공하는 대규모 금융기관으로 발돋움했지만, 처음 정신을 잃지 않고 지역 사회를 위해 봉사하는 회사로서 활동했다.

뉴욕증권거래소(NYSE)에 상장되어 있는 이 회사는 앨라배마, 플로리다, 조지아, 사우스캐롤라이나, 테네시 주에 40개 은행을 보유하고 있다. 1장에서 밝혔듯이 시노버스의 계열사 중에는 미국 남동부 지역 최대의 신탁회사인 시노버스 신탁회사, 모든 종류의 보험 상품을 취급하는 시노버스 보험, 주식 중개와 관련된 모든 서비스를 제공하는 시노버스 증권, 남동부 전역에서 모기지론 서비스를 제공하는 시노버스 모기지 등이 있다.

분산 경영 구조가 컨설턴트들 사이에서 유행하기 훨씬 전부터 시노버스의 전신인 콜럼버스 은행 신탁회사(Columbus Bank & Trust Company)는 고객 개인의 필요에 맞는 서비스를 제공할 권한을 개별 은행 지점에 부여하고 있었다. 동시에 시노버스는 신기술과 새로운 경영기법을 개발하여 서비스 질을 개선하고 종류를 다양화했다. 리볼빙 신용카드를 최초로 발급한 회사이며 최근에는 고객의 재산 관리를 돕는 종합 자산관리 시스템을 개발하기도 했다. 시노버스는 각 은행 지점과 고객 사이의 오랜 관계를 바탕으로 보험에서 개인 금융 및 회사 금융에 이르는 다양한 서비스를 제공하고 있다.

시노버스가 신용카드 사업에서 쌓은 노하우를 적극 활용하게 된 것은 1974년 토털 시스템 서비스(Total Systems Services, TSYS)라는 부서가 처음에는 전화, 다음에는 위성, 지금은 광케이블을 활용하여 신용카드 회사에서 전자결제 업무를 수행할 수 있게 하면서부터였다. 그로부터 9년 뒤 TSYS는 별개의 전자결제 서비스 제공업체로 독립해 나갔다. 시노버스는 TSYS 주식의 81.1%를 보유하고 있으며 여기서 들어오는 수익이 시노버스 총수익의 3분의 1 정도를 차지한다.

TSYS는 콜로라도 주 덴버에서 지불 서비스 제공업체로서는 퍼스트 델타(First Delta)에 약간 못 미치는 2위 자리를 차지하고 있다. 사실 지금은 뱅크원(Bank One)과 2003년 봄에 새 계약을 체결한 상태이기 때문에 1위 자리까지 올라가 있을지도 모른다. 5천만 달러에 상당하는 뱅크원의 신용카드 계좌를 자사의 프로세싱 플랫폼 TS2로 전환하기로 2년 계약을 맺었다.

왜 2년일까? 그 이유는 뱅크원이 조만간 TSYS와의 특허 계약에 따라 이 업무를 직접 담당하기로 했기 때문이다. TSYS의 부사장 트로이 우즈(Troy Woods)가 이 계약을 성사시키는 데 거의 1년이 걸렸다. 우즈는 '최대한 융통성을 발휘하여 뱅크원과 함께 협력할 방법을 모색하기로 했다' 라고 했다.

업계에서 가장 발달된 프로세싱 시스템 TS2도 매우 융통성 있는 플랫폼이다. 단일 플랫폼으로도 여러 가지 언어와 통화를 지원해주기 때문이다. 이는 국제 시장을 무대로 하는 회사에게는 큰 이점이 아닐 수 없다. 또한 통합 지불 플랫폼을 활용하여 직불카드 발급과 전자이체 업무도 수행하고 있다.

그러나 이 모든 혁신적 기술 발전의 시작은 은행업에서 비롯되었으며, 회사의 조직문화도 여기에 초점을 두고 있다.

06 | 마음을 나누는 조직문화

빌 터너(Bill Turner)가 겨우 8살이었을 때 할아버지 브래들리(W. C. Bradley)가 손자를 데려다가 조용히 집안 이야기를 들려주었다. 그때 이 꼬마는 자기가 언젠가 콜럼버스 은행 신탁회사와 브래들리 회사(W. C. Bradley Company)를 포함한 가업을 물려받게 될 것을 알았다. 이후 조던이 앞서 말한 은행을 세운 몇 년 뒤에 브래들리는 이 은행의 주식을 상당수 사들였다. 할아버지의 말씀이 터너에게는 '상당한 부담'이었지만 자라면서 할아버지와 아버지가 일하는 모습을 지켜보니 그저 회사를 돌아다니면서 직원들이 하자는 대로 다하는 사람들처럼 보였다.

사실 이런 경영 기법은 이후 1970년대에 AT&T 사장 로버트 그린리프(Robert Greenleaf)가 개발한 것과 같은 것이다. 그런데 이보다 훨씬 전에 빌 터너는 몸소 사랑을 기초로 한 경영의 힘을 배운 것이었다.

대학에 진학한 터너는 경영학을 전공했다. 1947년 브래들리 회사에 부장으로 입사하여 나중에 사장 자리까지 올라갔다. 터너는 이렇게 말했다.

"나는 그때 가족에게 상사가 지휘권을 잡고 자신의 비전을 직원들에게 가르치는 경영법을 보여주고 싶었다. … 물론 나의 비전은 회사 주가를 올리는 것이었다. 이런 비전을 꼭 나쁘다고 할 수만은 없지만 그렇다고 훌륭한 비전은 아니었다. … 문제는 이런 회사에서는 모든 직원이 고객이 아닌 상사의 비위를 맞추려 든다는 것이었다. … 그런 회사에서는 상사가 전지전능한 신처럼 군림한다. … 회사는 고립되고 융통성 없는 조직으로 변해가며 재미없는 곳이 된다."

권력을 버리면 더 많은 것을 얻게 된다

터너의 사업은 그럭저럭 잘 되어 나갔지만 서른두 살이 되면서 벽에 부딪혔다. 착한 아내, 사랑스런 가족, 예쁜 집이 있었고 필요한 것은 모두 가졌지만, 허무하고 지친 마음을 어쩔 수 없어 '인생이 정말 이것뿐인가?'라는 회의에 빠지곤 했다.

이때쯤 터너는 플로리다 주 마이애미에서 열린 리더십 세미나에 초청을 받았다. 이곳에서 피로 해독제는 휴식이 아니라 열정이라는 말에 깊은 감명을 받고 자기 일에 열정을 가질 방법을 모색하기로 했다.

그러고 나자 하나둘씩 새로운 깨달음이 찾아왔다. 첫째, 자신의 삶에는 자기가 하는 일이 가치 있는 일이라는 인식이 빠져 있음을 깨달았다. 사회에 대한 애착도 없었고 개인적, 지적, 영적 성장도 없었다. 그리고 자신이 이런 성장을 이루지 못하면 직원들 역시 마찬가지임을 알게 되었다. 그래서 터너는 모두가 더 훌륭하고 보람 있는 인생을 위해 함께 일할 수 있는 직장을 만들자는 새로운 목표를 설정했다.

이 목표를 실천하자면 직원들에게 어떤 문제가 있는지 구체적으로 알아야만 했다. 그들의 이야기를 듣고 그들의 생각에 호응해야 했다. 결국은 그들의 봉사자가 되어야 하는 것이었다. 바로 그때 그의 인생에 불이 켜졌고 '할아버지와 아버지께서 하셨던 일이 바로 이것이었구나!' 하는 깨달음을 얻었다.

이때 터너는 자신이 소중한 가업을 지켜나갈 중대한 임무를 맡고 있음을 알게 되었다. 직원들과 함께 이야기를 나누고 친해지면서 이들이 회사에서 필요로 하는 것을 충족시켜주는 것만으로는 부족하고 이들을 진심으로 사랑하며 이들의 인생 전체를 염려해주어야 함을 알게 되었다.

직원을 섬기는 데 온 힘을 다하기로 한 터너는 브래들리 회사와 시노버스의 모든 직원이 근무 생산성을 높이고 가정생활도 충실히 할 수 있도록 필요한 모든 것을 지원했다. 물론 한계는 있었지만 최대한 직원들의 친구이자 스승이며 봉사자가 되어주기로 결심했다. 터너는 이렇게 말했다.

"자신의 권력을 버리면 다른 모든 사람에게 힘을 실어주어 자기 자신이 더 많은 힘을 얻게 된다는 것을 배웠다. … 누가 공로를 인정받느냐에 집착하지 않으면 무슨 일이든 다 할 수 있다. … 직장이든, 지역사회든, 가정이든 어디든 간에 부정적 사고는 긍정적 사고를 갉아먹는다. … 사람들에게는 엄청난 에너지와 창조력이 있으며 이를 끌어내는 것이 지도자의 할 일이다."

직원을 섬기는 직장

1982년, 터너는 회장직에 올랐다. 터너가 회장으로 일하는 동안 제임스 블랜차드(James Blanchard)와 그의 아들이 최고경영자 자리를 맡았다. 아들의 이름 역시 아버지와 같았는데, 그는 이렇게 말했다.

"열성적인 직원은 우리에게 일할 에너지를 준다. … 그 보답으로 회사는 이들의 이익을 보살펴야 한다. … 회사를 일하기 좋은 곳으로 만들고 직원을 섬기는 직장으로 발전시켜야 한다."

시노버스의 간부들도 같은 생각이다. 블레어 카나한(Blair Carnahan)이 와튼 경영대를 졸업했을 때 그는 리사 화이트(Lisa White)가 이끄는 시노버스 인터넷 프로젝트 팀에서 일하게 되었다. 그가 보기에 화이트가 하는 일은 회사가 잘 돌아가도록 기름칠을 하고 모든 직원이 직장뿐 아니라 개인생활에서도 만족을 느낄 수 있게 도와주는 것이었다. 이는 대부분의 경영자들이 신경 쓰지 않는 부분이다. 프로젝트 초반에 카나한의 부인은 화이트로부터 손으로 쓴 메모와 상품권을 받았다. 카나한은 이렇게 말했다.

"리사는 자신의 집을, 자신의 마음을 우리에게 열어주었다. 이 이상 무엇을 더 상사에게서 바라겠는가?"

시노버스에서는 모든 직원을 평등하게 대한다. 플로리다 주 발파라이소의 칼라 진 렌젤로(Carla Jean Renzello)는 직원을 위해 봉사하는 리더십을 처음 경험한 당시를 이렇게 회상했다.

"1996년에 뱅가드 뱅크(Vanguard Bank, 시노버스의 지점)에서 시간제 창구 직원으로 18개월 동안 일을 했는데 그때 딸이 폐허탈(collapsed lung)을 앓았다. 3개월 동안 세 번 입원했고 여섯 번이나 수술을 했다. 이 일을 겪는 동안 시노버스에서 말하는 '마음을 나누는 조직문화'라는 것의 진정한 의미를 알게 되었다. 지점장과 뱅가드 뱅크의 모든 간부들이 딸의 건강을 함께 염려해주었다. 나는 병원에서 밤을 보내야 했기 때문에 집에 남아 있는 딸에게 내 대신 저녁 식사를 가져다주기도 했다. 지금은 딸이 건강해졌고 나는 지점의 수석 창구 직원으로 일하고 있으며 시노버스의 가족이라는 사실을 매우 자랑스러워하고 있다."

시노버스처럼 사랑을 핵심으로 하는 회사에서는 직원들이 애사심, 신뢰, 더 나은 업무 성과로 보답한다. 우수한 직원 교육 프로그램과 회사에서 쌓은 경력 때문에 다른 회사에서 스카우트하려고 해도 직원들이 회사를 떠나지 않는 것을 보면 애사심이 어느 정도인지를 가늠할 수 있다. 짐 블랜차드는 이렇게 말했다.

"우리는 회사의 수익, 인수와 합병, 계약과 손실 등을 보고 회사의 실적을 따진다. 그러나 시간이 쌓여갈수록 회사를 더 좋은 곳으로 만들어주는 것은 생일 케이크를 자르고, 악수를 하고, 복도에서 잡담을 나누고, 함께 추억과 비전을 공유하는, 매일매일 일어나는 숱한 작은 순간들이다."

직장은 특별한 성역

프레드릭(Fredric's)의 창립자이며 회장이자 최고경영자인 프레드릭 홀즈버거는 아베다 미용 제품을 판매하는 프레드릭에 대한 사랑을 공공연히 표현하는 배짱 있는 리더이다. 그리고 자신처럼 환경을 아끼고 생각하는 직원들에 대한 호감을 분명하게 표현한다. 2001년, 홀즈버거는 신시내티 컨벤션 센터에서 제10차 연례 아베다/프레드릭 미국 중부 투어를 개최했다. 이 자리에 모인 2,300여 명의 손님들에게 융숭한 식사와 감동적인 연설을 선사했을 뿐 아니라 수백 명의 발과 손과 두피에 스트레스를 날려버리는 시원한 마사지도 제공했다.

전국 프레드릭 지사에서 모인 살롱 경영자들이 푹신한 소파, 마사지 의자, 7개의 조각상, 양초가 켜진 폭포수를 갖춘 '익스피리언스 슈라인(Experience Shrine)'에서 열린 '이브닝 가든'이라는 이벤트에 참가하여 아베다의 제품으로 마사지를 받았다. 홀즈버거는 '직원들을 보살피면 직원들도 그에 따라 회사와 미래를 보살피게 된다' 라고 한다. 전 세계에서 모인 연사들이 스킨케어, 화장, 모발 케어에 관한 자신의 전문 지식을 들려주었다.

아베다/프레드릭을 세우기 전 홀즈버거는 쓰레기 수거, 신문 돌리기, 양파 썰기 등 갖가지 막일을 했다. 그의 가족은 굶어죽지 않기 위해 열심히 일을 해야 했다. 그리고 고용주들이 자신과 다른 직원들을 어떤 식으로 대우하는지 경험한 뒤 홀즈버거는 다음과 같은 원칙을 세웠다.

- 나는 절대로 내가 하고 싶지 않은 일을 직원들에게 시키지 않겠다.
- 직원들은 단지 회사에 입사만 하는 것이 아니라 회사를 믿고 선택하는 것이다.
- 최고의 고객, 직원, 사업 협력업체에게 성심껏 봉사하는 환경을 만들면 그들도 회사를 아끼게 된다.
- 직원들을 보살피면 그들도 고객을 보살피게 된다.

홀즈버거의 환경친화적인 마인드가 넘쳐나는 이상적인 회사 프레드릭의 본사는 오하이오 주 페어필드 한복판에 있다.

프레드릭은 직장을 성역으로 만들겠다는 꿈이 있다. 페어필드와 기타 지역에서 온 직원들은 사내에 설치된 탁아 시설, 유기농 식품만을 판매하는 브라운 하우스 카페, 약초, 스킨케어용 식물, 유기농 과일과 채소 등을 기르는 2천 제곱피트 크기의 온실을 이용할 수 있다. 그러나 겉모습만 아름다운 회사라고 생각하면 착각이다. 아주 많은 일이 이곳에서 이루어지고 있기 때문이다. 홀즈버거는 말했다.

"직원, 고객, 환경과 더 깊이 친밀해지고자 한다. 우리가 다른 회사보다 더 낫다는 말은 아니지만, 다른 회사와 다른 것만은 사실이다."

바로 그 차이가 이 회사에 성공을 가져다주었다. 프레드릭은 3,600만 달러 이상의 수익과 13%라는 성장률을 보이면서 2002년도를 마감했다.

얼마 전 홀즈버거는 타인을 생각하는 그의 창의적인 마인드를 인정받아 '뛰어난 창의적 업적'을 이룬 경영인에게 주어지는 창의적 사고협회(Creative Thinking Association) 상을 수상했다. 1994년에는 프로젝트 데이메이커(Project Daymaker)라는 비영리 기관을 설립하여 생활이 어려운 사람들에게 미용 서비스를 제공하고 있다. 또한 34피트 크기의 위네바고(Winnebago, 북미 인디언의 한 종족-옮긴이) 이동식 살롱을 만들어 전문가들이 넉넉지 못한 이들에게 미용 기술을 전수해주도록 했다. 프로젝트 데이메이커를 통해 인디애나, 켄터키, 미시간, 오하이오 주에 살고 있는 수천 명의 남녀노소가 혜택을 받았다. 이 프로젝트는 미용 전문가들이 집 없는 노숙자들을 대상으로 사회봉사 활동을 펼칠 기회를 갖게 해주었다.

홀즈버거가 이런 생각을 하게 된 것은 그의 친구이자 영적 안내자인 해밀턴의 성 프란시스코 수녀원의 보니 스타인라지(Bonnie Steinlage) 수녀가 이와 비슷한 성 요한 프로젝트 데이메이커라는 사업을 펼치는 것을 보고 깊은 감명을 받아서였다. 보니 수녀는 22년 동안 수녀 생활을 하면서 고생을 많이 했다. 그러던 어느 날 뜻밖의 전환이 일어났다. 그 일은 보니 수녀가 작은 병원 예배당에서 단식기도를 하던 중에 일어났다. 한참 단식기도를 하다가 마태복음에 나오는 '내가 너의 머리와 발을 씻겨주리라'라는 구절을 보고 번개를 맞은 듯 영감을 얻은 것이다. 그래서 보니 수녀는 우선 신시내티에서 가장 가난하고 위험스러운 동네에 노숙자를 위한 시설에 작은 욕실을 마련했다. 이러한 보니 수녀의 생각이 다른 사람들에게도 공감을 불러일으켰다.

한번은 프레드릭 홀즈버거가 개최한 이벤트에 참가했다가 수녀와 함께 잊지 못할 저녁을 보낸 적이 있다. 그때 보니 수녀는 유쾌하게 웃으면서 어린 시절 집안이 너무 가난해서 추운 겨울날에도 바깥에 있는 화장실까지 달려가야 했던 일을 떠올렸다. 그러고는 이렇게 말했다.

"그게 정말 축복이었지 뭐예요! 덕분에 집 안에 내 욕실이 있으면 얼마나 좋을까 하고 늘 바랐으니 말예요."

프레드릭 홀즈버거가 보니 수녀를 처음 만난 것은 1992년 어느 머리 잘라주기 행사장에서였다. 보니 수녀가 가난하고 집 없는 사람들을 위해 머리를 잘라주는 일을 한다는 말을 처음 듣고 깊은 감명을 받았던 것도 바로 그 행사장에서였다. 홀즈버거는 그녀의 행동에 깊은 감명을 받은 나머지 즉시 보니 수녀가 관여하는 모든 봉사 활동에 아베다의 제품을 기부하기로 했다. 그때부터 홀즈버거는 미용 서비스와 위생 교육을 가난한 사람들에게 제공했다. 홀즈버거는 자신이 접하는 모든 사람들의 마음속에 자존심을 불어넣어 줄 수 있기를 바랐다. 아베다 살롱에서 나온 자원봉사자들도 이 불쌍한 사람들이 일자리를 얻고 자립할 수 있기를 바라면서 자신의 시간과 노력을 할애했다. 34피트짜리 이동식 살롱을 이용한 프로젝트 데이메이커는 지금까지 6만 마일 이상을 여행하며 천여 명의 미용 전문가들의 도움을 받아 5천 명 이상에게 서비스를 베풀었다.

아베다에서 홀즈버거가 지원하는 자선단체 목록을 요청해서 받아 보았더니 그 길이가 네 쪽이나 되었다. 그때 아베다는 홀즈버거의 봉사 정신을 기리면서 '사랑이 담긴 손길이 우리 회사의 성공이다!' 라는 문구를 아베다의 모토로 내걸었다.

사랑이 가져다주는 것

전 세계 회사들이 직원을 위한 리더십 교육에 수십억 달러를 쓰고 있지만 사랑하는 방법을 가르치는 강좌는 어디서도 찾아볼 수 없다. 어떻게 이처럼 핵심적인 요소를 리더십 교육에서 빠뜨릴 수 있단 말인가?

우리가 만나본 배짱 있는 리더들은 스스로에게 '오늘 내가 한 모든 행동은 사랑을 원동력으로 하는 것이었는가? 이 사회, 고객, 공급업체와 이야기를 나누는 동안 그들에 대한 애정을 표현했는가?' 하는 질문을 주저하지 않는다. 우리가 보기에 중요한 것은 다른 사람들이 당신을 어떻게 대우했는가가 아니라 다른 사람들이 당신을 잘못 대우했음에도 당신이 그들을 어떻게 대우했는가 하는 점이다. 미운 행동을 보이는 사람을 사랑하는 데에는 참된 리더십과 진정한 배짱이 필요하다.

배짱 있는 리더에게는 '남들이 너를 어떻게 대했든 간에 그들이 성공할 수 있도록 대하라' 라는 말이 중요한 계명이다. 당신은 어떤가? 사업을 할 때 명심해야 할 점은 사랑이 돈을 이긴다는 사실이다. 몇 년 전 사우스웨스트 항공에서 개최한 리더십 프로그램에서 USAA의 전직 차석 최고경영자 쿠니 장군을 만난 적이 있었다. 프로그램이 끝날 무렵 참가자들에게 퇴직 후에 하고 있는 생각을 말해달라고 했다. 그때 배짱 있는 리더가 무엇인지를 잘 이해하고 있는 쿠니는 이렇게 말했다.

"내가 꼭 해야 할 일은 USAA의 리더십 교육 프로그램을 개조하는 일이다. 나는 USAA로 다시 돌아가서 USAA의 미래 지도자들에게 사랑하는 법을 가르칠 것이다."

이 말은 660억 달러 규모의 금융 서비스 회사를 만들어낸, 고급 훈장을 받은 장교에게서 나온 말이다. 그리고 최근에 다시 쿠니를 만났는데 그는 또 이런 말을 했다.

"어떤 결정을 내릴 때에는 반드시 '이 일이 가족과 친구들로부터 존경과 사랑을 얻을 만한 일인가?'를 질문해보아야 한다. 모든 일의 결말에서 궁극적으로 가치가 있는 것은 이것뿐이기 때문이다."

더 많은 리더들이 이처럼 사랑하는 법을 몸소 실천할 배짱이 있다면 세상이 얼마나 좋겠는가!

✓ **사랑에 대한 당신의 생각을 점검하라** : 사업에서 사랑이 얼마나 결정적인 역할을 하는지 이해하고 있는가? 우리가 만나본 배짱 있는 리더들에게 사랑은 단순한 감정이 아닌 판단의 선택이었다. 당신이 어떤 느낌을 가지고 있느냐가 아니라 당신이 어떻게 행동하느냐에 관한 문제이다.

✓ **자신의 이익보다는 봉사 정신을 우선하라** : 사랑은 봉사를 통해 표현되는 경우가 많다. 예를 들어 아이들을 키우는 부모는 바쁜 순간에도 아이들을 어르고 달래는 데 시간과 노력을 기울인다. 이는 그 아이들을 사랑하기 때문에 가능한 일이다. USAA가 이미 고인이 된 생명보험 회원을 위해 뒤늦게 보험료를 받기로 결정했을 때 이 회사는 회사의 이익보다 봉사 정신을 우위에 두었다. 지난 몇 달 동안 당신이 내린 중요한 결정은 무엇을 바탕으로 한 것이었는가? 봉사 정신인가? 아니면 회사의 이익인가?

✓ **고객이 어떤 사람인지 알도록 노력하라** : 고객에 대해서 얼마나 잘 알고 있는가? 단지 돈벌이 대상으로만 보고 있는 것은 아닌가? 고객에게 진심으로 봉사하면 돈벌이는 저절로 된다. USAA의 밥 데이비스의 경우를 보자. 매달 열리는 회의에서 직원들에게 고객 프로필을 제시하여 직원이 고객을 더 잘 알 수 있는 기회를 제공하고 있다. 직원이 고객의 독특한 사정을 잘 알 수 있도록 프로필을 꾸며라. 고객도 자신의 어려움을 진심으로 걱정하는 회사에 대해 변함없는 헌신을 보일 것이다.

✓ **직원이 어떤 사람인지 알도록 노력하라** : 직원들에 대해 될 수 있는 대로 깊이 알도록 하라. 즉 직장생활만이 아닌 개인생활에 대해서도 관심을 가지라는 뜻이다. 직원들이 직장 일과 가정생활 사이의 틈을 좁힐 수 있도록 도와주면 회사의 업무

성과도 그만큼 높아질 것이다.

이를 위해 우선 직원 각각을 독특한 문제와 관심사를 가지고 있는 존재로서 인식하는 일부터 시작하라. 직원들이 무엇을 원하고 필요로 하는지 알아내라. 아이들 문제가 최우선인 경우가 많다. 이 문제를 함께 거들어주면 자녀 양육 문제와 직장생활을 병행할 수 있게 해줌으로써 직원들이 가지고 있는 걱정을 덜어줄 수 있을 것이다. 그렇게 되면 직원들도 한층 더 힘을 얻어 회사를 위해 더 많은 기여를 하려고 노력할 것이다.

✓ 신뢰에 바탕한 관계를 맺어라 : 일반적으로 말해서 모든 관계의 질은 신뢰의 정도로 결정된다. 신뢰가 없다면 사람들은 계속 의심하고 불안해한다. 신뢰가 없는 직장에서는 헌신과 협동정신이 설 자리를 잃는다. 타인을 신뢰하는 일은 직원들이 위험을 감수하고 협동하며 추구하는 목표를 위해 단결할 때 가능하다.

회사에 신뢰 분위기가 조성되게 만들 수 있는 방법은 신뢰 구축을 목적으로 하는 조직 문화 위원회를 만드는 것이다. 지난 100여 년 동안 신뢰는 시노버스의 직원과 고객의 관계에서 가장 중요한 요소였다. 사실 시노버스에는 매달 최고경영자와 자리를 함께하면서 회사에 신뢰를 쌓을 수 있는 길을 모색하는 조직문화 위원회가 별도로 있다.

✓ 신뢰를 업무 성과의 평가 기준으로 만들라 : 텍사스에 본사를 둔 기계와 전자제품 하청업체 TD 인더스트리 역시 신뢰의 중요성을 천명하고 있는 회사이다. 사실 이 회사는 간부진의 업무 성과를 평가할 때 신뢰를 중요 기준으로 삼고 있는데, 이 때문에 모든 간부들은 직원들과의 '신뢰 대차대조표'를 작성해야 한다.

✓ 직원들에게 신뢰를 쌓는 법과 신뢰를 깨는 법을 가르쳐라 : TD 인더스트리는 간부들에게 신뢰를 쌓을 수 있는 행동과 신뢰를 깰 수 있는 행동을 적은 목록을 나누어준다. 물론 이 중에는 중복되는 것도 있다. 신뢰를 깨는 행동에는 직원들을 무례하게 다루는 것, 안 보는 데서 비웃는 것, 일부 직원만 편애하는 것, 자기 실수를 절대 인정하지 않는 것, 약속을 어기는 것 등이 있다. 반면 신뢰를 쌓는 행동에는 어려울 때 이해와 도움을 아끼지 않는 것, 직원의 이야기에 귀를 기울이는 것, 직원의 가족, 직장 밖에서의 관심사, 가치관 등에 주의를 기울이는 것 등이 있다. 결국 가장 중요

한 핵심은 '직원을 신뢰해야 한다'는 사실이다.

TD 인더스트리의 회장 겸 최고경영자인 잭 로우 주니어(Jack Lowe Jr.)가 말했듯이 신뢰 구축은 여정이지 종착지가 아니다. 신뢰란 거저 생겨나는 것이 아니라 매일 기르고 가꾸어나가야 하는 것이다. 신뢰구축위원회를 설립하거나 신뢰 대차대조표를 작성하게 하면 도움이 되지 않겠는가?

✓ **타인의 성공을 위해 조력을 베풀라** : 시노버스는 모든 사람이 가치 있는 존재라는 믿음이 있기 때문에 직원들이 자신의 잠재 능력을 최대한 발휘할 수 있도록 도와주고 있다. 시노버스의 경영자들은 부하 직원들이 개인적 성장을 이룰 수 있도록 도와주고 최고의 업무 성과를 거둘 수 있도록 지원을 아끼지 않는다. 즉 경영진이 항상 직원들에게 봉사를 베풀고 이들의 성공을 위해 투자한다는 뜻이다. 이를 위해 시노버스는 다음과 같은 교육 프로그램을 실시하고 있다.

- **시작부터** : '시작부터' 모든 일을 올바로 이끌어나가기 위해 시노버스는 신입 직원에게 '마음을 나누는 조직문화'를 가르치는 프로그램을 만들었다. 신입 직원은 이 프로그램을 통해 회사의 경영 철학을 이해하게 된다. 직원들이 회사에 입사하자마자 자신이 특별한 존재라는 느낌을 갖게 해주기 위해 이 프로그램은 시노버스가 직원의 성공을 위해 얼마나 헌신하는 회사인지를 보여준다.

- **올바른 선택** : '올바른 선택'이라는 기치 아래 시노버스의 직원들은 자신이 받을 수 있는 혜택을 극대화하는 방법을 배운다. 직원들의 재정적 복지에 관심이 있는 시노버스는 회사의 재산 증식 프로그램을 최대한 활용하도록 적극 권장한다. 일정 수준 이상의 성과를 올린 직원들은 연봉의 21%까지 보너스로 지급받을 수 있다.

  '가족 교육 휴가'라는 제도도 마련하여 직원들이 자녀를 위해 20시간 동안 유급 휴가를 쓸 수 있게 해주고 있다. 학교 수업, 현장 견학 등 여러 가지 경우 이 휴가를 쓸 수 있다. 시노버스는 USAA처럼 회사를 가족으로 생각하기 때문에 직원들이 회사의 업무와 개인생활을 —특히 부모라는 힘든 역할을 수행하면서— 병행할 수 있도록 도와줌으로써 직원을 존중하는 정신을 실현하고 있다.

- **올바른 절차 :** 시노버스는 직원들의 목표, 능력, 꿈, 우려 사항 등이 여러 가지 면에서 계속 바뀐다는 것을 알고 있다. 그래서 '직원 성과 향상'을 도와줄 목적으로 '올바른 절차' 라는 프로그램을 고안했다. 이 프로그램을 통해 간부진과 직원들이 서로 자신들의 어려움과 희망 사항을 이야기하고 함께 발전적인 전략을 모색한다. 어떤 이는 승진을 원하는가 하면 어떤 이는 다른 분야로 직종을 옮기기를 희망하기도 하고 또 다른 이는 정규직에서 시간제 직원으로 지위를 바꾸고 싶어 하기도 한다. 함께 이야기를 나누다 보면 이런 희망 사항을 현실화할 수 있는 방법을 찾을 수 있다. 그 결과 직원들 사이에 더 강한 신뢰감이 형성되고 더 나은 업무 성과가 나타난다.

- **직원 개인의 성장 :** 시노버스에서는 PDE(Personally Developing Every-ONE)라고 알려진 이 프로그램은 '리더십 인스티튜트', '조직문화 위원회', '리더십의 기초' 그 밖에 '올바른 선택' 이라는 항목에 해당하는 다른 프로그램들을 아우른다. 궁극적인 목표는 모든 직원이 자신의 잠재력을 최대한 발휘할 수 있는 기회를 제공하는 것이다.

시노버스의 최고경영자인 짐 블랜차드는 PDE를 이렇게 설명한다.

"PDE는 우리 직장에서부터 우리의 삶의 질을 높이자는 취지로 실시되는 프로그램이다. 이는 '모든 사람에게는 훌륭한 가치가 있다' 라는 회사의 신념을 바탕으로 하고 있다. 시노버스의 직원이 대학에 진학하고자 하면 회사에서 이를 도와준다. 건강을 증진하려 하는 직원을 위해서는 체육 시설, 체육 수업, 피트니스 센터 이용료 할인 혜택 등을 제공한다. 좀더 많은 책임을 지는 자리로 승진하고 싶어 하는 직원을 위해서는 이에 맞는 교육 기회를 제공한다. 직장생활에 어려움이 있을 때에는 이를 도울 지도자를 주선한다."

이처럼 직원의 능력을 끊임없이 향상시키려는 노력이 있었기 때문에 애사심, 능력, 사기 면에서 그 어느 회사 못지않은 직원을 둘 수 있었다.

시노버스의 부회장 겸 정보 담당 이사인 엘리자베스 제임스(Elizabeth R. James) 역시 이렇게 말했다.

"우리는 모든 개인이 지닌 가치를 믿으며 이들이 직업적, 재정적, 개인적, 영적 성장을 이룰 수 있도록 도와줄 것이다."

이제 당신은 어떤 행동을 취할 것인가? '직원들을 올바로 대우'하고 '옳은 일'을 하기 위해 최선을 다할 마음이 있다면 직원 한 명 한 명에 대해 생각해보고 다음 질문들을 해보라. "직원의 성공을 위해 할 수 있는 모든 일을 다했는가?" "능력을 발휘할 수 있는 기회를 주었는가?" "충분한 피드백을 주었는가?" "직원들이 자기 계발 계획을 짤 수 있도록 도와주었는가?"

✓ **귀 기울여 듣고 빠르게 행동하라** : 상대의 말을 들어주는 것만큼 사랑을 잘 표현할 수 있는 방법도 없다. 이는 상대방에 대한 당신의 마음과 생각을 표현할 수 있는 중요한 방법이다. 아브라쇼프 함장의 본보기를 따라 직원들에게 다음과 같은 세 가지 질문을 던져보라. "이곳에서 일하면서 좋은 점은 무엇인가?" "싫은 점은 무엇인가?" "권한이 주어진다면 무엇을 바꾸고 싶은가?" 이에 대한 대답을 듣고 배운 바가 있으면 행동에 옮기라.

✓ **장애물을 제거하라** : 하루 일과가 끝나면 직원들은 그날 어떤 어려움에 부딪혔는가에 따라 힘찬 발걸음으로 회사를 나설 수도 있고 힘이 다 빠진 채 집으로 향할 수도 있다. 무엇 때문에 그런 어려움이 생겨났는가? 무엇 때문에 직원들이 빠르고 민첩하게 행동할 수 없는가? 무엇이 고객에게 서비스를 제공하는 일을 어렵게 만드는가? 무엇이 이들을 좌절시키는가? 그 해답이 회사의 제도와 구조에 있다면 복잡하고 비능률적인 것이 아닌 단순하고 능률적인 것으로 바꾸어라. 이것이 다름 아닌 사랑에서 나오는 행동이다. 직원들의 덜미를 잡는 장벽을 없애버려라. 앞서 말했듯이 위계질서를 타파하고 결재 절차를 간소화하고 격의 없는 대화를 나누어라. 어리석은 절차로부터 유능한 직원들을 해방시켰다는 평판을 얻어야 한다.

✓ **고치려 들지 말고 함께 느껴라** : 직원들이 일에 대해 불평할 때에는 상대방의 공감을 얻고 싶어서 그런 경우가 있다. 사우스웨스트 항공의 비행 스케줄 조정 업무를 맡고 있는 국내선 부서는 휴일 업무를 조정하는 데 어려움이 많다고 몇 년째 하소연해왔다. 비행시간이 얼마 남지 않은 시점에 스케줄을 바꿔달라는 전화가 쇄도했기 때문이다.

이들의 불만을 듣고 나서 켈러허는 '알았다! 내가 직접 처리하겠다!'라고 대답했다. 조종사들이 스케줄을 바꾸려고 전화를 걸었다가 켈러허가 전화를 받자 이들의 태도가 확 달라졌다. 그렇다고 스케줄이 엄청나게 바뀐 것은 아니었다. 다만 켈러허가 이렇게 나섰다는 것 자체가 직원들의 고충을 직접 체험하겠다는 뜻을 반영하는 것이었기 때문에 그 의미가 컸다. 직원들이 원하는 것은 바로 이런 행동일 경우가 많다. 자신이 겪고 있는 고충이 어떤 것인지 상부에서 이해하고 함께 경험해주기를 바라는 것이다.

✓ **직원들을 권력다툼에서 해방시켜라** : 권력다툼의 해악은 아무리 강조해도 지나치지 않다. 첫째, 업무 성과 향상에 투자해야 할 시간과 노력을 낭비하게 된다. 둘째, 직원들을 분열시킨다. 셋째, 두려움과 불신을 조장한다. 넷째, 사랑과는 전혀 상반되는 분위기를 조성한다. 사랑에는 '나'라는 개념이 없기 때문이다. 배짱 있는 리더들은 이를 알고 있기 때문에 권력다툼이 생겨나기 전에 미리 뿌리 뽑으려고 한다.

비밀이 없는 개방된 회사를 운영하고 있다면 악성 루머 따위는 번질 수 없을 것이다. 권력다툼이 아닌 능력에 따라 보상과 승진이 이루어진다면 그런 제도에 불만인 사람은 남들로부터 신뢰를 잃게 될 것이다. 회사의 모든 직원들에게 쩨쩨한 권력다툼, 부족주의, 내분 따위는 용납되지 않음을 알게 하라. 개방성을 중시하는 시노버스는 다음과 같은 신조를 철칙으로 삼고 있다.

"우리 회사의 모든 직원은 자신의 가치를 알아야 한다. 모든 직원이 자신이 얼마나 소중한 인력인지를 알아야 한다. 직원들이 안전하고 괴롭힘당하거나 학대받지 않으며 비밀이 없고 권모술수가 없는 직장 환경을 만들어나갈 것이다."

당신의 회사에서도 이를 마음 깊이 새기기를 바란다.

✓ **직원에게 기회를 주라** : 배짱 있는 리더는 직원에 대한 믿음을 보여준다. USS 벤폴드 호가 감사를 받을 때 아브라쇼프는 이를 하사관에게 맡겼고 그 때문에 자칫하면 자신의 지위를 박탈당할 뻔했다. 그러나 장교들에 대한 아브라쇼프의 믿음은 효과적으로 전달되었고, 그 결과 승조원 모두 그를 따르게 되었다. 아브라쇼프의 본보기를 따라보라. 직원들이 자신의 능력을 보여줄 수 있는 사업을 추진하라. 회의를 주도하고 잠재 고객을 끌어들이고 중요한 회의를 조직하는 등의 일을 직원들에게 맡겨라. 직원들이 일

을 어떻게 해나가든 통제하려 들지 말고 그들을 믿고 있음을 보여주라.

✓ 직원들에 대해 인내심을 가져라 : 계약 체결을 위한 협상을 하건, 신기술 습득을 지원하건, 복잡한 거래에 대해 설명을 하건, 인내심이야말로 사랑을 구현하는 가장 중요한 덕목이다. 그러나 인내심을 가진다는 것이 수준에 못 미치는 업무 수행이나 역기능적인 행동을 눈감아준다는 뜻은 아니다. 아무리 노력해도 성과가 나오지 않는다면 이는 제대로 인내심을 발휘한 것이 아니다. 인내심을 가진다는 것은 직원들을 얼마나 깊이 생각하고 있는지를 보여주는 중요한 방법으로 이해해야 한다.

✓ 직원들을 높이 평가하고 있음을 보여주라 : AFLAC는 매년 일주일을 따로 할애하여 회사가 직원을 얼마나 귀중하게 여기는지를 보여준다. 시상식, 선물 증정, 성대한 축하 행사 외에 간부들이 각 부서에 개인적인 감사 편지를 전달하기도 한다. 직장에 자녀들을 초대하여 인기 연예인의 공연과 유명 인사의 연설을 볼 수 있게 해준다. 그 주 마지막 날인 토요일에는 직원과 가족을 식스 플래그(Six Flags) 놀이공원에 초대한다. 그리고 자녀들에게 부모가 회사에서 공로를 인정받아 표창을 받는 장면을 목격하게 한다.

팀 구성원의 이름을 적은 목록을 만들고 각 구성원이 칭찬받을 만한 일을 할 때마다 이를 기록하라. 그리고 자연스러운 기회를 찾아 되도록 여러 사람이 있는 자리에서 칭찬해주라.

✓ 고객과 직원 모두에 대한 이해를 보여주라 : USAA는 단지 생명보험 상품만을 파는 회사가 아니다. 고객 관리팀은 고객의 아픔을 진심으로 이해하고 이를 덜어주기 위해 노력한다. 그러니 고객들이 회사를 신뢰하는 것도 무리가 아니다.

누군가 곤경에 처했을 때 이를 자연스럽게 이야기할 수 있는 분위기를 조성하라. 예를 들어 사우스웨스트 항공에서는 어떤 위기나 심각한 어려움에 닥쳤을 때 이를 간부진에게 이야기하면 성의껏 들어주리라는 것을 모든 직원이 알고 있다. 콜린 버렛이 편지나 선물을 보내주면 직원들은 진심으로 감동한다.

✓ **당신의 약점을 보여라** : 딱딱하고 강철 같은 모습을 보여주는 것보다 다양한 감정을 드러내는 편이 더 배짱 있는 행동이다. 모르는 것이 없고 두려움을 모르며 약점이란 없고 언제나 완벽하기만 한 상사를 상대하는 것은 매우 어려운 일일 수 있다. 고의적이든 아니든 간에 이런 행동은 상대에게 위압감을 주고 상대를 고립시킨다.

기존의 리더들은 약점을 드러내는 것을 허약하고 해서는 안 될 행동으로 여겼다. 그러나 직원들이 잘 따르는 리더를 보면 이런 생각이 옳지 않은 것임을 알 수 있다. 예를 들어 뉴욕 시장 루돌프 줄리아니(Rudolph Giuliani)는 2001년 9월 11일 테러가 있은 후 국가적 영웅이 되었고 〈타임〉이 뽑은 올해의 인물로 선정되었다. 우리가 생각하기에 이는 줄리아니가 자신의 고통스러운 심경을 모든 국민 앞에서 표현하면서 동시에 자신 있게 책임을 맡았기 때문이었다고 본다.

✓ **사랑의 매를 아끼지 마라** : 사랑으로 직원들을 다스린다는 것은 직원들에게 진실을 이야기할 수 있는 배짱이 있음을 의미한다. 즉 단지 직원들의 감정을 상하게 하기 싫어서 해야 할 말을 하지 않아서는 안 된다는 것이다. 허심탄회하게 진실을 이야기함으로써 나중에 직원들이 더 큰 어려움을 겪지 않도록 도와줄 수도 있다. 진실을 외면하면 문제가 더 심하게 곪아 회사와 직원 모두에게 치명적인 해를 입히게 된다.

6^장

배짱 있는 리더는
대의명분을 구체화한다

Guts!

Guts!

인간 존재의 비밀은 단지 살아남는 것이 아니라 살아야 할 이유를 가져야 한다는
데 있다.
표도르 도스토예프스키

더 이상 가치를 창출하지 못하게 될 때 사람은 죽어가기 시작한다.
엘리너 루스벨트

배짱 있는 리더는
대의명분을 실천한다

우리는 일상생활을 하면서 사회적 대의명분에 가담해야 할 필요성을 느낀다. 사람들은 지역사회 단체에 가입해 열심히 활동하고 교회나 절에 다니고 글을 읽지 못하는 사람들에게 글을 읽어주기도 한다. 이러한 모든 행동은 일상생활의 근심이나 걱정을 초월하는 인간의 선천적인 욕구를 보여준다. 인간의 이기심을 넘어서 더 큰 무언가를 위해 선한 일을 행하려는 인간의 이타적인 욕구를 보여주는 것이다.

이러한 필요성을 자신의 기업과 무관하다고 무시하는 리더는 인간의 인류애나 인간다운 모습을 무시하는 것이다. 이러한 태도는 직원들의 여러 모습 가운데 단순히 월급봉투를 위해 매일 일하는 모습만을 생각하는 것이다. 현명하지 못한 리더는 기업의 경쟁력을 키우는 데 가장 중요한 지적, 육체적, 감정적 자산을 경시한다. 훌륭한 비즈니스는 다른 그 어떤 자원보다도 인적자원의 가치를 높이는 것이다. 그러나 바람직하지 못한 경영 마인드는 인적 자원의 가치를 알아차리지 못한다.

훌륭한 회사의 성공 뒤에는 어떤 특정한 면에서 사람들을 고양시키는 의무감이나 도덕적 강제 같은 것이 있다. 가장 중요한 사실은 사람들이 이런 기업에게 끌린다는 것이다. 왜냐하면 그들은 무언가 의미 있는 일에 참여한다는 느낌을 얻기 위해 고귀한 목적을 가진 조직의 일원이 되기를 원하기 때문이다.

이에 대한 가장 훌륭한 증거가 되는 예로는 메드트로닉(Medtronic)이 있다. 메드트로닉은 세동제거기, 심장박동조절장치, 신경자극기 등 인체 내 이식이 가능한 생물의학 장치 제조업체로서는 세계 최대 기업이다. 이 회사의 2만 8천여 직원은 12초마다 누군가의 삶이 메드트로닉의 제품이나 치료에 의해 향상됨을 잘 알고 있다. 그렇기 때문에 이들은 자신의 일에 대해 크나큰 열정이 있다.

메드트로닉의 연구원과 과학자들은 전 세계에서 3천여 개의 특허를 획득했다. 〈이코노미스트〉는 메드트로닉을 의료기기 산업에서 시장을 가장 잘 이해하는 혁신적인 기업으로 다루었다. 사실 연간 수입 60억 달러 가운데 70% 이상이 지난 2년 사이에 출시된 신제품에서 나온다. 이 신제품 덕택에 메드트로닉은 연평균 17% 이상의 성장률을 달성할 수 있었다.

메드트로닉의 전직 회장이자 최고경영자였던 빌 조지(Bill George)는 '우리 회사가 이처럼 성공할 수 있었던 것은 회사의 사업 목표에 열정이 있기 때문이라고 생각한다'라고 했다. 35년 전 메드트로닉의 공동 창업자 얼 배켄(Earl Bakken)은 조직의 사명을 명확하게 설명하는 '고통을 줄이고 건강을 회복하고 생명을 연장한다'라는 슬로건을 만들었다. 이 신념을 받아들이는 직원들을 위해 배켄은 메달 수여 행사를 개최하기로 했다.

이런 아이디어를 낸 지 여섯 달 뒤부터 신입 직원들에게 한쪽 면에는 회사의 상징이 새겨져 있고 다른 한쪽에는 사명 문구가 적힌 동메달을 수여했다. 메달 수여식이 전해주는 메시지는 명확하다. '당신은 단지 자신이나 회사를 위해 일하며 돈을 벌기 위해 이곳에 온 것이 아니라 사람들이 건강과 생명을 회복하는 것을 돕기 위해 이곳에 왔다'는 것이다.

배켄의 메시지와 메달 수여식은 전 세계 메드트로닉 직원을 하나의 대의로 묶어주었다. 현재 메드트로닉의 최고경영자인 아서 콜린스 주니어(Arthur Collins Jr.)가 말한 바와 같이 그것은 일종의 입회식이고 조직문화의 가장 중요한 부분이며, 제품 라인이나 지리적 위치, 인종, 문화를 초월하는 것이다.

메드트로닉의 시작은 낯설고 멋진 길로 들어서려는 훌륭한 기업들에게 좋은 사례가 된다. 메드트로닉은 1949년 어느 봄날 미니애폴리스에서 얼 배켄과 파머 허문들리(Palmer Hermundslie)라는 두 친구가 대화를 나누면서 구상된 회사이다. 배켄은 미네소타 대학에서 전자공학을 전공하는 대학원생이었고 허문들리는 목재회사에서 일하고 있었다. 배켄은 의학 연구원인 아내를 데리러 가기 위해 병원에 잠시 들렀다가 노스웨스턴 병원에서 사람들을 알게 된 이야기를 해주었다. 병원 직원들은 배켄의 전공이 무엇인지 알고서 엔지니어들이 다룰 줄 모르는 아주 정교한 전자 기계를 어떻게 수리하는지를 묻기 시작했다.

이런 운명적인 대화를 나누는 동안 배켄과 허문들리는 의료기기 수리에 전문적인 기업을 함께 설립하기로 했다. 배켄은 대학원을 중퇴하고 허문들리는 하던 일을 그만두었다. 이들은 회사명을 메드트로닉으로 정하고 천천히 사업을 시작했다. 회사는 점차 중서부 지역의 의사와 간호사 사이에 널리 알려졌다. 그리고 다른 회사에서 만든 의료기기를 판매하기 시작했다.

여기서 다시 한 번 운명이 개입했다. 처음에는 병원 연구팀에서 메드트로닉에 실험 장비를 개조해달라고 요구하다가 나중에는 특정 실험용 장비를 아예 직접 제조해달라는 요청을 하기에 이른 것이다. 이 요청에 따라 일회용 제품을 열두 개 만들면서 메드트로닉은 제조업에도 뛰어들었다. 고객들 중에는 미네소타 대학의 심장외과 의사 C. 월튼 릴레이 (C. Walton Lillehei)도 있었다. 릴레이는 메드트로닉이 환자가 몸 밖에 편안하게 착용할 수 있는 심장박동조절장치를 개발할 수 있는지 물었다. 이에 따라 배켄은 직접 장치를 고안했고 이는 심장병 환자 치료에 획기적인 돌파구가 되었다.

1960년, 뉴욕의 내과의사 두 명이 별도의 부속 장치가 필요 없는 심장박동조절장치를 고안하고 이에 대한 연구 논문을 잡지에 기고했는데, 이를 읽은 허문들리는 그 의사들을 만나기 위해 경비행기를 타고 폭풍우를 뚫으면서 버팔로까지 날아갔다. 그리고 이 제품에 대해 메드트로닉이 독점적 제조권과 판매권을 갖는다는 조건을 포함한 계약을 체결하고 돌아왔다.

심장박동조절장치 제조산업의 주류가 된 메드트로닉은 연이은 기업 인수를 통해 다양한 의료기구의 제조, 판매로 사업영역을 확장했다. 오늘날에는 카테터, 외과 기구, 당뇨병이나 비뇨기과 질환 치료 기구 등을 생산한다. 제품군이 광범위한 만큼 가격 경쟁력까지 갖추어 의료 기기를 대량으로 병원에 납품할 수 있게 되었다. 그리하여 2002년도에 메드트로닉의 시장자본은 5억 9,800만 달러에 이르렀다.

이런 뛰어난 제품 외에도 메드트로닉은 고객들에게 편리한 서비스와 도움을 제공했다. 이는 아주 먼 과거 —얼 배켄은 전기적인 문제를 해결하기 위해 직접 수술실로 뛰어 들어가고 허문들리가 심장박동조절장치를 급하게 배달하기 위해 비행기를 직접 몰고 온 나라를 돌아다니던 때— 부터 메드트로닉이 지켜온 전통이다. 메드트로닉은 고객지원 차원에서 내과의사나 다른 의료 서비스 전문가들이 장비 취급 방법을 배울 수 있는 세미나와 워크숍을 개최하는 등의 고객 교육도 실행한다.

메드트로닉의 고객 서비스 품질은 종업원들의 기술과 열정, 헌신에 따라 좌우되며 바로 이 부분에서 메드트로닉의 사명이 의미를 갖는다. 메드트로닉은 직원들이 영웅적인 대의명분을 실천하는 데 한몫을 담당한다는 느낌이 들도록 해주고 있다. 예를 들면 39년 넘도록 매년 12월에 메드트로닉은 그들의 제품이 어떻게 목숨을 살리고 변화시켰는지 설명해주기 위해 내과의사 6명과 환자들을 초청하는 행사를 했다. 1,500명이 넘는 직원들이 이 행사에 직접 청중으로 참석하고 수천 명이 위성을 통해 그것을 지켜본다. 그리고 실로 감동적인 스토리가 펼쳐진다.

빌 조지는 메드트로닉의 전 직원은 대의명분이 지적인 개념에서 진정한 열정으로 전환되는 극적인 순간을 경험한다는 사실을 강조했다. 조지에게 그 순간은 그의 첫 휴가 때였다고 한다. 그때 조지는 선천성 뇌성마비를 앓는 18살짜리 소년 플랙(T.J. Flack)을 만났다. 이 소년은 17년 동안 상상할 수 없는 고통과 공포 속에 살아왔다. 해마다 6월에 수술을 받고 몇 달 동안 전신 깁스를 하고 지냈지만 깁스를 풀면 다시 수술을 받을 때까지 또 경련을 참으며 지내야 했다. 결국 16살 되던 해에 수술을 거절했고 그의 몸은 점차 굳어졌다. 이때 메드트로닉은 척추 신경에 약물치료를 할 수 있도록 프로그램된 펌프를 내놓았고 플랙의 삶의 질은 놀랄 만큼 급진적으로 향상되었다. 말을 더 잘 하게 되었고 침대에서 일어날 수 있게 되었으며 혼자서 옷을 입을 수도 있었다. 심지어 혼자 힘으로 학교 계단을 오를 수도 있게 되었다.

사실 그 이전에 메드트로닉의 약물 펌프 개발 부서는 몇 년 동안 실패를 거듭하던 중이었다. 그러나 플랙의 이야기에 감동을 받은 조지는 실패를 거듭하던 약물 펌프 부서를 다른 회사에 매각하지 않고 구조조정을 했다. 더 많은 자원을 연구 개발, 마케팅, 영업에 투입했다. 결국 펌프 사업은 수익성을 되찾았으며 메드트로닉의 제품군에서 가장 빠른 성장을 보이는 제품이 되었다. 이 기술은 새로운 치료법을 계속해서 개발할 수 있는 밑바탕이 되었다.

해마다 〈포춘〉이 실시하는 미국에서 가장 일하기 좋은 회사에 대한 설문 조사에서 메드트로닉 직원 중 86%가 업무에 특별한 의미가 있다고 생각한다고 답했다. 게다가 그 중 94%는 일에 강한 자부심을 느낀다고 말했다. 이러한 직원 가운데 한 명인 메드트로닉 마케팅 부서의 저스틴 프리츠(Justine Fritz)는 팀원 열두 명을 이끄는 팀장이다. 그의 팀은 새로 출시되는 제품에 관한 브로슈어, 사용 매뉴얼, 세일즈 매뉴얼, 보험 계약서 등을 작성, 관리한다. 자신이 하는 일의 중요성에 대해 묻자 프리츠는 '나는 이제껏 지금처럼 누군가의 삶의 질을 이렇게 급속도로 변화시키거나 가시적인 성과를 통해 무한한 보람을 느껴본 적이 없었다'라고 했다. 최근 프리츠는 파킨슨병 치료법 마케팅에서 중요한 역할을 맡았다. 그 치료법은 전기로 신경체계를 자극하기 위해 고안된 장치로, 몸의 경련을 감소시키고 파킨슨병의 합병증을 줄여주기 위해 고안한 것이다.

우리는 프리츠 같은 메드트로닉 직원들이 자신의 업무에서 특별한 의미를 찾는 데 놀랄 필요가 없다. 빌 조지는 스위스 로잔에 있는 메드트로닉 유럽 본사에서 메달 수여식을 실시하고 있다. 한번은 파킨슨병으로 경련 증세가 있는 스위스 농부가 메드트로닉 직원들을 모아놓은 자리에서 자신이 사용하는 메드트로닉의 신경자극 기계를 꺼보였다. 곧바로 경련이 다시 시작되었다. 메드트로닉이 얼마나 중요한 일을 하고 있는지를 신입사원 150명에게 생생하게 보여준 그 순간, 메드트로닉이 제조하는 구명 장치는 이제 그들에게 단순한 일 이상의 의미를 띠게 되었다.

메드트로닉의 직원들이 다른 회사로 옮기지 않는 이유는 단지 메드트로닉에 사내 탁아소, 피트니스 센터, 마사지 시설, 무료 세탁소 등이 있기 때문은 아니다. 쿼드/그래픽스, SAS, USAA의 직원들도 마찬가지이다. 이들은 모두 자기 일에 보람을 느끼기 때문에 회사에 머무는 것이다.

여기 메드트로닉이 자사의 대의명분을 강화하는 방법을 소개한다.

- 공장과 사무실 전체에 회사의 대의명분을 적어서 걸어놓는다.
- '환자들의 벽'을 회사에 설치한다.
- 환자들의 사진과 사연을 연례 보고서에 싣는다.
- 본사 건물 밖에 있는 창립자 얼 배켄의 동상 초석에 대의명분을 새겨놓는다.
- 최고경영자가 매달 직원들과 아침식사를 함께 하면서 회사가 명분을 잘 실천하고 있는지에 대해 의견을 나눈다.
- 메드트로닉이 회사의 목표를 얼마나 적극적으로 실천하고 있는지를 설명하는 이메일을 직원들에게 정기적으로 보낸다.
- 직원 채용 과정, 회사 인수 과정, 의사와 주주들과의 회의에 대의명분을 반영

한다.

- 대의명분을 바탕으로 간부들이 직원 복지 혜택과 이익 배당에 관한 결정을 내린다.
- 매년 설문 조사를 실시하여 회사의 모든 직원들이 메드트로닉의 대의명분을 잘 이해하고 있는지 확인한다.

메드트로닉이 대의명분 실천에 이처럼 많은 노력을 기울이는 이유는 직원들의 일이 오래도록 남을 의미를 지닌 때 이들의 삶도 더 많은 의미가 있음을 분명히 알기 때문이다.

단순한 월급봉투 이상의 그 무엇

우리는 모두 우리가 하는 일에 대해 어떤 신념을 갖고 싶어 한다. 만약 당신이 당신의 가치체계와 다른 일을 하거나 사회에 별달리 기여하지 않는 일을 한다면 당신의 영혼이나 열정을 그 일에 쏟을 이유가 없게 된다. 이렇게 되면 업무성과는 그저 평범한 수준에 그치고 이직률은 다른 회사보다도 오히려 더 높아진다.

사람들은 단지 돈을 벌기 위해 일을 할 뿐만 아니라 자신을 차별화하기 위해 일을 한다. 일에서 우선순위를 묻는 많은 연구조사를 보면 의미 있는 일이 금전적 보상보다 우선함을 볼 수 있다. 실질적으로 모든 사람은 단순한 일상생활을 능가하는 무언가 고귀한 일의 일부가 되기를 희망한다. 다른 사람들의 이익을 위해 우리의 재능을 사용할 때 우리는 마음을 다해 어떠한 일에 몰두하게 된다.

마틴 루터 킹 목사, 마더 테레사, 간디 등 역사적으로 용기 있고 대담한 지도자로 알려진 사람들은 세계적으로 유명한 지도자가 되는 데 목표를 두지 않았다. 이들은 다른 사람들을 동참시키는 아주 힘 있고 강력한 사명을 추구했다. 더 좋은 세상을 만들고 어떤 요구에 응답하려는 그들의 열정은 사람들의 마음과 생각을 사로잡았다. 용기 있고 대담한 지도자들은 어떤 사명과 선의지를 위해 개인적 차원 또는 직업적 차원에서의 희생을 이끌어냈고 그들의 믿음은 그들 주위에 잠재력과 힘을 전파시켰다. 더 좋은 세상을 만든다는 소명의 관점에서 당신의 사업을 정의하라. 그러면 당신은 진정한 동기부여를 이끌어낼 것이다.

몇 년 전에 코닥 사진인화 센터의 직원들이 참석한 가운데 세미나를 개최한 적이 있다. 참석한 직원들에게 '당신이 한 일에서 가장 영웅적인 일은 무엇입니까?'라고 물었다. 이 질문에 대해 많은 대답이 나왔다. '고객의 기대를 한층 넘어서는 만족을 주는 것이다.' '우리의 사진인화 품질이 비교할 수 없을 만큼 훌륭할 때이다.' '고객이 우리의 서비스 속도나 신용에 대한 신뢰를 하게 된 것이다' 등의 대답이었다.

그러던 중 회의실 뒤에 있던 한 여성이 일어나서 말했다.

"모두 사실입니다. 그러나 그런 것들은 영웅적인 일이 아닙니다. 우리의 일이 영웅적인 의미를 가지는 것은 아기의 탄생, 결혼식, 아주 특별한 휴가 등 사람들의 일생에 소중한 추억을 보존해주고 지켜주기 때문입니다. 우리는 사람들의 삶에서 가장 중요한 순간을 포착해주고 있는 것입니다."

순간 적막이 흘렀다. 그리고 나서 방 전체에 흥분된 목소리가 웅성웅성 울려퍼졌다. 상당한 에너지가 방에 넘치는 것을 느낄 수 있었다. 왜 그랬을까? 그 이유는 그 여성의 말이 옳았기 때문이다. 무엇이 더 열정과 고무적인 성과를 일으키는가? 다른 누구보다 필름이나 인화지를 더 잘 처리한다고 말하기 위해서인가 아니면 삶을 더 풍요롭고 재미있게 만드는 순간을 포착하기 위해서인가? 갑자기 코닥 직원들은 그들의 업무에 더 큰 사명과 소명을 부여하게 되었다. 이들은 세상에 아주 긍정적인 공헌을 하고 있는 것이다. 그들의 일을 좀더 의미 있고 중요한 일로 인식하게 된 이 순간, 회사의 광고 슬로건이 갑자기 그들의 현실이 되었다.

사우스웨스트 항공은 항공업계에서 생산성이 가장 뛰어난 우수 인재를 확보하고 있다. 왜냐하면 이 회사의 직원들은 그들의 일을 단순한 비행이 아닌 자유 수호로 이해하기 때문이다. 사우스웨스트의 직원들에게 보낸 편지에서 허브 켈러허는 이 회사의 대의명분이 무엇인지를 확실히 밝혔다. 다음은 그 초록이다.

우리는 25년 이상 다른 항공사들이 시도하지 않은, 그리고 성공하지도 못한 일을 했다. 우리는 창공을 평등한 공간으로 만들었다. 우리는 각계각층의 사람들이 절대 가지 못할 곳이라고 생각했던 하늘을 날게 하고 전혀 다른 시점에서 세상을 보게 했다. 우리는 고객들에게 하늘을 나는 자유를 주었다. 라이트 형제는 우리를 자랑스럽게 생각할 것이다.

이런 면에서 우리는 항공 산업을 하는 것이 아니라 자유를 선사하고 있다. 이는 여러분이 위대한 박애 정신과 인간미를 발휘하여 고객과 직원 서로에게 최선을 다해 봉사한다는 약속을 지켰기 때문에 가능했던 일이며 다른 경쟁사보다 더 낮은 운임을 유지하려는 피나는 노력을 기울인 결과이다. 우리는 저렴한 비용으로 항공기 여행을 할 수 있게 만들었고 수백만 미국인에게 자유의 상징이 되었다.

당신들은 나의 자랑이자 감동이며 자유의 상징이다.

직원들 개인이 이루는 기여를 더 큰 대의로 연결시키는 일은 당연히 허브 켈러허의 몫이다. 그는 사우스웨스트 항공의 직원들이 아주 엄청난 사회적 가치가 담긴 서비스를 제공한다고 믿는다. 사우스웨스트의 핵심 경쟁력에 초점을 맞춘 원칙을 실천함으로써 고객이 항공요금으로 수십억 달러를 절감할 수 있게 했다. 사우스웨스트가 시장에 진입했을 당시에는 다른 경쟁업체보다 30~50% 정도 낮은 요금을 제공했다. 이는 이혼한 부부의 아이가 떨어져 살고 있는 어머니나 아버지를 더 자주 볼 수 있게 해준다는 의미이다. 또한 수입이 제한된 나이든 과부가 그의 가족이나 친구들을 자주 방문할 수 있게 하고 피닉스에 있는 기업가가 솔트레이크 시티나 엘파소, 투산에 있는 잠재고객들과 더 많은 사업을 할 수 있다는 의미이다. 다음은 사우스웨스트의 관리담당 부사장 론 릭스(Ron Ricks)의 설명이다.

"사우스웨스트 항공의 모토는 '우리는 일을 하는 것이 아니라 개혁을 주도한다' 이다. 사우스웨스트의 직원은 우리 비행기에 탑승하는 승객을 어떻게 보호할 것인가, 어떻게 낮은 항공요금을 유지할 것인가, 수입이 없는 나이든 사람들에게 최선을 다해 봉사할 방법은 무엇인가를 항상 생각한다."

비록 공식적으로 연구된 사실은 아니지만 공항 탑승 담당 직원들의 집계에 따르면 화물 운반 벨트에 놓인 디즈니나 세서미 스트리트 가방 여덟 개 중 한 개는 부모가 별거 중인 가엾은 아이들의 것이라고 한다. 이 통계는 어쩌면 사실이 아닐 수도 있지만 그래도 사우스웨스트 직원들에게는 비행시간을 엄수하게 만드는 동기로 작용했다. 사우스웨스트는 일상의 사소한 일도 자유를 파는 회사에게는 얼마나 큰 동기부여가 될 수 있는지를 직원들을 통해 보여주고 있다.

사업이 숭고한 의미를 띠면 그 다음에는 이와 연관된 캠페인이 일어난다. 그래서 사우스웨스트의 모든 직원들이 정치 활동에 적극 참여하는지도 모른다. 사우스웨스트의 직원은 새로운 도시에 취항하기 전에 그곳 의회에 편지를 쓰거나 지방단체에 대한 감사를 실시한다.

이들은 정치가 사람들의 자유를 보호하는 비즈니스라고 믿는다. 만약 의회에서 비행기 이착륙 비용을 올리는 법안을 만들면 사우스웨스트 직원들의 극심한 반대에 부딪힐 것이다. 그런 법안은 단지 직원 자신에게 불이익이 될 뿐만 아니라 그들의 이상에도 어긋나는 일이다. 릭스는 이렇게 말했다.

"사우스웨스트 항공의 직원들과 같은 생각을 하면 고객에게 해를 끼치는 행동에 대해서는 본능적인 거부감이 일게 된다."

우리는 최근 라스베이거스에서 샌디에이고까지 사우스웨스트의 비행기를 타고 여행한 적이 있었다. 그때 젊은 여성이 두꺼운 법률서적 세 권을 꺼내 들고 우리 옆에 앉아 공부하기 시작했다. 샌디에이고에 다다를 때쯤 우리는 물었다.

"법대생이신가요?"

"네, 샌디에이고 대학 법대생이에요."

그녀는 아주 따뜻하지만 약간 지친 목소리로 미소를 띠며 대답했다.

"저는 라스베이거스에서 살고 있어요. 밤에는 그곳에서 쇼를 공연하죠. 수업 때문에 아침에 샌디에이고까지 비행기를 타요. 첫 해에는 일주일에 네 번이나 비행기를 탔어요. 지금은 일주일에 두 번으로 줄었죠. 사우스웨스트의 항공요금이 이렇게 싸고 자주 여객기를 운항하지 않았다면 불가능한 일이었을 거예요."

우리는 이 젊은 여성의 단호한 말에 놀랐다. 고객에게 이동의 자유를 제공하는 회사이기 때문에 가능한 일화였다. 사우스웨스트 부회장 겸 최고경영자 짐 파커는 이렇게 말했다.

"우리는 단지 돈을 벌기 위한 회사가 아니다. 사우스웨스트 항공의 훌륭한 점은 미국 기업의 성격을 변화시켰다는 점이고 지금도 새로운 시장에 진입할 때마다 계속 이런 변화를 일으키고 있다."

사우스웨스트 항공의 직원들은 자유라는 단어를 매우 심각하고 신중하게 받아들인다. 예를 들어 공항 탑승 담당 직원이 아침 비행에서 비행기를 2분 늦게 들여보냈을 때 그 2분은 그날 저녁이 되면 90분으로 늘어날 수 있다. 또한 비행 스케줄을 맞추기 위해서 한 대 운항하는 데 300만 달러나 드는 비행기를 20대나 추가 운항해야 한다는 의미이기도 하다. 이렇게 항공편을 추가하면서 비용을 증가시키는 것은 이동의 자유를 제공하려는 사업 목적에 위배되는 일이다. 그러나 사우스웨스트의 조직문화에서 직원들이 걱정하는 것은 단지 그들 상사에게 꾸지람을 듣는 것이 아니라 정확한 시간에 안전하게 목적지까지 그들을 데려다줄 것이라고 믿고 있는 고객들에 대한 염려이다.

때때로 이는 사우스웨스트를 다른 경쟁사들과 차별화하는 중요한 대의명분이 된다. 반면에 코닥과 후지는 둘 다 필름을 제조하고 인화하지만 코닥은 사람들의 추억을 보존한다는 감동적인 대의에 따라 고객들의 요구를 만족시켜준다는 점에서 후지와 차별화된다. 무엇이 마스터카드를 비자와 다른 카드로 만드는가? 그것은 값으로 따질 수 없는 소중한 경험을 갖게 하기 때문이다. 여러 회사간에는 서로 다른 광고 문구 이상의 차이가 존재한다. 각 회사의 대의명분은 직원들이 자신의 일이 숭고하고 의미 있다고 믿고 있음을 보여준다. 더 좋은 세상, 더 나은 세상을 만드는 데 기여하고 있는 것이다.

영웅적인 대의는 마음속 깊은 곳에서 나온다. 그것은 회사의 목적, 목표에 깊게 감명받은 사람들의 마음과 정신에서 나온다. 회사의 대의명분에 반영된 이미지가 명백해지는 순간 직원들의 입에서 '아하' 하는 감탄사가 나온다. 유명한 회사들은 영웅적인 대의명분을 어떻게 표현하는지 몇 가지 예를 들겠다.

● 사우스웨스트 항공 : 고객에게 이동의 자유를 제공한다.
● 애플 컴퓨터 : 세상을 교육한다.
● 패니 메이(Fannie Mae) : 아메리칸 드림의 실현을 돕는다.
● 메드트로닉 : 고통을 줄이고 건강을 회복하고 생명을 연장한다.
● 슈왑 : 고객의 꿈을 지켜주는 수호자이다.
● SAS : 고객에게 정보를 습득할 힘을 준다.
● USAA : 고객의 삶을 편안하게 해주고 마음의 평화를 더욱 굳건하게 지켜준다. 언제나 고객의 편에 서 있다.
● USS 벤폴드 : 중동지역 평화협상에 힘을 실어준다.
● 컨테이너 스토어(Container Store) : 더 많은 시간과 공간을 제공하여 고객의 삶을 향상시킨다.
● 언스트 앤드 영 국세 준수팀 : 고객에게 시간, 자유, 마음의 평화를 제공하여 중요한 일에 전념할 수 있게 함으로써 고객의 성공을 돕는 솔루션을 제공한다.
● 모나크 고등학교 : 내재된 희망과 꿈을 찾아준다.
● 프라이벅스 닷컴 : 조직을 개선하고 사람들이 더 의미 있고 훌륭하고 보람 있는 삶을 살게 해준 이야기를 전한다.

바로 지금이야말로 영웅적인 대의가 기업에게 이익을 가져다줄 때이다. 지금 이 시대의 모든 사람은 정보와 선택의 바다에서 24시간 헤엄치는 하이퍼링크된 세상에서 살고 있다. 부와 첨단 기술은 우리의 스트레스와 불만을 감소시키기는커녕 오히려 증가시켰다. 동시에 남성보다 더 잘 화합하고 협력적이고 온화한 성향의 여성이 기업을 관리하는 사례가 점점 늘고 있다. 직원들은 직장에 더욱 협력적이고 의미 있고 이타적인 조직문화를 길러내는 상사를 환영한다. 직원들에게 무엇이 고귀하고 보람 있는 일인지를 보여주라. 그러면 그들은 회사에 헌신과 생산성을 보여줄 것이고 그 결과 회사도 변모할 것이다.

영웅적인 대의는 경쟁력을 강화시킨다. 그것은 단지 당신의 회사를 독특한 조직으로 차별화할 뿐만 아니라 당신의 대의를 이해하는 고객들에게 매력적인 회사로 다가가게 한다. 사실 많은 연구 자료를 보면 고객이 회사의 대의에 공감하고 이를 이해하면 제품에 기꺼이 더 많은 돈을 지불할 용의가 있다는 사실을 알 수 있다. 이것이 바로 광고로도 절대 살 수 없는 고객 충성도이다.

영웅적 대의는 어떤 것인가?

사람들의 관심을 끌고 그들의 흥미를 자극하고 마음을 온통 사로잡는 영웅적인 대의는 어떤 것인가? 무엇이 그것을 영웅적으로 만드는가? 이러한 질문에 대한 답을 얻기 위해 몇몇 회사를 조사해본 뒤 우리는 거의 모든 대의가 어떤 공통된 특징이 있음을 발견했다.

영웅적 대의는 사람들을 고취시킨다

영웅적 대의는 무엇보다도 극적 요소, 흥미, 감정적 호소로 가득 차 있다. 입소문을 만들어낸다. 사람들의 열망을 자극하고 가능성에 대한 한계를 확장시키며 이상적인 미래로 우리를 부른다. 열정을 불붙이고 상상력을 휘젓고 아드레날린 분비를 증가시키고 공통의 목표로 사람들을 융화시킨다. 자신의 이기심을 넘어서는 신념을 가지고 싸워나갈 어떤 숭고한 목표를 제공함으로써 예전과는 다른 수준의 성취를 이루게 동기를 부여한다.

영웅적 대의는 모든 이를 포용한다

어떤 대의가 영웅적이라면 사람들은 그것을 받아들일 것이다. 왜냐하면 그들은 마음속 깊이 공감하기 때문이다. 이들은 선천적인 선의지에 사로잡힌다. 영웅적인 대의는 가치관을 가시적으로 표현한 것이며 사람들의 비전과 더 밝은 미래에 대한 희망을 말한다. 사람들은 그것을 이해하고 이는 일상생활에 잠재된 우리의 이상을 깨운다. 오래전 관광객 한 사람이 항공우주국의 청소부 조 샐처(Joe Saltzer)에게 당신이 하는 일이 무엇이냐고 물었을 때 '나는 인간을 달에 보낸다'라고 대답한 것과 같은 것이다. 일상적이기만 한 그의 일이 영웅적 대의를 통해 더 높은 수준의 열정과 생산성을 낳은 것이다.

영웅적 대의는 다른 사람들의 삶을 향상하는 데 그 바탕을 두고 있다

물론 이윤도 중요하다. 하지만 궁극적인 감동이나 마음의 동요는 재무제표의 숫자를 능가한다. 영웅적 대의를 이끄는 동기는 이타주의이다. 사람들에게 편리함을 제공하고 고통과 아픔을 제거하고 안전을 보장하고 마음의 평화를 주는 것은 더 나은 세상을 만들기 위한 여러 가지 방법이다. 이런 일에 종사할 때 사람들은 자신의 삶이 헛되지 않음을 확신하게 된다. 다른 사람들에 대한 배려와 보살핌은 상당히 큰 힘이 있다. 다른 사람들이 불가능하다고 말할 때에도 확신을 가지게 해주고 대의가 위태로워졌을 때 두려움을 극복하게 해준다.

영웅적 대의는 봉사 지향적이다

어떤 대의를 영웅적으로 만들어주는 요소는 그것이 타인을 지향한다는 점이다. 영웅적인 대의는 자기 자신의 틀에서 벗어나게 하고 인류에 대한 사랑을 실천할 수 있는 방법을 보여준다. 이는 회사의 제품과 서비스 또는 회사가 하는 일을 통해 표현된다. 컨테이너 스토어는 주주들에게 정당한 수익을 돌려주기 위해서 고품질의 선반을 만든다고 말하지 않는다. 그 대신 '고객에게 더 많은 시간과 공간을 허락함으로써 고객이 더 나은 삶을 살게 해준다' 라고 한다. 이 복잡한 세상에서는 옷장을 정리하는 일도 사람들의 삶을 간편하게 해주고 혼란과 혼돈을 줄여준다고 생각한다. 오늘날처럼 경쟁이 치열한 시장에서는 문제를 해결하려는 목표가 있는 기업이야말로 일시적인 시장 점유율이 아닌 궁극적인 승리를 거둘 것이다.

영웅적 대의는 오래도록 남는다

당신이 진정 영웅적인 목표를 향해 일한다면, 당신이 이룬 업적은 당신이 죽은 뒤에도 남을 것이다. 이는 당신의 삶을 되돌아보게 할 것이며 당신 없이는 불가능한 업적을 후세에 남길 수 있게 해줄 것이다. 달리 말하자면, 당신만의 유산을 창조하는 것이다.

영웅적 대의에는 진실성이 있다

물론 영웅적인 대의는 고귀하고 오래도록 남는 것이지만, 그보다도 이는 당신이 하는 일을 솔직하게 표현한 것이어야 한다. 그저 눈에 띄는 홍보나 매끄러운 광고 문구만 가지고 대의명분을 세울 수는 없다. 반드시 뼈가 있어야 하며 믿을 수 있는 것이어야 한다. 만약 대의에 확실성과 진실성이 부족하다면 직원들은 경영진이 직원들을 충동하기 위해 만들어낸 조작된 개념으로 받아들이고 신경도 쓰지 않을 것이다. 실제로는 마음을 쓰지도 않는 일에 마음을 쓰고 있다고 말하는 것은 기만적인 행동이고 이기적인 태도이다. 그리고 그 속이 뻔히 들여다보인다. 직원들과 고객들은 이런 위선적인 태도를 금세 알아차린다.

USS 벤폴드 호의 함장 아브라쇼프는 제1차 걸프전 후에 이라크가 UN의 무기사찰에 협조를 거부했을 때의 일을 설명했다.

그때 USS 벤폴드 호는 페르시아 만에서 경계 태세에 있었고 토마호크 미사일을 발사하기 일보직전이었다. 승조원들이 발사 명령을 기다리는 사이 긴장감은 점차 고조되었다. 미사일을 발사하면 승조원들이 이제까지 받은 훈련을 실전에서 사용할 기회가 될 것이고 승조원들도 그런 기회를 원한다 할지라도 이는 사람들의 생명을 앗아가는 일이 된다는 것을 아브라쇼프는 잘 알고 있다. 결국 발사 명령은 떨어지지 않았고 미사일은 발사되지 않았다. 승조원들을 모아놓은 자리에서 아브라쇼프는 이렇게 말했다.

"전투에서 여러분이 보여준 민첩함과 USS 벤폴드 호의 용의주도함은 중동지역 평화 협상에 힘을 불어 넣어주었다."

일촉즉발의 긴장된 순간에 아브라쇼프는 그의 승조원들이 더 높은 대의를 위해 헌신하고 있는 것을 강조하고 깊은 믿음과 신념을 일깨워주어 긴장을 완화시켰다.

영웅적 대의는 만족감을 주며 사람들이 하나가 되는 순간 보람 있는 경험으로 다가온다

영웅적인 대의를 실천하는 일은 물론 쉽지는 않다. 역사를 보면 사람들이 대의를 위해 큰 희생을 했음을 알 수 있다. 물론 여러분은 어려움에 직면했을 때 좌절, 분노, 실망, 심지어 절망감까지도 느낄 것이다. 하지만 당신이 마음 깊이 믿고 있는 대의를 추구하면서 얻는 만족과 자부심은 결국 승리를 가져다줄 것이다.

사람들이 대의 안에서
스스로 찾게 한다

용기 있고 대담한 리더는 직원들이 매일 하는 일
과 더 숭고한 대의 사이에 확실한 연결고리를 만들어낸다. 마이클 디베
키(Michael DeBakey) 박사는 세계에서 가장 유능한 심장 전문의다. 의학
분야에 훌륭한 공헌을 했을 뿐 아니라 동료들에게 용기와 희망의 상징
이 된 것으로 유명하다. 몇 년 전 우리 회사 동료 한 명이 텍사스 휴스턴
에 있는 감리교 병원에서 디베키 의사가 만나는 사람들을 관찰하기 위
해 하루 동안 따라다녔다. 디베키 의사는 특이하게도 비질을 하고 있는
나이든 관리인과 이야기를 나누기 시작했다. 디베키는 그 사람의 부인
과 아이들에 대해 물어보았다. 그와 대화하는 것이 그때가 처음이 아닌
것 같았다. 디베키는 관리인에게 당신이 없으면 병원은 제 기능을 하지
못한다고 말했다. 먼지가 여기저기 퍼질 것이고 병원에서 감염될 가능
성이 높아질 것이기 때문이다. 그날 늦게 우리 회사 동료가 관리인을
따라가서 물었다.

"당신이 하는 일이 정확히 무엇입니까? 당신의 직업에 대해 말해주십시오."

그 관리인은 자랑스럽게 대답했다.

"디베키 의사와 나 말입니까? 우리는 함께 생명을 구하고 있습니다."

그의 말이 옳았다. 만약 청소부들이 파업에 들어간다면 병원에 무슨 일이 일어날지 상상해보라.

마이클 디베키는 관리인이 병원의 대의를 위해 가치 있는 공헌을 하고 있음을 인식하고 있는 것이다. 그리고 더욱 중요한 것은 디베키가 더 큰 영웅적인 대의를 위해 직원들이 어떤 기여를 하고 있는지를 정확하게 말해준다는 점이다. 이런 일이 계속되면 강력한 힘이 발생할 것이다. 자기가 가치 있는 목표를 위해 일하고 있음을 깨닫게 되면, 자기 일에 대한 관리인의 인식이 변화된다. 새로운 의미를 깨닫고 일에 대한 열정을 다지게 되는 것이다. 다른 사람들을 감동시키고 자극하기 위해 노력하는 용기 있고 대담한 리더는 직원들이 그들의 일과 숭고한 대의명분 사이에 어떤 관계가 있는지를 생각해볼 수 있는 시간을 준다. 디베키 같은 의사에게 하루 중 5~10분은 매우 귀중한 시간이다. 하지만 관리인이 자신의 일을 다른 의미로 받아들이면서 파생되는 생산성을 고려한다면 아까운 시간이 아닐 것이다.

위대한 일을 이루려는 자세

강력한 조직문화에서 영웅적 대의는 영웅이라고 불리는 사람들의 일상생활을 구성하는 일부이다. 영웅적 대의는 이러한 개인들의 힘에서 나온다. 이들은 높은 이상을 구체화하고 고귀한 가치관을 표현한다. 영웅이란 자기가 맡은 임무나 직장에서 차지하는 지위와 관계없이 매일의 일상에서 비범함을 창조하는 보통 사람이다. 일상적인 일을 하면서 자신이 할 수 있는 최선을 이끌어내는 사람은 다른 사람들도 그처럼 행동하도록 감화를 준다.

자유 등의 대의명분을 위해 최선을 다하든, 신기술을 수용하기 위해 남과 다른 행동을 하든, 인간에 대한 연민을 바탕으로 놀라운 서비스를 제공하든, 영웅들은 그 대의명분을 구체화하고 우리가 직장 동료에게서 발견하고자 하는 품성을 구현한다. 그래서 강력한 조직문화에는 영웅적인 일을 행한 멋진 사람들에 대한 이야기가 가득하다. 이런 이야기들은 일종의 자기 달성 예언이 되어 더 많은 사람들을 대의 달성에 동참시키고 더 많은 영웅적 행동을 낳게 된다.

가장 큰 이득은 무엇인가?

회사 경영자가 직원들에게 그들의 일이 더 나은 세상을 만드는 데 기여한다는 것을 가르치며 영웅적 대의를 심어주면 어떤 일이 일어나겠는가? 사람들은 만족감과 편안함을 느낄 것이고 정신적, 육체적, 영적으로 완벽하게 맺어질 것이다. 물론 그들의 열정은 회사에 금전적인 보상으로 돌아간다. 우리의 경험상 영웅적인 대의를 가진 기업에서는 직원의 헌신이 놀라운 수익으로 전환된다.

영웅적인 대의를 분명하게 만들어낼 수 있는 배짱 있는 회사에서는 리더도 직원들도 수익이 전부가 아님을 알고 있다. 직원들이 다른 사람을 돕게 하는 것은 용기 있고 대담한 리더십의 본질이다. 리더에게 가장 의미 있는 보상은 의미 있는 인생을 살고 바람에 흩날리는 모래 언덕 위의 발자국 같은 덧없는 행적 이상의 발자취를 남길 기회를 얻는 것이다.

SAS의 짐 굿나잇이 바로 그런 리더이다. 굿나잇과 직원들은 하루 일과가 끝날 때 눈에 보이는 성과가 남아 있기를 바란다. 그 예로서 굿나잇은 미 해군성의 븀드(BUMED)라는 의료 및 수술 담당 부서에 어떤 기여를 했는지를 설명한 바 있다.

미 해군성의 의료 서비스 제공 부서인 븀드를 통해 전 세계 140여 개 시설에서 260만 명의 현직과 퇴역 군인과 그 가족들이 의료 혜택을 받고 있다. 븀드는 5개 지역에서 매우 다양한 시스템으로부터 어마어마한 양의 데이터를 수집했으며, 환자들의 요구와 의료 시설의 수용능력 사이에 균형을 맞추기 위해 노력했다. 그러다 보니 환자 데이터의 기밀을 보호할 소프트웨어가 필요했다.

SAS는 이러한 요구를 충족시키기 위해 븀드와 매우 긴밀하게 협력했고 그 과정에서 가장 적합한 솔루션을 만들어냈다. 어떤 결과가 나왔을까? 븀드의 인력을 더 유용하게 사용할 수 있게 되었고 븀드에 의지하는 사람들에게 더 나은 의료 서비스를 제공할 수 있게 되었다.

미 해군 관리들을 모아놓은 자리에서 굿나잇은 이 프로젝트가 SAS의 직원들에게 어떤 의미를 갖는지에 대해 이렇게 설명했다.

"우리 직원들에게는 이 소프트웨어가 사람들의 삶을 향상시킨다는 소중한 의미가 있다. 자신의 힘으로 세상을 바꿀 수 있다고 믿는 사람들만이 실제로 세상을 바꿀 수 있는 법이다."

회사의 이미지는 판매하는 제품 못지않게 중요하다

군대, 야구팀, 그 밖의 어떤 조직이든 영웅적인 대의를 위해 자기 자신을 헌신하고 조직을 현명하게 이끌 수 있는 리더를 필요로 한다. GSD&M의 로이 스펜스는 이렇게 말했다.

"회사의 이미지가 광고만큼이나 중요하다는 사실은 늘 인식해왔다. 고객을 위해 옳은 행동을 하면 돈은 저절로 들어오게 마련이다. 직원에게 옳은 일을 하면 직원도 회사를 위해 옳은 일을 하게 마련이다. 이웃에게 좋은 일을 하면 우리 모두 잘 살 수 있는 사회가 된다. 이는 결코 손익 거래가 아니다."

GSD&M의 직원들은 에이즈 환자, 아동 질환, 유방암에 걸린 여성, 아동 교육, 문맹률, 환경 등 광범위한 이슈에 대해 마음을 쓴다고 스펜스는 말했다. '어떻게 이 모든 것들을 하고도 돈을 벌 수 있는가?' 라고 회의론자들이 물었을 때 스펜스는 이렇게 대답했다.

"미국 기업에게는 더 이상 선택권이 없다. 사람들은 기업이 사회 문제에도 관여하기를 요구하기 시작했다. 미국인들은 회사가 파는 제품만을 생각하는 것이 아니라 그 회사의 가치관이 어떠한지도 생각한다. 본질적으로 회사의 이미지는 판매하는 제품 못지않게 중요하다. 시장에서 승리하고 있는 비전 있는 회사들은 차례차례 이미지를 구축했고 직원들에게 중요한 대의를 부여했다. 비전 있는 기업들은 다른 사람들에게 자기 회사가 하는 일이 어떤 의미인지를 설명한다. 더 나은 세상을 만들기 위해 애쓰면서도 이를 홍보하지 않는다면, '집단 대응(Collective Response)'이라는 더 가치 있고 더 대담하며 강력한 행동에 동참할 기회를 고객에게서 빼앗게 된다."

모든 기업이 하는 일에는 그 나름대로의 고귀한 가치가 있다고 우리는 믿고 있다. 하지만 솔직히 말해서 어떤 회사는 그것을 다른 회사보다 더 확실히 입증하는 것이 사실이다. 당신이 하는 일이 어떤 점에서 영웅적인지를 분명하게 밝히기 어렵다면 직원들에게 그런 명분을 찾아볼 기회를 주는 것도 나쁘지 않을 것이다. 우선 회사 밖에서 시작해볼 수 있다. 지역사회사업에 헌신하고 다른 직원들도 동참하도록 유도함으로써 직원들의 사기를 크게 진작시킬 수 있다.

우리는 사회사업을 통해 세상을 바꿀 수 있다고 믿고 있으며 이른바 스펜스가 말하는 집단 대응의 힘을 직접 목격했다. 샌디에이고에는 우리 회사 말고도 대의명분을 지키는 것이 일에 의미와 성취감을 부여하는 중요한 원동력이 된다는 사실을 잘 알고 있는 회사들이 많이 있다.

여기, 샌디에이고에서 있었던 집단 대응의 성공적 사례로서 더 플레이스(The Place) 프로젝트를 소개하겠다. 더 플레이스는 큰 성과를 거두고 있는 사업이며 여러 분야에서 일하는 많은 직원에게 영웅적인 대의명분을 위해 일할 기회를 제공했다.

더 플레이스 프로젝트

샌디에이고라 하면 대부분의 사람들은 끝없는 햇살과 모래사장, 세계적으로 유명한 동물원, 가물거리는 태평양을 마주 보고 있는 수백만 달러짜리 저택들을 떠올린다. 샌디에이고는 자칭 미국에서 가장 멋진 도시이다. 누구도 그 사실을 부정하지는 않는다. 그러나 이 천국이 자랑하는 풍요로움의 그늘에는 살아남기 위해 투쟁하는 상당수의 집 없는 사람들이 존재한다. 많은 사람들이 알코올중독과 마약중독, 정신 질환으로 고통받고 있다. 또한 캘리포니아의 심각한 경기 침체의 피해자들도 있다. 그러나 가장 슬픈 것은 샌디에이고 거리에서 노숙하는 2,500명 이상의 집 없는 아이들이다.

몸을 누이고 잘 곳도 없는 이 아이들에게 규칙적인 식사, 깨끗한 목욕시설, 숙제할 공간, 학교 등교는 아무 의미가 없는 일이다. 집 없는 아이들이 학교에 가면 매일 똑같은 옷을 입는다고 다른 친구들에게 놀림을 당하기 일쑤이다. 그러나 교육은 빈곤의 악순환을 타파할 수 있는 최선의 희망이다. 또한 학교는 아이들에게 따뜻한 점심을 제공하고 친구들과 역할모델이 되어줄 어른을 만나게 해준다.

1988년, 교사인 산드라 맥브레이어(Sandra McBrayer)는 이런 아이들이 소외되지 않도록 도와줄 사업에 착수했다. 그 첫 단계로서 샌디에이고의 가장 열악한 동네 한 곳에 다 쓰러져가는 점포 하나를 빌렸다. 그리고 거리와 공원, 휴게소 등을 돌아다니며 집 없는 아이들을 모았다. 이것이 '더 플레이스'의 시작이다. 집 없는 어린이들을 위해 설립된 학교 더 플레이스가 문을 연 지 4년 뒤, 미 교육부는 맥브레이어를 올해의 교사로 선정했다.

1995년까지 더 플레이스의 학생수는 70명으로 늘어났고 학급수도 2

개가 되었다. 수잔 아멘타(Susan Armenta)가 교장이 되었을 때의 일이다. 아멘타는 더 플레이스의 창문을 통해 길에서 주먹으로 맞고 칼에 찔리고 총에 맞고 심지어 돈에 팔려가기까지 하는 학생들의 삶의 현실을 보았다. 그리고 자신의 일을 단순한 직업 이상으로 여기게 되었다. 한번은 그녀의 일생을 바꿔놓은 충격적인 경험을 이렇게 설명한 적이 있다.

"어느 날 아침 학교에 가다가 현관 앞에 누가 잠들어 있는 것을 보았다. 추위를 이기려고 몸을 잔뜩 웅크리고 있었는데 성별이나 나이를 알 수가 없었다. '또 한 명의 학생이 찾아왔구나' 라는 생각이 들었다. 현관 앞에 다다라서 부드럽게 그 아이의 어깨를 흔들었다. 웅크린 몸을 폈을 때 그녀의 얼굴을 보니 우리 학교 학생이었다. 당시 14살이었던 그 아이는 팔에 교과서를 꼭 끌어안고 있었다. 나를 보더니 졸린 목소리로 그날 아침에 시험이 있는데 시험을 놓칠까봐 두려웠다고 했다. 그녀가 주로 잠을 자는 고속도로 아래에는 알람시계가 없기 때문이었다. 그날 아침 이 소녀와 다른 모든 아이들에게 더 플레이스가 확실한 지원을 해 줄 수 있다면 산이라도 옮기겠다고 결심했다."

그로부터 3년 뒤 아멘타의 결심은 시험대에 올랐다. 더 플레이스가 있던 자리에 야구장이 들어서면서 더 이상 그 건물을 임대할 수 없게 되었다. 학생들은 위험에 처했다. 샌디에이고 시내의 로터리 회원 몇 명과 함께 아멘타는 사업가들을 동원하여 아이들이 가난의 굴레에서 벗어날 수 있게 도와주고 아이들을 구하기 위한 작은 개혁운동을 이끌었다.

건물 터를 잃어버렸음을 알게 된 바로 그날 CB 리처드 엘리스(CB Richard Ellis)의 전무이사 미셸 캔드랜드(Michelle Candland)가 더 플레이스에 찾아왔다. 캔드랜드는 더 플레이스의 후원자가 되려고 찾아왔다.

아멘타가 이 학교에 정말로 필요한 것은 새로운 건물이라고 말하자 캔드랜드는 터를 찾아보기 시작했다. 여유가 있는 땅 주인들은 집 없는 아이들이라고 하면 무조건 마약과 조직폭력을 연상했기 때문에 부지를 찾기란 거의 불가능한 일일 것 같았다.

그러나 결국 이들은 샌디에이고에 많은 부동산을 소유한 고든 멘지(Gordon Menzie)를 설득해 이 학교를 방문하게 했다. 멘지는 이곳에서 공부하는 아이들을 보고서 자기 소유의 창고를 장기 임대한다는 계약서에 사인했다. 그 창고는 샌디에이고 시내의 훨씬 더 좋은 자리에 있었으며 전차 정거장 바로 옆에 있었다. 그야말로 완벽한 위치였다. 이리하여 비영리사업체인 모나크 고등학교 프로젝트(Monarch High School Project)가 설립되었고 아멘타가 이사로 선임되었다.

이 일은 모든 역경을 이기고 얻어낸 승리였을 뿐 아니라 자신이 하고 있는 일의 중요성을 인식할 때 어떤 놀라운 결과를 얻어낼 수 있는지를 입증하는 대단한 성과였다.

'다른 누군가'가 문제를
해결해주지 않는다

새로 학교 건물을 지을 터가 확보되자 바이코 건
설회사가 이 사업에 동참하여 건물을 지어주겠다고 제안했다. 더 플레
이스의 후원자인 바이코의 최고경영자 스콧 카츠(Scott Kaats)는 이 아이
들이 부모로부터 전혀 지원을 받지 못하고 학교에 온다는 사실에 경외
감을 금치 못했다. 아이들에 대한 존경심을 나타내면서 카츠는 자신이
만났던 한 소녀의 이야기를 들려주었다.

"하루는 열두 살 소녀가 학교에 왔는데 자기 성이 무엇인지도 모르
는 아이였다. 대부분의 사람들로서는 이해할 수 없는 일이었다. 지난
12년 동안 그녀는 학교를 다닌 적이 없었고 도시 밖으로 벗어난 적도
없었다. 그때까지 그 소녀가 했던 일이라곤 마약 중독자인 어머니가 매
춘으로 돈을 벌 수 있도록 호객 행위를 하는 것뿐이었다. 이런 사연이
있는 소녀가 한 달 뒤에 글 읽는 법을 배우고 일 년 후에는 제대로 된 문
장을 쓰게 되고 몇 년 후 고등학교를 졸업하는 것을 지켜보면 깊은 감

명을 받지 않을 수 없다."

어려운 환경에 처한 아이들이 자기 마음속에 품고 있는 원한과 분노를 생산적이고 긍정적인 에너지로 전환시키는 것만큼 사람을 고무시키는 일도 없다.

카츠는 더 플레이스가 샌디에이고 시내의 성공한 회사들에 둘러싸여 있으면서도 절실하게 필요한 사회의 지원을 받지 못하고 있음을 즉시 알아차렸다. 카츠는 이렇게 말했다.

"사회는 이 아이들을 망쳐놓았다. 누가 이 아이들을 구할 수 있을 것인가 고민하다가 이 문제를 '다른 누군가' 해결해줄 거라고 기대해서는 안 된다는 생각이 떠올랐다. 내 발을 내려다보면서 '저 신발을 신고 있는 바로 내가 이 문제를 풀어내는 역할을 맡아야 한다'는 사실을 인식했다."

안 된다고 했다, 그래도 할 것이다

조직에는 항상 '못한다'고 말하는 사람들이 있다. 스콧 카츠 같은 사람은 그것을 도전으로 받아들인다. 용기 있고 대담한 리더들은 이런 말을 '안 된다'는 의미로 받아들이지 않는다. 이들은 까다로운 행정 절차를 싫어한다. 카츠는 이렇게 말했다.

"이 아이들을 도와줄 수도 있는 기관이 많지만 운영 방식 탓에 '안 된다'는 말을 너무 깊이 받아들이고 있다."

영웅적인 대의에 고취될 때 '안 된다'는 말은 앞을 가로막는 벽이 아닌 길 위의 완충장치이다. 모나크 고등학교 프로젝트는 기존의 생각이 틀렸음을 입증했다. 카츠는 누구나 숭고한 대의의 일원이 되기를 원하지만 단지 그 방법을 모를 뿐이라고 생각한다.

카츠는 다른 건설 회사들과 하청업체들이 이 프로젝트를 잘 이해할 수 있도록 만남을 주선했다. 당시에는 건축 설계도도 구체적인 계획도 없었다. 가진 것이라곤 비전과 건물 터뿐이었다. 건설업자 마흔 명이 참석해서 설명을 들은 뒤에 모두 이 사업에 참여하기로 동의했다. 카츠는 이렇게 말했다.

"몸무게가 100킬로그램이 넘고 키는 190센티미터나 되는 사내들이 눈물을 흘리며 '우리가 하겠습니다'라고 말하는 장면을 상상해보라. 건축 산업의 모든 분야의 사람들, 주로 다른 사람들과 경쟁하던 사람들이 대의를 위해 하나가 되었다."

건설에 필요한 모든 인력이 확보되었다. 서로 경쟁을 하는 데 혈안이 되어 있던 건축업계의 각 분야의 사람들이 하나의 대의를 위해 뭉쳤다는 사실만으로도 사업을 진행시키는 데 충분한 원동력이 되었다.

대의를 위한 열정은 용기 있는 행동을 낳는다

카츠에게 바이코 건설이 그 프로젝트에 투자한 돈과 시간 그리고 회사 평판에 미칠 영향에 대해 물었을 때 그는 대답했다.

"이 아이들은 세상 누구 못지않게 힘든 상황에 맞닥뜨리고 있다. 어려움이 바로 코앞에 닥치면 용기를 내기가 쉬워진다."

모나크 프로젝트에서 그가 보여준 영웅적인 행동에 대해 누가 칭찬을 하려 해도 카츠가 한사코 이를 피한 이유는 진정한 영웅은 지원하는 가족도 없이 매일매일 학교에 나오는 어린아이들이라고 믿었기 때문이었다. 그들은 영웅이다. 왜냐하면 그들은 삶을 절대 포기하지 않았기 때문이다. 그 일례로 열네 살 소녀 샬롯은 헤로인 중독자인 어머니로부터 벗어나야만 한다는 사실을 깨닫고 남동생과 여동생을 데리고 집을

나왔다. 그리고 취직을 했다. 카츠는 이렇게 말했다

"샬롯은 어린 동생들을 돌보면서 동시에 고등학교에도 다니고 있다. 용기 없는 사람은 할 수 없는 행동이다."

카츠는 이처럼 성실한 아이들을 무시하는 것은 그 프로젝트에 돈이나 시간을 투자하는 것보다 더욱 위험스러운 일이라고 믿고 있다. 카츠는 이렇게 말했다.

"약간의 시간과 돈을 버린다고 해서 무엇을 잃는단 말인가? 수백 명이 아니어도 좋다. 단 한 사람만 구제할 수 있어도 충분하다. 이런 아이들에게 도움의 손길을 내밀지 않으면 이들은 자라서 사회의 비생산적인 구성원이 되거나 범죄자가 될 것이다."

모나크 프로젝트에 바이코 건설회사의 핵심적 역량을 활용함으로써 스콧 카츠는 이 학교가 영웅적인 대의를 추구할 수 있는 능력을 부여했다. 그 결과 카츠의 일에도 큰 의미가 부여되었다는 사실은 카츠의 말에 잘 나타나 있다.

"학교 문을 나설 때마다 발이 공중으로 30센티미터쯤 뜨는 것 같은 느낌이다. 이 프로젝트는 사람들에게서 선의지를 끌어내는 자석과도 같으며 그 자기장 역할을 하는 것은 바로 아이들이다."

06│고기 잡는 방법을 가르쳐라

집 없는 아이들을 돕겠다는 아멘타의 의지에 깊은 감화를 받은 또 다른 경영자로는 유명한 레스토랑 체인 '루비오의 신선한 멕시코 그릴(Rubio's Fresh Mexican Grill)'의 공동 창업자 겸 최고경영자 랄프 루비오(Ralph Rubio)가 있다.

멕시코 바하 반도(Baja peninsula) 요리법의 열성 팬인 루비오는 1983년 그의 아버지에게 재정적 도움을 받아 그의 첫 식당을 열었다. 이 식당은 2,900명 이상의 직원을 거느리며 연간 수입 1억 2천만 달러 이상을 올리는 기업으로 성장했다. 미 서부지역 전역에 140개 이상의 프랜차이즈와 체인점을 가지고 있었다.

학교가 문을 열던 날, 수잔 아멘타는 루비오에게 학교 개관식 때 쓸 음식을 조달해줄 것을 요청하는 편지를 썼다. 루비오는 전에도 이런 도움을 요청하는 편지를 숱하게 받은 적이 있었지만 아멘타의 편지는 달랐다. 그 편지를 읽는 순간 루비오는 어떤 깨달음을 느꼈다. 루비오는 이렇게 말했다.

"사람들은 집 없는 아이들을 아예 아이들로 보지도 않는 경우가 많다. 나는 더 플레이스에 가보고서 바로 그 자리에서 도움을 주겠다는 약속을 했다."

루비오는 자선 사업이라는 대의를 위해 운영되는 식당을 열 것을 구상했다. 더 플레이스를 두 번째 방문한 후에 학생들이 운영하는 식당을 만들면 어떨까 하는 생각을 한 것이다. 메뉴 디자인에서부터 식당 건물, 마케팅에 이르기까지 모든 것을 학생들이 계획했다. 그 수익은 대학 진학 장학금 조성에 다시 투자되었다.

아멘타도 적극 지지한 루비오의 아이디어는 진정한 기업가 정신을 가진 루비오의 창의력과 배짱을 보여준다. 위험한 십대 아이들이 소유하고 운영하는 식당에 큰 투자를 한다는 것을 누가 감히 쉽게 상상할 수 있겠는가? 국세청에는 비영리 기관에서 영리를 목적으로 사업체를 설립하는 것이 불공정 경쟁을 유발하지 않을 것이라고 어떻게 설득할 것인가? 주식시장에 공식적으로 상장된 회사의 사장으로서 기존의 체인점의 경쟁 상대가 될 수도 있는 식당을 열겠다는 뜻을 이사회와 주주들에게 어떻게 설명할 수 있을 것인가?

물론, 루비오는 장학금에 보태라는 뜻으로 그저 수표나 한 장 써줄 수도 있었다. 그러나 루비오는 학생들이 자기 손으로 사업을 하면서 얻는 만족감을 느껴보기를 원했다. 루비오의 팀에 들어가서 일할 학생들을 선발한 아멘타는 이렇게 말했다.

"랄프는 그 일에 완전히 푹 빠져 있었다. 학생들이 하는 말에 관심을 가지고 진지하게 들어주었다."

학생들이 식당이름을 카보 카페(Cabo Café)라고 짓는 것을 도와준 아멘타는 학생들 스스로 식당을 꾸미도록 했다. 학생들은 식당을 잘 나타내줄 만한 사진을 잡지에서 오려 콜라주를 만들었고, 이 콜라주는 루비오 회사의 디자이너인 앤 카사돈트(Ann Casadont)와 공동 작업을 할 때 개념의 밑바탕이 되었다. 루비오는 이렇게 설명했다.

"회사 사람들을 동원해야 할 때가 있었다. 식당의 이름과 메뉴, 디자인 등에 대한 아이디어를 짜내는 데 이들의 전문지식이 필요했기 때문이다. 하지만 그럴 때에도 학생들이 자기들의 의견을 다시 내놓을 때까지 기다리면서 학생들에게 기회를 주었다. 나는 학생들이 식당 창업 과정을 이끌어나가기를 원했고, 서로 피드백을 주고받는 학습 경험이 되기를 원했다."

대의명분이 가져오는 복합적 효과

영웅적 대의를 향해 일한다는 정신은 서로 다른 능력을 가진 개인들을 하나의 팀으로 이끌면서 개인에게 매우 복합적인 영향을 준다. 스콧 카츠가 건설업자들을 동원할 수 있었던 것처럼, 랄프 루비오는 그 프로젝트에 많은 업체를 모을 수 있었다. 코카콜라와 스타벅스는 음료수와 장비를 제공했다. 잭 인 더 박스(Jack-in-the-Box)는 학교의 부엌을 지었고 루비오의 재정 자문인 크리에이티브 캐피털 매니지먼트(Creative Capital Management)는 법률회사 브로벡, 플레저 앤드 해리슨(Brobeck, Phleger & Harrison)의 도움을 받아 복잡한 세금문제를 처리했다.

학생들을 구제하려는 열정을 발휘하는 과정에서 루비오는 다음과 같은 격언을 따랐다.

"만약 어떤 사람에게 물고기를 준다면 너는 그 사람을 하루 동안 먹여 살리는 것이고, 만약 네가 물고기 잡는 방법을 가르친다면 너는 그 사람을 일생 동안 먹여 살려주는 것이다."

식당에서 돈을 벌게 되면서 더 많은 학생들이 모나크 고등학교에 다닐 수 있게 되었다. 수잔 아멘타는 이렇게 말했다.

"아이들이 처음 학교에 올 때는 살아남는 것이 문제다. 일자리를 얻어서 동생들을 부양해야 할지 아니면 학교에 다닐지 둘 중 하나를 선택해야 하는 아이들도 많다. 그런데 학교 바로 옆에 식당이 생기면서 두 가지를 모두 병행할 수 있게 되었다."

카보 카페의 직원 18명 가운데 절반 이상이 루비오의 경영진과 함께 일하는 모나크 학생들이다. 이들은 카보 카페에서 책임감을 키우고 경력을 쌓고 무엇보다도 사업을 운영하는 법을 배웠다. 그러나 이 모든 것보다 더 중요한 것은 자신감과 자기만족, 자부심을 갖는 것이라고 루비오는 말한다.

"이 학교 학생들은 대부분 이런 자신감이나 자부심이 부족하다. 나는 학생들에게 이 식당의 주인은 그들임을 분명히 했고 이 식당은 다른 누구의 것도 아니라는 사실을 못 박았다. 학생들은 매출액이 증가하고 사업이 해마다 성공을 거듭하는 것을 보면서 무척이나 뿌듯해했다."

수잔 아멘타에게서 감화를 받은 피터 반 혼(Peter Van Horn)과 다른 샌디에이고의 사업가들도 소매를 걷고 나섰다. 초고속 인터넷을 최초로 개발한 사람인 반 혼은 자기 회사를 시스코 시스템에 넘겼다. 그러고 나서 모나크 프로젝트에 동참했다. 모나크와의 회의 일정을 잡으면서 그는 아멘타에게 '아직 그 누구도 해주지 못한 일이 무엇이냐?'고 물었다. 그녀가 최첨단 컴퓨터 실습실에 대한 비전을 이야기했을 때 반 혼은 작은 노트를 자기 쪽으로 끌어당겨 무언가를 적었다. 그리고 '내가 그것을 책임지겠다'고 했다. 적막감이 방 전체에 맴돌았다. 그가 그 프로젝트의 규모가 어느 정도인지 잘 모르고 있을 거라고 걱정하면서 아멘타는 필요한 장비 목록을 길게 적어 내려갔다. 반 혼은 그 목록을 보고도 별로 놀라는 눈치가 아니었다. 그 바로 다음날 그와 그의 동료 스무 명이 나타나 컴퓨터 스무 대를 설치해주었다. 아주 큰 스크린 프로젝터, 컴퓨터 책상 등을 조립하고 있는 동안 반 혼에게 아멘타는 그의 꿈이 무엇이냐고 물었다. 반 혼은 '내가 지금 하고 있는 바로 이 일이다'라고 했다.

모나크 프로젝트는 배짱 있는 리더가 사람들의 관심을 끌고 상상력을 자극하고 마음을 휘저을 때 어떤 일이 일어날 수 있는지를 잘 보여주는 사례이다. 자료 조사를 계속하는 동안 우리는 사람들이 자신의 틀을 넘어선 더 의미 있는 무언가를 추구하기를 간절히 바란다는 사실을 알았다. 그 무언가는 그들의 시간과 재능, 에너지를 바칠 수 있는 것, 즉 간단히 말해 영웅적 대의이다.

집 없는 아이들을 위한 학교든 다국적 기업이든 세계적 수준의 조직을 짓는 일에는 열정이 필요하고 많은 사람들의 가슴속에 잠자고 있는 신념을 일으켜야 한다. 배짱 있는 리더는 영웅적 대의가 이런 숨겨진 신념을 발현시킨다는 사실을 알고 있다. 영웅적 대의는 사람들로 하여금 장애와 어려움을 극복하게 하고 특별한 무언가를 성취하려는 헌신, 집중력, 애착을 불붙인다. 이런 가치 있는 대의는 지역사회의 각 분야에서 일하는 용기 있고 대담한 리더들을 한데 모은다. 이런 사업에 참여하는 모든 사람은 어떤 기적이 일어나고 있다는 느낌을 받게 되고, 일찍이 전례를 찾아볼 수 없을 만한 관심과 참여를 이끌어낸다.

시인 로버트 프로스트(Robert Frost)는 '아침에 자리에서 일어날 때 마음속에서 짜증이 일어난다면 그것은 부끄러운 일이 아닌가?'라고 했다. 슬프게도 많은 직장인이 지루해하고 소외감을 느끼고 스트레스에 시달리면서도 무작정 업무 수행에 필요한 동작을 한다. 그들의 일에는 정신, 기쁨, 의미가 결여되어 있다. 왜냐하면 자기가 하는 일이 영웅적인 대의와는 무관하다고 느끼기 때문이다. 만약 직장에서 세상에 이로운 선을 실천하기 위해 무슨 일을 하고 있는지 다른 사람들에게 설명할 수 있다면 그 회사는 천군만마를 거느리고 있는 것과 다름없다. 직원들은 자신의 일을 더 나은 세상을 만드는 데 공헌하는 의로운 행위로 여기게 될 것이다. 그저 몸만 회사에 끌고 오는 것이 아니라 자신의 정신과 마음과 영혼까지 기꺼이 바친다.

누에고치를 깨고 나와

샌디에이고 파드리스 주부 재단(San Diego Padres Wives Foundation)에서 우선 5만 달러를 기부받은 뒤 모두 합해 100만 달러 이상을 모금하고 건물 신축 공사가 시작되었다. 2001년 봄, 학생들이 어둠에서 빠져나오는 나비처럼 누에고치에서 날개를 펼치고 날 수 있는 문을 열어 준다는 의미에서 학교 이름을 모나크(monarch, 나비의 일종—옮긴이) 고등학교로 바꾸었다.

모나크에 온 아이들은 우선 건강검진과 치과 진료를 받았다. 그들로서는 처음으로 받아보는 의사의 검진이었다. 필요하다면 옷과 신발, 기저귀 등도 제공받았다. 그러고 나서 그들의 읽고 쓰는 능력을 평가하고 어떤 교육이 필요한지 기본 틀을 잡았다. 단 며칠 안에 이 모든 평가가 행해진다. 아멘타는 아이들의 자존심, 자기 존중이 커지고 있음을 볼 수 있다고 설명했다. 이 학교에 와서야 모든 아이들이 자라고 성장하는 데 필요한 관심과 애정을 얻게 되는 것이다.

이제 모나크 고등학교는 집단 대응을 할 수 있게 되었다. 아이들은 회사 경영인, 전문 운동선수, 교수, 교사 등 거의 모든 분야의 다양한 사람들에게 수업을 받았고 조언자들에게 가르침을 얻었다. 음악가와 화가들은 예술을 가르쳤고 학생들이 창조성을 찾고 표현할 수 있도록 도와주었다. 그뿐 아니라 자원봉사 나온 심리 상담사와 의사들도 항상 대기해 있었다. 학교 건물이 온통 에너지와 목표의식, 열정, 사랑, 희망으로 떠들썩했다.

이처럼 성공할 수 있었던 한 가지 이유는 사랑의 정신이다. 아멘타는 이렇게 말했다.

"우리는 학생들의 상처를 치유하고 학생들이 배우고 성장하고 책임감을 기를 수 있는 교육과 안전한 장소를 제공하여 희망을 전파한다. 아이들도 자기편에서 노력을 해주어야 한다. 자신을 위해 더 나은 삶을 만들려는 노력을 해야만 한다. 몸을 깨끗하게 씻고 숙제를 하고 적어도 하나 이상의 과외활동에 참여하고 좋은 태도를 보여주어야 한다. 나는 모나크 졸업식에서 깊은 감동을 받는 경우가 종종 있다. 길거리에서 자라 불안에 떨던 소년이 모나크 고등학교를 5년 동안 다니고 졸업한다. 이 아이는 지식을 배우고 자아를 찾고 세상에서 자리매김을 하기 위해 열심히 노력했다.

이제 어엿한 청년이 된 이 학생이 졸업식장에 모인 숙연한 청중 앞에 서서 눈물과 감동 어린 고별사를 낭독하는 순간의 감회란 이루 말할 수 없다. 우리는 가난의 굴레, 빈곤의 악순환을 타파했다. 작년도에는 12명을 졸업시켰다. 한 명은 버클리에 있는 캘리포니아 대학에 입학했고 다른 10명은 일자리를 얻어 지방 대학에 다니고 있다. 이 11명은 이제 집 없는 아이들이 아니다. 나머지 한 명과는 연락이 두절됐다. 2003년에는 그보다 18명이나 늘어난 학생들이 더 나은 삶에 대한 희망을 품고 학교를 졸업했다."

모나크 고등학교는 도시 전체에 생기를 불어넣는 촉매제이자 등대가 되었다. 다양한 재능을 지닌 학생들, 샌디에이고 시민들의 따뜻한 마음, 수잔 아멘타의 의지와 배짱이 이루어낸 쾌거이다. 요즘 모나크의 학생수가 점차 늘어나면서 길 건너편에 건물 두 개를 더 신축할 돈을 모으고 있다. 만약 이 사업이 성공한다면 신축 건물이 고등학교가 되고 기존 건물은 초등학교로 새로 문을 열 것이다. 자원 봉사자들이 계속 몰려오며 이들은 언제나 환영받는다. 사람들은 누구나 중요한 일에 끌리게 마련이다. 찰스 슈왑의 공동 최고경영자인 데이빗 S. 포트럭(David S. Pottruck)이 말한 것처럼 사람들은 돈을 벌기 위해 열심히 일하지만 그렇다고 해서 의미 없는 일에 일생을 바치지는 않는 법이다.

✓ **그냥 직업인가 아니면 평생 직업인가?** : 직업은 돈을 벌기 위해서 일시적으로 시간을 내는 것이다. 그러나 평생 직업(life's work)은 보통 일시적인 일이 아니고 일부 사람들이 평생의 가업이라고 언급하는 일이다. 지금 단지 일을 하고 있는지, 아니면 평생 직업에 종사하고 있는 것인지 자신에게 질문해보라.

✓ **영웅적인 대의를 찾아라** : 당신이 세상에 내놓는 상품과 서비스의 가치를 생각하라. 당신의 조직이 하는 일은 영웅적인가? 만약 그것이 음식 배달 또는 화장실 청소같이 하찮고 일상적인 것으로 보인다 해도 물론 이는 영웅적인 일일 수 있다. 당신이 배달한 음식은 기쁨을 주고 생명을 유지해줄 것이며 화장실 청소는 공공의 건강을 증진시키기 때문이다.

1991년 미국 최대 규모의 모기지 펀드를 가지고 있던 패니 메이에서 어떻게 하면 중·하류층 가정을 고객으로 끌어들일 수 있을지를 상담하기 위해 GSD&M에 찾아왔다.

GSD&M은 패니 메이를 집을 구입하고 대출을 얻는 등의 복잡한 문제를 해결해주는 준비된 친구이자 협조자 혹은 원조자로 설정하고 '대문 열기(opening doors)'라는 캠페인을 개발했다. 이 캠페인은 다국어 광고와 세미나, 안내책자, 일대일 상담 등으로 이루어졌으며 많은 이들에게 어렵고 까다로운 문제를 알기 쉽게 설명해주는 데 목적을 두었다.

GSD&M의 도움으로 패니 메이는 자사에 대한 전반적인 인식을 형성할 수 있었다. 그전까지만 해도 패니 메이는 자사를 파생 모기지 시장에 속하는 회사로 보고 있었다. 지금은 아메리칸 드림의 실현을 돕는 회사가 되었으며 '단지 돈을 빌려주는 회사' 이상의 의미를 가지게 되었다. 열심히 일하는 사람들의 삶에 실질적인 변화와 진보를 가져다주고 있다. GSD&M의 임원 한 명이 우리에게 말한 바와 같이 대문 열기 프로그램 덕분에 5년 동안 천만 건 이상의 문의 사항이 밀려 들어왔다. 그 결과 패니 메이의 생산성과 직원 사기가 올라갔으며, 모든 직원이 자랑스러운 대의에 고취되었다.

✓ **사고를 깊게 하라** : 영웅적 대의를 발견하는 데 도움이 필요하다면, 직원들에게 그들이 하는 일을 자기 아이들에게 어떻게 설명하는지 물어보라.

당신은 아마 그들 대답의 깊이와 성실함에 놀랄 것이다. '왜?'라고 반복해서 물으면서 대화를 깊게 하라. 예를 들어 당신이 사우스웨스트 항공에 다닌다면 다음과 같은 대화를 나눌 수 있을 것이다.

> *질문* : 당신은 왜 존재하는가?
>
> *답* : 훌륭한 서비스로 안전하고 효율적인 항공 여행을 제공하기 위함이다.
>
> *질문* : 그것이 왜 중요한가?
>
> *답* : 사람들은 사우스웨스트가 그들을 목적지에 데려다줄 것으로 믿고 있기 때문이다.
>
> *질문* : 그것이 왜 중요한가?
>
> *답* : 전에는 항공여행이 여의치 않았던 사람들이 지금은 비행기를 탈 수 있게 되었고 그 결과 특별한 경험을 하기 때문이다.
>
> *질문* : 예를 들면?
>
> *답* : 수입이 제한된 할아버지, 할머니가 가족을 더 자주 방문할 수 있다. 부모가 이혼한 아이들이 더 자주 그들의 부모를 만날 수 있다. 기업가들은 한 도시에서 다른 도시로 사업을 넓히기 위해 더 많은 고객들을 만나러 갈 수 있게 되었다.
>
> *질문* : 당신의 결론은 무엇인가?
>
> *답* : 사우스웨스트의 사업 목표는 단지 사람들을 이곳에서 저곳으로 옮기는 것이 아니라 이들에게 자유를 선사하는 것이다.

✓ **당신의 대의를 말로 표현하라** : 배짱 있는 리더는 말이 마음을 감동시키고 영혼을 불붙게 한다는 것을 알고 있다. 윈스턴 처칠은 '우리는 해변에서도, 땅 위에서도, 들판 위에서도, 거리에서도, 언덕에서도 싸울 것이다. 어디에서 싸우든 우리는 절대 항복하지 않을 것이다'라고 함으로써 부하들이 자유를 위해 싸우도록 고취했다. 당신이 어떻게 당신의 대의를 문장으로 만들 것인지 생각할 때는 다음 사항을 항상 명심하라.

- 대담해라. 영웅적 대의의 힘은 대담함에 있다. 세상을 바꾸기 위해 일한다고 하면 다른 사람들의 비난이나 조롱거리가 될 수도 있지만 이는 그만큼 배짱 있고 용기 있는 일이다. 용기 있고 대담한 리더들은 어떤 이유로도 자기 말을 번복하거나 흐리지 않는다.

- 진실해라. 예전 사람들보다도 요즘 사람들은 번지르르한 사탕발림을 싫어한다. 당신이 하는 일이 진실로 대의를 추구한다는 것과 그 대의가 당신이 하는 일에 실제로 반영된다는 것을 명확히 밝혀라. 단지 말만 하는 것이 아니라 행동으로 보여주어야 한다.

- 영웅적 대의를 말로 표현하는 일을 위원회에만 위임하지 마라. 이는 자칫 위원회의 권위와 힘을 약화시킬 수 있다. 모든 직원이 회사의 대의를 정하는 데 참여하면 그렇게 해서 작성된 대의명분에 대해 책임감을 느끼겠지만, 위원회에 맡기면 이런 효과를 기대할 수 없다. 위원회 멤버들은 모든 직원이 만족할 만한, 누구의 기분도 상하지 않는 대의명분을 설정하려다가 결국 명분이 그 힘을 잃으면 위원회 멤버들만이 그 대의를 추구하게 될 것이다.

- 영웅적 대의는 머리에서 나오는 것이 아님을 잊지 마라. 영웅적 대의는 깊은 감동을 받은 사람의 마음에서 우러나오는 것이다. 가능하다면 그 사람에게 그 의미를 말로 표현할 수 있는 기회를 주어라. 듣는 사람들은 아마 '아하' 하는 감탄사를 내뱉을 것이다.

✓ **직원들이 대의 안에서 자신의 자리를 찾게 하라** : 며칠을 할애해서 직원, 특히 반복적이고 일상적인 일에 종사하는 직원들을 찾아가라. 그들이 자기 일에 열중하고 있는지, 아니면 현실의 단조로움에 취해 있는 것처럼 보이는지 자문하라. 그리고 그들이 매일 하는 일과 당신의 회사가 추구하는 개혁 사이에 명백한 연결고리를 만들어라. 코닥 필름의 지게차 운전사에게도 그가 하는 일이 삶의 가장 중요한 순간을 보존하는 데 도움이 된다는 점을 끊임없이 상기시켜줄 필요가 있다.

항상 대의를 앞세워라. 직원들을 감동시키고 흥분시키는 연설을 통해 영웅적 대의를 전달하는 것과 최초의 열정이 사라진 후에도 직원들이 계속 최선을 다하게 만드는 것은 전혀 다른 문제이다. 물론 회사를 운영하는 과정에서 필요한 일상적인 이슈가 다른 모든 것보다 우선하고 리더와 직원 모두 대의를 염두에 두지 못하는 때도 있을 것이다.

그렇지만 배짱 있는 리더는 절대로 이런 상태가 오래가도록 놔두지 않는다. 직원들이 영웅심을 느끼게 하고 싶다면 주기적으로 각 개인의 기여하는 바가 대의명분 실천에 어떤 도움을 주고 있는지 상기시켜라.

✓ **고객과 직원 사이에 직접적인 유대를 형성하라** : 아파치 헬리콥터가 칠흑 같은 어둠을 뚫고 날아갈 수 있게 해주는 도플러 시스템을 생산하는 공장을 상상해보자. 아파치 조종사가 전투 중에 열 때문에 시스템이 작동하지 않는 순간 그의 머릿속에 어떤 생각이 스쳐가는지 이야기하는 것을 생산라인 직원이 들으면 어떻게 될까? 아마도 그 공장 직원은 자기 일을 새로운 시각에서 바라보게 될 것이다. 고객과 가까이 있는 직원일수록 자기 일에 대한 긍지와 열정을 더욱 강하게 느끼고 한층 창의적인 직원이 될 수 있다.

7장

배짱 있는 리더는
일을 재미있게 한다

Guts!

Guts!

결국 중요한 것은 살아온 세월이 아니라 세월 속에 담긴 삶이다.
에이브러햄 링컨

늙었기 때문에 놀지 않는 것이 아니라 놀지 않기 때문에 늙는 것이다.
올리버 웬들 홈스

고객에게 재미있는 경험을

이건 인정하자. 삶은 항상 재미있지는 않다. 삶은 은행 계좌를 변경하거나 자동차를 구입하는 등의 일상생활에서 벗어난 모험적인 일을 하기에는 너무 복잡하고 너무 빠르고 너무 바빠졌다.

그러나 잠깐! 만약 당신이 뉴저지 주 유니언에 있는 자동차 판매 회사 플래닛 혼다에서 차를 산다면 이는 실로 재미있는 일이 될 수 있다. 플래닛 혼다는 고객들의 자동차 구매 경험을 끔찍한 것에서 멋진 것으로, 고통스러운 것에서 아주 재미있는 것으로 바꾸어놓았다.

플래닛 혼다의 최고경영자 팀 시아술리는 악의 없는 장난이나 농담 또는 신나는 파티가 아니더라도 일을 즐길 방법은 얼마든지 있다고 믿고 있다. 사람들이 자기 꿈을 이루며 살고 자기 분야에서 경쟁력을 키울 수 있도록 교육을 받고 자기 계발에 참다운 관심을 보여주는 고용주와의 관계를 맺으면 일이 재미있어진다. 플래닛 혼다의 직원들은 자기 일에 굉장한 재미를 느끼고 있다. 또한 시아술리는 직원들이 개인적인 성취감을 통해 재미를 느끼게 하는 것이 자기의 임무라고 생각한다.

직원이 아닌 고객들의 재미는 주차장에서 시작된다. 주차장에는 전 세계 어디에서나 통용되는 'NO'라는 단어가 적힌 팻말을 들고 있는 말하는 레몬 —플래닛 혼다의 마스코트— 이 걸어다니면서 '이 주차장에는 레몬(영어로 '고물차'라는 뜻)이 없어요!'라는 메시지를 고객에게 유머러스하게 전달한다. 어떤 이유로든 플래닛 혼다에서 품질 나쁜 자동차를 샀다고 느끼면 차값을 전액 환불하거나 새 자동차로 교환해준다. 하지만 30여 년 동안 자동차를 판매하면서 시아술리가 차값을 환불해준 것은 단 한 번뿐이었다.

우리는 이처럼 색다른 자동차 전시장을 찾는 고객들을 관찰하면서 즐거운 오후를 보냈다. 플래닛 혼다의 매장에는 이 회사의 특별함과 독특함을 보여주는 몇 가지 요소가 있다. 첫째, 혈액에 산소를 공급하고 감각을 자극하고 편안한 환경을 만들어주는 아로마 요법으로 공기를 정화했다. 야자나무가 있는 전시장은 고객들이 걱정을 잊고 반복되는 일상생활에서 벗어날 수 있도록 설계되었다. 또한 플래닛 혼다에서 차를 사는 일이 아주 유쾌한 경험이 될 수 있음을 보여주도록 디자인했다.

시아술리는 고객들에게 선택권을 주어야 한다고 생각한다. 플래닛 혼다에서는 손님이 차를 몰고 들어오자마자 적극적인 영업사원이 갑자기 뛰어나와 달라붙지 않는다. 대신에 안내원 한 명이 '어서 오십시오. 무엇을 도와 드릴까요?'라며 인사한다. 그 대답은 대부분 '그냥 둘러보려고 왔어요'인데, 이때 안내원은 고객에게 지도를 건네주고 모든 판매점을 둘러보도록 친절하게 안내한다. 이 대목에서 플래닛 혼다만의 특징이 나온다. 그냥 구경만 하는 고객들은 모두 작은 노란색 배지를 받는다. 그 노란색 배지에는 웃는 얼굴이 그려져 있으며 '그냥 구경 중' 이라는 문구가 적혀 있다. 이 노란색 배지를 달고 있는 한 그 어떤 판매원도 그들에게 다가오지 않는다. 시아술리는 말한다.

"사람들이 자동차 판매점에 들어오면 매우 방어적이 된다. 많은 사람들이 과거에 차를 사면서 아주 짜증나는 경험을 한 적이 있다. 그리고 차는 그들의 집을 제외하고 가장 비싼 품목으로 생각한다. 우리 고객들은 돈을 벌기 위해 열심히 일한다. 나는 그것을 존중하는 것이 '이 새로운 제어장치는 어떤 작용을 합니까?' 라고 묻는다는 것이다. 물론 고객들은 집에서 공부를 해왔기 때문에 답을 이미 알고 있다. 혼다의 고객들은 꽤 현명하다. 그러나 영업사원은 아주 철저하게 노란 배지의 원칙을 지킨다. 그래서 제품에 대해 이야기를 하기 전에 아주 예의바르게 그들의 노란 배지를 빼줄 것을 요청한다. 시아술리에 따르면 그들이 배지를 떼는 순간 아주 진지하게 차를 살 준비를 하는 것이다."

이런 점이 바로 플래닛 혼다가 특별한 이유이다. 누가 책임을 지는가? 바로 고객이다. 누가 일정을 정하는가? 바로 고객이다. 누가 존중받는가? 바로 고객이다.

배지를 뗄 준비가 되지 않은 고객들은 테크 카페에서 무료로 제공되는 카푸치노를 마시면서 인터넷으로 어떤 차가 있는지 조사할 수 있다. 플래닛 혼다를 방문한 사람들을 될 수 있는 대로 기분 좋게 만들기 위해 시아술리는 오락기, 책, 새 친구들이 가득한 어린이 코너를 만들었다. 아이들이 그곳에서 놀고 있으면 부모로서는 차를 사는 일이 더 편안해지고 이전과는 다른 새로운 쇼핑을 경험하게 된다.

만약 당신이 쇼핑하러 온 것이 아니라 맡겨놓은 차를 기다리는 중이라고 해도 플래닛 혼다에서는 색다른 경험을 할 수 있다. 조용한 방으로 가서 노트북에 전원을 꽂고 자기가 할 일을 할 수 있다. 여성이라면 WOW(Women on Wheels, 운전하는 여성) 강좌에 들어가서 펑크 난 타이어 교체 방법, 타이어 압력 점검 방법, 오일 체크 방법 등을 배울 수도 있다. 여자 화장실에 가면, 방금 딴 싱싱한 꽃을 볼 수 있을 것이다. 시아술리가 펼치는 이 쇼의 비법은 무엇일까? 쇼핑에 지치고 까다로운 고객에게 놀라움, 기쁨, 고객으로서의 선택권과 힘을 경험하게 해주는 것이다.

시아술리는 우리가 대부분 잊고 있는 사실을 본능적으로 이해한다. 재미는 아주 유쾌하고 번뜩이는 비즈니스 도구라는 점이다. 그는 이렇게 말했다.

"우리 제품이라고 남다를 것은 없다. 우리가 탁월한 점은 고객만족이다. 간단히 말해 우리는 재미를 추구한다. 그것이 우리가 아로마테라피를 사용하는 이유이다. 고객들의 기분이 좋아지고 면역 체계도 향상시킬 수 있는 아로마 혼합물을 개발했다. 프레드릭은 수년 동안 회사에서 아로마테라피를 사용했다. 홀즈버거는 아동 개발 센터에서 아이들의 놀이시간에는 생기를 불어넣는 아로마를 사용하고 낮잠 자는 시간에는 마음을 편안하게 해주는 아로마를 사용한다. 카지노는 자정이 지나면 사람들이 자지 않고 계속 도박을 하도록 산소를 1톤이나 주입한다. 노드스트롬(Nordstrom)이라는 최고급 옷가게에서도 이런 방법을 쓴다는 이야기를 들은 적이 있다."

시아술리는 항상 고객들에게 재미있는 것을 경험하게 해줄 새로운 방법을 찾는다. 캘리포니아 팰러앨토(Palo Alto)를 여행하던 중에 시아술리와 부인은 찻집에 들렀다. 시아술리는 300여 종의 다양한 차를 제공하는 것을 보고 깜짝 놀랐다. 그리고 면역 체계를 자극하고 기분이 좋아지게 하는 아로마테라피를 어떻게 쓰는지 배웠다. 시아술리는 찻집 주인에게 차를 사고 싶은 마음이 들게 하는 아로마 티가 있는지 물었다. 주인은 물었다.

"어떤 마음을 일으키고 싶으십니까?"

"욕망을 일으키고 싶습니다."

찻집 주인은 중국의 강가 절벽을 따라 원숭이들이 손으로 직접 딴 찻잎, 우롱차가 바로 그런 효과를 낸다고 말했다.

플래닛 혼다에서 영업사원이 자동차를 팔지 못하면 매니저에게 이렇게 말한다.

"존슨 씨가 집에 돌아가서 부인과 상의하고 싶어 합니다."

그러면 매니저가 말할 것이다.

"지금 몇 시입니까?"

그러면 교육을 잘 받은 그 영업사원이 대답할 것이다.

"차 마실 시간입니다."

그리고 그들은 욕망을 불러일으킨다는, 원숭이들이 딴 잎으로 만든 우롱차를 마시며 기분 좋게 미소를 나누는 것이다. 아마 사람들이 좋아할 것 같다고 시아술리가 말했다. 여성들은 그들의 남편을 위해 차를 권하고 남편들은 부인들을 위해 차를 권한다. 이렇게 차를 마시는 사이 자동차 판매 계약 성공률을 거의 100%로 올릴 수 있다니 참 재미있는 일이다.

플래닛 혼다는 아주 재미있는 곳이라서 차 서비스를 받는 동안 고객들은 그곳에 머물면서 즐겁게 보낸다. 그래서 시아술리는 고객들이 가죽 의자에서 편안하게 쉴 수 있는 지하에 개인 스크린을 통해 무료로 제공되는 팝콘을 먹으며 영화를 볼 수 있는 극장을 만들었다.

진취적이고 용기 있고 대담한 사업가인 시아술리는 차를 사는 것이 대부분의 사람들에게 중요한 일임을 알고 있다. 그래서 플래닛 혼다는 자동차 구매를 하나의 중요한 이벤트로 다루었다. 고객이 자동차 매매 계약서에 서명을 하면, 전시장에 마련된 18피트짜리 우주선인 15만 달러짜리 모의 해외여행 기구를 탈 수 있는 기념축제를 즐기게 된다. 그것은 마치 디즈니랜드에서 공수해온 것처럼 스릴 있고 재미있다. 아버

시아술리의 회사는 재미를 주요 경쟁무기로 사용한다는 점에서 다른 회사들과 차별화된다. 단지 고객뿐 아니라 회사 임직원도 일을 더 즐길 수 있으며 획기적인 성과를 올리게 된다.

- 차를 살 결심을 하고 필요한 서류작업을 마무리하는 사이의 평균시간이 3시간에서 40여 분으로 크게 단축되었다.
- 플래닛 혼다는 광고비로 차 한 대당 450달러쯤 지출했다. 그러나 지금은 그것의 3분의 1정도밖에 지출하지 않는다. 왜냐하면 독특한 사업방식이 입소문으로 널리 알려졌기 때문이다.
- 영업사원들의 이직률이 높기로 악명 높은 자동차 업계에서 플래닛 혼다의 연간 이직률은 1%도 채 되지 않는다.
- 플래닛 혼다는 2002년에 신형 차량 4천여 대와 구형 모델 2천여 대를 팔았다. 평균 판매량보다 400%나 증가한 수치이다. 판매의 50% 이상이 전에도 플래닛 혼다에서 차를 구입한 경험이 있는 고객에게서 나온 것이거나 차량 구입에 만족한 고객들의 입소문으로 찾아온 손님들의 구매였다.
- 플래닛 혼다는 뉴저지의 퍼세이익(Passaic) 공원에 대리점을 열었다. 앞으로 펜실베이니아, 플로리다, 사우스 캘리포니아 등지에도 점포를 확장할 계획이다.
- 시아술리는 경쟁사보다 자동차 한 대당 평균 500달러 이상을 더 받아냈다. 차를 구입한 고객들이 재미와 월등한 서비스, 차를 사면서 느낀 색다른 경험에 대해 기꺼이 돈을 지불했기 때문에 가능한 일이었다.

지와 어머니, 아이들이 모두 자리에 벨트를 매고 앉아 신나는 가상여행을 떠나게 된다. 플래닛 혼다에 착륙하면 우주인 복장을 한 사람이 나와 환영인사를 하고 그들이 산 자동차의 사용 설명서, 차량 유지 일정, 보증기간에 대해 설명한다. 그러고 나면 시아술리가 그들에게 플래닛 혼다의 제품을 구입해줘서 감사하다는 인사를 스크린으로 하고 판매대리점의 약속이행을 다시 한 번 확인해준다. 고객들이 만족스러운 기분으로 상점을 떠나게 만드는 데 이 8분 동안의 놀이기구 이벤트는 아주 완벽한 파티 같은 어드벤처이다.

재미가 이익을 가져온다

너무나 많은 리더들이 재미와 사업은 양립할 수 없다고 믿고 있다. 그리고 그 결과 직업적으로나 개인적으로나 손해를 본다. 재미라고는 찾아볼 수 없는 무겁고 보수적인 회사에 가면 생산성도 낮고 직원들의 사기도 저하되어 있는 것을 볼 수 있다. 더욱 중요한 것은 고객들이 딱딱한 분위기를 경험하면 다른 회사로 옮겨가는 경향이 있다는 사실이다. 우리의 친구이자 동료인 무스 밀라드(Moose Millard)의 말처럼 많은 사람 가운데 하나라는 양자택일 원칙에 사로잡혀 있다. 프로다운지 또는 편안한지, 수익성이 좋은지 또는 인간 애호적이든지, 생산적이든지 또는 재미있든지 둘 중 하나를 선택해야 한다고 생각하는 것이다.

그러나 실제 경험을 보면 그렇지 않다. 용기 있고 대담한 리더들이 운영하는 회사는 '또는' 이라는 접속사가 아닌 '그리고' 라는 접속사를 선택한다는 연구결과가 나왔다. 이런 회사는 직원들의 사기도 높고 직원 채용, 유지 비율, 생산성도 높다. 그리고 일에서 재미를 찾는다는 특징도 있다.

사무실로 들어서는 순간 그 차이를 느낄 수 있다. 이러한 회사는 그 회사만의 고유한 조직문화가 있다. 모든 직원이 친절하고 생기가 넘친다. 이들은 사람을 만나는 일을 진심으로 기뻐한다는 것을 금세 알아차릴 수 있다. 그들의 미소는 강제적인 것이 아니고 독특한 개성을 자유롭게 표현한다.

말할 필요도 없이 쿼드/그래픽스처럼 마감 시한을 철저히 지켜야 하는 조직과 하루에 50만 명 이상의 탑승객을 안전하게 목적지까지 모셔야 하는 사우스웨스트 항공 또는 페르시아 만 전역에서 USS 벤폴드 호를 이끌던 마이크 아브라쇼프 함장 등은 자기 일을 진지하게 해나가는 법을 알고 있었다.

그러나 이러한 리더들의 성공 스토리에서 재미는 결코 진지함과 상충되지 않는 핵심 경쟁력이다. 사실 재미는 전략을 실행에 옮기는 수단이며 조직과 그 리더에게 재미를 부수적이거나 비생산적인 것으로 치부하는 경쟁자들과 뚜렷이 구별되는 이점을 안겨준다.

GSD&M의 사장 로이 스펜스는 재미를 중요하게 여기고 스스로 너무 심각해지지 않으려고 한다. 심지어 주주총회에서도 그는 항상 재미있는 사람이었다. GSD&M의 회계 감독자인 톰 워커(Tom Walker)는 이런 일화를 들려주었다.

어둡고 폭풍우 치는 어느 날 밤이었다. 다음날 아침 6시 30분에 회의가 잡혀 있었다. 우리는 모두 다음날 아침 일찍 로이가 P&G, 코카콜라, 펜조일(Pennzoil) 같은 〈포춘〉에 500대 기업으로 오른 회사 대표 몇 명을 데리고 로비에 나타날 것으로 생각하고 있었다.

오전 5시 30분, 로비 앞은 회사 임원들로 가득했다. 로이는 셔츠와 타이, 반짝이는 검은색 카우보이 부츠에 짧은 반바지 차림으로 어슬렁

거리며 나타나서 이렇게 소리쳤다.

"누구 내 바지 본 사람 없습니까?"

1분여 동안 아무도 말이 없었다. 그러다가 웃음이 터져나왔다. 안내 데스크 요원이 수줍은 듯이 "이것이 사장님 바지인가요? 주차장에 있었어요"라고 했다. 바지는 그 전날 밤에 옷걸이에서 떨어진 것이 분명했고 빗물에 젖어 물이 뚝뚝 떨어지고 있었다.

로이는 전혀 부끄러워하지 않고 그 젖은 바지를 들고 말했다.

"누구 드라이어 가진 사람 없습니까?"

로비에는 점점 더 많은 사람들이 모여들기 시작했지만 로이는 아랑곳하지 않고 드라이어에 전원을 꽂고 바지를 말리기 시작했다. 몇 분 지나자 입을 수 있을 만큼 옷이 말랐다. 그날 회의는 아주 훌륭했다. 하지만 그보다 더욱 중요한 것은 로이 스펜스가 두려움을 모르는 사람이라는 것을 알게 되었고 자기 자신을 기꺼이 웃음거리로 만들 수 있는, 어떠한 상황도 헤쳐나갈 수 있는 사람이라는 것을 알게 된 사실이다.

당신의 회사를 재미있는 곳으로 만들면 얻는 몇 가지 이익이 있다. 하나씩 살펴보자.

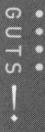
02 재미는 회사를 차별화한다

재미는 당신을 일반 대중과 다른 사람으로 만들어
주고 경쟁 따위는 따분한 일이라는 것을 알게 해준다. 사람들은 당신의
유머에 관심을 가질 것이고 그 결과 당신이 전달하고자 하는 메시지를
더 잘 기억할 것이다.

재미를 회사의 운영 원칙으로 세운 플래닛 혼다가 얼마나 놀라운 사
업실적을 거두었는지를 잊지 마라. 광고비용은 3분의 2로 줄어들 것이
다. 이는 제품을 홍보하기 위해 더 이상 광고매체에 돈을 쓰지 않아도
되고 구전효과라는 최고의 광고 효과를 얻을 수 있음을 의미한다.

재미는 고객을 끌어모은다

재미는 직원과 고객에게 주는 선물이다. 삶이 우리를 위협하고 압도할
때, 우리는 재미있는 위안을 찾게 된다. 이 사실은 플래닛 혼다를 보면
분명하게 알 수 있다. 사람들은 누구나 재미있는 사람과 거래하고 싶어

한다.

사우스웨스트 항공은 재미있는 환경을 창조하는 또 다른 회사이다. 공항 탑승 관리 직원과 승무원은 고객과 게임을 한다. 즐겨 하는 게임에는 '양말 구멍이 제일 큰 사람에게 상 주기'도 있다. 사우스웨스트 비행기에 탑승할 기회가 생기면 주위에서 들리는 소리에 귀를 기울여보라. 사람들이 서로 친근하게 나누는 수다와 활기차고 가벼운 대화가 들릴 것이다. 다른 민간 항공 비행기에서는 승객들이 그저 일을 하거나 잠을 자거나 그냥 멍하니 앉아 있기 때문에 이처럼 사람들이 서로 교감을 나누는 소리를 들을 수 없다는 사실을 알게 될 것이다.

재미는 신뢰를 쌓고 위계관계를 평등화한다

자기를 웃음거리로 만드는 리더는 아랫사람과 친밀감을 빨리 형성하여 적대감을 없앨 수 있다. 이런 리더는 그들의 결점을 내보이면서 인간미를 드러낸다. 재미는 사람들을 정형화되고 일상적인 걱정에서 자유롭게 해준다. 웃고 있을 때 두려움이나 경직된 분위기, 적대감 등을 느끼기는 힘들다. 즉 유머는 대화의 창을 열고 사람들 사이에 신뢰를 쌓는다.

재미의 중요성을 잘 이해하는 리더로는 최근에 고인이 되어 많은 사람들이 그리워하는 해리 쿼드라치가 있다. 사우스웨스트의 허브 켈러허도 그런 리더이다. 쿼드라치는 그의 임원들이 너무 심각한 것이 항상 불만이었다. 그래서 '강제된 재미'라는 프로그램을 만들기까지 했다. 일 년에 한 번 위엄이나 권위를 버리고 '임원 풍자극'이라는 아주 예의 없는 뮤지컬을 수천 명의 직원들 앞에서 공연했다. 쿼드라치는 우리에게 말했다.

"이 쇼는 회사 전체를 하나로 묶어주는 수단이다. 무대 위로 올라가

(수천 명의) 직원들 앞에서 자신을 웃음거리로 만들면 당연히 친근감이 생기지 않겠는가? 이 공연은 노사간의 벽을 허물고 간부들이 혹시 비웃음을 사거나 실패하지는 않을까 하는 두려움 없이 자유롭게 새로운 아이디어를 실험할 수 있게 해주었다."

1981년부터 계속된 이 '임원 풍자극'은 퀴드/그래픽스의 연례행사에서도 직원들이 가장 손꼽아 기다리는 행사일 것이다. 라스베이거스의 행사와 그 규모를 비교해도 손색없을 정도라고 해도 과장이 아닐 정도이다. 8주 동안 배역별 리허설이 진행되고 조명과 무대장치를 위해 세미트레일러 트럭 4대가 동원된다. 해리 퀴드라치는 이 행사의 정신을 직원들에게 이렇게 설명했다.

"여러분은 일 년 내내 우리를 위해 퍼포먼스를 보여주었다. 이제 우리가 여러분을 위해 퍼포먼스를 보여줄 차례이다."

겸손하기로 유명한 허브 켈러허는 사람들을 웃기는 데 아주 탁월한 재능이 있다. 한번은 켈러허의 뒤를 이어 사우스웨스트 항공의 사장이 된 콜린 버렛이 사람들이 빽빽하게 들어찬 회의장에 들어와서 아주 퉁명스럽게 '허비, 가서 코트나 가져오시죠' 라고 했다. 순간 켈러허는 사람들 쪽을 향해 '방금 콜린이 한 말은 내가 추워 보인다는 뜻이거나 아니면 나더러 그만 나가달라는 의미이거나 둘 중 하나겠죠?' 라고 했다.

진지한 것을 좋아하지 않는 또 다른 리더는 사랑스럽고 존경받으며 자신을 내세우지 않는 스페리온(Spherion)의 전직 최고경영자 레이 마시(Ray Marcy)이다. 아주 똑똑한 경영자인 레이는 재미난 농담을 좋아하고 재미있는 이야기를 즐겨 했다. 그러다 보니 직장에서 수많은 장난의 대상이 되었다. 한번은 장기 유럽출장을 마치고 집에 돌아온 다음날 아주 중요한 이사회에 참석하기로 되어 있었는데, 임원들이 자기들끼리 장난을 좀 치기로 했다. 마시는 넥타이 수집가였다. 그래서 마시가 아침에 집을 나서자마자 임원들은 마시의 부인과 짜고 그의 옷장에서 넥타이 스무 개를 가져오게 했다. 회의에 참석한 남자 임원들은 모두 레이 마시의 수집품을 매고 그의 발표를 들었다. 그러고는 마시가 자기 넥타이를 알아보는 데 얼마나 걸리는지 내기를 했다. 시차 적응이 되지 않아 피곤했던 마시는 거의 2시간이 지나서야 자기 넥타이를 알아보았다. 자리에서 일어나 사람들을 한참 노려보더니 너털웃음을 터뜨리며 말했다.

"이런, 세상에! 모두 내 넥타이를 매고 있잖아!"

하루는 마시의 사무실 밖 주차장에서 소란스러운 소리가 들렸다. 밖을 내다보니 자기가 새로 산 재규어 자동차를 놓고 재미있는 일이 일어나고 있었다. 직원들이 자동차 열쇠를 가져다가 가장 높은 가격을 부르는 사람에게 주말 동안 차를 빌려주는 경매를 하고 있었던 것이다.

이런 종류의 이야기는 스페리온에 무궁무진하게 많다. 로이 마시는 재미를 법률로 의무화할 수는 없지만 반드시 살려야 하는 덕목이라고 생각하고 있다.

03 재미는 창조력을 자극한다

재미는 창조력, 호기심, 상상력, 지적 민첩성을
계발한다. 유머는 긴장을 완화하고 딱딱하고 지루한 회의를 생산적으
로 바꾼다. 재미는 긴장을 풀 수 있도록 도와주고 자발적 태도를 질식
시키는 자기회의나 자신감 결여를 없애준다.

시노버스가 자사의 지점 40여 개를 대상으로 대규모 정보기술 시스
템 전환의 책임을 맡았을 때 이를 TIPS(기술 향상 개인 서비스)라고 불렀
다. TIPS 담당 직원들은 쏟아지는 문의 전화를 처리하기 위해 모든 은
행을 순방했다. TIPS 팀은 시스템 전환의 이유와 일정 그리고 시스템을
모든 사람들에게 가르치기 위해 고안된 우스꽝스러운 연극을 할 사람
을 각각의 은행에서 모집했다. 임원들은 미니스커트를 입고 직원들은
복도에서 춤을 췄다. TIPS의 돈은 이러한 파티에 참여하면 주어졌고 다
양한 상으로 돈을 받기도 했다. 모든 은행이 성공적으로 시스템 전환을
마치면서, 모든 직원은 100달러씩 받았다.

시노버스의 부회장이자 정보 관리 최고책임자인 엘리자베스 제임스 (Elizabeth James)는 이렇게 말했다.

"우리는 실제로 이 일을 마치면서 그 사람들의 눈으로 그들을 보기를 원했고, 그들에게 100달러가 많은 돈은 아니지만 어려운 일을 쉽게 만들어주고 직원들에게 새로운 시스템을 배울 수 있게 했다고 보고했다. 재미있는 도전에 그들은 마음껏 웃을 수 있었고 한 사람의 웃음소리는 종종 다른 사람도 웃게 만든다. 재미와 웃음은 어려운 상황에 처해서 그런 문제에 대해 걱정할 때 거의 항상 새로운 시각을 제공한다."

여기에 세금 담당 회계사들이 좀처럼 다루지 않는 민감한 새로운 접속 프로그램을 수행했던 언스트 앤드 영의 국세 준수팀의 앨런 클라인과 에릭 울프, 이 두 명의 놀라운 일화가 있다. 그들은 컴퓨터 화면에 나타난 숫자와 사실을 검토하면서 호텔방 안의 책상에 앉아 비디오테이프를 만들었다. 그들의 대화를 옮겨 보겠다.

에릭: 오늘 회의는 정말 대단했어!
앨런: 나도 그렇게 생각해. 사실 우리 국세 준수팀에서 이룬 성과에 정말 만족했어.
에릭: 그래. 오늘은 정말 힘든 하루였다. 난 이제 잘 준비를 해야겠어.
두 남자는 일어서서 바지를 벗고 파자마 차림을 하고 침대로 올라갔다.
에릭: 요즘 회사에서 비용절감 노력을 기울이고 있는 걸 알고 있지만 이건 정말 해도 너무하는 거 아냐?
앨런: 이봐, 그래도 이번에는 최소한 킹사이즈 침대잖아.
둘은 침대 안에 들어가서 이불을 덮었다.

이 비디오는 무척 재미있게 만들어져서 회사 전체 회의에 모인 700명의 파트너들을 박장대소하게 만들었다.

재미는 충돌, 갈등을 줄여준다

함께 웃고 즐기는 사람은 갈등을 큰 상처 없이 좀더 빠르게 해결한다. 왜냐하면 웃음은 긴장을 완화해주기 때문이다.

해리 쿼드라치는 웃음이 긴장된 상황을 풀어줄 수 있다는 사실을 잘 보여주는 일화 하나를 들려주었다. 웃음 덕분에 쿼드라치는 아주 중요한 거래를 성사시킬 수 있었다. 쿼드라치와 〈뉴스위크〉의 수석 부사장 안젤로 리베로가 참석한 가운데 회의를 연 적이 있었는데, 아주 사소한 문제 때문에 분위기가 험악해졌다. 회의는 늦게까지 계속되었고 결국 상대를 비난하면서 끝났다. 다음 회의는 다음날 아침으로 잡혀 있었다. 리베로는 면도를 하다가 구급상자에 있는 반창고를 발견하고 아이디어를 얻었다. 자기 아이디어를 팀원들에게 말했고, 다음날 아침 〈뉴스위크〉에서 나온 모든 사람이 그 전날 밤 싸움의 상징으로 반창고를 얼굴에 붙이고 회의실에 나타났다. 이들을 보자마자 쿼드라치는 크게 웃기 시작했고 양측은 서로 끌어안으며 전날 밤의 성숙하지 못한 행동에 대해 사과했다. 그리고 이 사건을 계기로 두 회사는 25년 넘게 우정을 지속하고 있다.

재미는 직원들을 회사에 남게 하는 자석

직원들은 즐거운 것을 좋아한다. 그래서 재미가 어떤 회사 조직문화의 일부라고 널리 알려지면 구직자들은 그 회사에 들어가려 하고 그곳에 오래 남으려 한다.

레이 마시는 무슨 일이 일어나든지 간에 재미를 추구하려 한다. 마시가 스페리온에 몸담고 있을 때에는 회사 조직문화를 가르치는 과정에서 신입사원들을 즐겁게 해주기 위해 장난을 치는 것이 회사의 전통이었다. 당시 인력채용 담당 이사였던 게리 펙(Gary Peck)이 이와 관련된 재미난 일화를 들려주었다.

"한번은 신입 직원들을 모아놓고 회의를 하는데 마시가 갑자기 '당신 나 따라 나와!'라고 외치는 바람에 회의가 중단된 적이 있었다. 안내원을 따라가 보니 마시가 몸을 부풀어보이게 만드는 스모 복장 두 벌을 가지고 나를 기다리고 있었다. 안내원이 '이제 여러분의 몸을 부풀리고 로비로 데리고 가면 두 분은 일생일대의 레슬링 경기를 펼치는 겁니다'라고 했다. 우리는 안내원의 지시에 따라 스모 복장을 했는데, 꼭 몸이 퉁퉁 분 바보가 된 듯한 기분이었다. 우리는 각기 다른 엘리베이터를 타고 3층까지 내려갔다. 로비 문을 열고 들어서자 수백 명의 직원과 그 자녀들 —마침 그날은 아이들에게 부모님 직장을 구경시켜주는 날이었다— 이 미친 듯이 환호성을 질렀다.

영화 '록키'의 주제곡이 흘러나오면서 우리 둘은 그날 오후의 볼거리가 되었다. 응원과 비웃음을 받아가면서 서로 때려 쓰러뜨리고 일으키고 먼지를 털고 일어나 또 웃음거리가 되어가며 싸우기를 4라운드 동안 계속했다. 이 재미있는 장난은 지방신문에 실렸는데 그보다 중요한 일은 자선단체를 위해 1달러씩 성금을 모은 것이었다. 1달러를 내면 스모 선수 두 명 중 한 명과 사진을 찍을 수 있으며 기념품을 집으로 가지고 갈 수 있었다. 이것 또한 아주 재미있는 일이었다. 그것은 스페리온이 심각하고 무거운 회사라고 생각했던 아이들의 편견을 바꾸어놓았다. 그리고 마시의 의도대로 신입사원들은 스페리온의 정신을 제대로 배울 수 있었다.

　스탠리 스티머의 대리점에서 가장 수익을 많이 올리는 대리점을 운영하는 필 딘은 더 솔직하게 재미를 추구한다.

　"사업이 잘 되는 것을 자축하는 의미에서 저녁식사를 성대히 하고 영업, 안전, 효율성, 시간 절감에 이르기까지 모든 분야에 걸쳐 25개의 상을 수여한다. 직원들 중 대부분은 평생을 살면서 한번도 상을 받아본 적이 없다. 상을 받는 그들의 얼굴에는 자부심이 나타난다. 모든 사람들이 발을 구르며 아주 기뻐한다. 수상식이 끝난 뒤에는 함께 춤을 춘다. 이것은 회사를 위한 성대한 파티다."

재미는 권태와 피로를 없애준다

미국 기업에서 권태, 걱정, 스트레스 때문에 보는 손실은 연간 수백만 달러로 추정된다. 그러나 현명한 리더들은 이를 타파한다. 예를 들어 마이크 아브라쇼프는 USS 벤폴드 호의 화재 안전 상태를 점검하기 위해서 매달 지겹게 반복되는 훈련을 해야 했다. 이 훈련을 재미있게 만들기 위해 아브라쇼프는 '화재 훈련 올림픽'을 창시했다. 여러 팀이 '호스 풀어서 제자리에 놓기' '구조선 내리기' 등 다양한 이벤트에 참가한다. 그 결과 현실의 훈련은 재미있는 게임으로 바뀐다. 참가자들은 화재 구호 기술을 습득하고 일을 더 빨리 끝낼 수 있게 된다.

항상 베스트셀러 음반을 만드는 음악가인 가스 브룩스(Garth Brooks)는 일 년에 160회씩이나 콘서트를 하기란 지루한 노릇이라고 말했다. 밴드 단원들이 점차 생기를 잃어가는 것을 본 가스는 이들에게 새로운 과제를 주었다. 드럼 치는 사람에게는 키보드를 연주하라고 시켰고, 노래를 부르지 않는 사람들에게 노래를 시켰다. 가스는 이렇게 말했다.

"다들 당황했고 소리도 엉망이었다. 그야말로 들어줄 수 없었다! 하지만 서너 소절 정도 연주를 하다 보니 웃음이 나왔고 재미도 있었다. 이런 기회를 통해 적당한 긴장감을 유발할 수 있었다."

연주의 질을 의도적으로 떨어뜨리자면 용기와 자신감이 필요하지만 바로 이런 이유 때문에 배짱 있고 혁신적인 리더가 필요한 것이다. 사람들이 그저 자동 비행만 하는 조종사가 되다 보면 아브라쇼프의 함정 같은 경우에는 생명이 위태로워질 수도 있기 때문에 뭔가 전혀 색다르고 재미있는 일을 시도함으로써 권태감을 깨뜨려야 한다.

재미는 건강에 좋다

웃음은 면역 시스템을 자극하고 베타 엔도르핀(우리 몸에서 자연스럽게 나오는 진통제) 분비를 증가시키며 심장근육과 호흡기관에 운동 효과를 준다. 심장 박동수가 증가함에 따라 혈액에 산소가 공급되고 뇌를 포함하여 전신에 이 혈액이 퍼진다. 그 결과 생각이 분명해지고 집중력이 강화되며 학습 능력도 향상된다. 그뿐 아니라 웃음은 근육을 완화하고 스트레스와 걱정을 경감시켜준다. 스탠퍼드 의과대학의 윌리엄 J. 프라이(William J. Fry) 박사의 말에 따르면 '유머는 전염성이 있으며, 웃음은 감염되기 쉽다. 둘 다 건강에 아주 좋다'라고 한다.

최근 재키는 유머에 대한 프라이 박사의 조언이 얼마나 중요하고 적합한지를 경험했다. 재키는 네브라스카에서 보험회사 직원들을 상대로 프레젠테이션을 하고 있었는데 그 자리에 참석한 데이비드 내스터(David Naster)라는 코미디언이 자기 경험담을 들려주면서 분위기가 무르익었다. 데이비드는 중서부 지역 농부들에게 코미디를 보여달라는 초대를 받았지만 농부들이 무엇을 재미있어 할지 알 수 없었다. 농부들을 이해하고 그들이 일에서 어떤 만족과 어려움을 겪고 있는지 알기 위해 사비를 들여 농장에서 이틀 동안 머물렀다. 그의 노력은 빛을 발했다. 농부들은 기대 이상으로 그의 유머에 유쾌하게 웃었다. 공연 후에 내스터는 사람들을 웃기는 것이 그의 소명임을 다시 한 번 깨닫고 온몸에 전율을 느꼈다. 그가 떠날 때 한 농부가 그를 불러 조용히 말했다.

"아홉 달 전에 딸을 잃었을 때 나와 아내는 아픔을 절대 극복할 수 없을 것이라고 생각했다. 우리가 다시 웃을 수 있을 거라고는 생각하지 못했다. 그런데 오늘 당신이 나를 웃게 만들었다. 이제는 딸을 잃은 아픔을 극복할 수 있을 것이라는 자신감이 생겼다."

그날 밤 재키는 반드시 행복한 사람만 웃을 수 있는 것은 아니고 웃음이 행복을 만든다는 사실을 배웠다.

재미를 추구하는 것이 좋은 사업전략이라는 생각을 받아들이면 어떻게 당신의 조직문화를 그 안에 통합시킬 것인가라는 질문이 생길 것이다. 어떤 사람들은 재미를 자연스럽게 받아들이지만 어떤 사람들은 재미를 불편하게 생각하기도 한다. 대부분의 나이든 사람들이나 무거운 책임을 맡고 있는 사람들은 이제 재미나 찾을 시절은 지났다고 생각한다. 그러나 진지하고 심각한 사람이라고 해서 인생의 밝고 가벼운 면을 즐길 수 없는 것은 아니다.

재미를 만들어낼 당신만의 비법을 찾아라

회사를 재미가 넘쳐나는 곳으로 만들 배짱과 용기가 있는가? 일을 하려면 직원이 필요하다는 것은 누구나 다 아는 사실이다. 직원들은 진지한 충고 이상의 그 무엇을 필요로 한다. 그 무엇이란 직장에 다니는 동안 행복과 재미를 느끼는 것이다. 직원들은 일을 하면서 유머를 즐기고 자유롭게 감정을 표현하는 시간이 있어야 한다. 우리가 이 책을 쓰면서 배운 것은 사람들에게 재미를 느끼라고 법률로 강제할 수는 없지만 리더가 재미를 느끼는 데 기꺼이 동참하면 이를 얼마나 중요하게 생각하는지를 직원들에게 보여줄 수 있다는 점이다. 직원들과 어울려 함께 재미를 느껴보라. 재미는 직원들의 사기를 높이고 성공을 가져온다.

직장에서 재미를 만들어낼 당신만의 비법을 어떻게 하면 만들 수 있을까? 당신이 선천적으로 유머 감각이 뛰어난 사람이 아니라면 그런 사람을 찾아서 함께 어울려라. 인생을 가볍게 보는 성격이 아니라면 이런 자질을 기르도록 노력하고 다른 직원들도 그렇게 하도록 유도하라. 회의, 파티, 모임을 주선하고 유머 감각이 자연스럽게 흘러넘치게 하라. 그리고 '여기서 좀더 재미있는 시간을 보내려면 어떻게 해야 할까?'라고 자문하라. 억지스럽지 않고 자연스럽게 재미가 살아나게 하라.

✓ **자신을 너무 심각하게 받아들이지 마라** : 사람들은 자신의 모든 감정을 잘 표현하는 리더를 원한다. 마음이 열려 있는 배짱 있는 리더들은 같이 일하기 재미있을 뿐만 아니라 심리적으로 더욱 안정된 조직을 만든다.

✓ **삶의 밝은 부분을 찾아라** : '우리 팀원들의 사기를 높이고 나의 주장을 관철하기 위해 회의에서 유머를 어떻게 사용할 수 있을까? 이 상황을 가볍게 만드는 것이 도움을 줄 수 있을까?' 라고 자신에게 물어보라. 이런 생각을 계속해서 하면 당신만의 유쾌한 유머를 만들게 될 것이고 분명 더 나은 리더가 될 것이다.

당신은 '걸어다니는 시체'인가? 생기 없고 우울하고 무기력한 사람들이 가득한 조직에서 일해본 경험이 있을 것이다. 슬프게도 이들은 조직을 운영하는 기운 없고 유머 없고 불행한 상관에게서 이 전염병을 옮았을 것이다. 다음 승진 때 누락될까 두려워 누구의 기분도 상하게 하지 않으려고 조심한 나머지 죽을 때까지 편하게 살려고 발끝으로 조심조심 걸어가며 살고 있는 사람들이다. 아마 당신은 이렇게 살고 싶지는 않을 것이고, 이런 행적을 후세에 남기고 싶지도 않을 것이다.

✓ **당신의 꿈을 추구하는 편이 더 재미있다** : 기업에 근무하는 직장인 중에는 꿈을 추구하지 않고 이상을 잃어버린 사람들이 너무나 많다. 이들은 쳇바퀴 속에 갇혀 있다. 당신도 그런 사람이라면, 당신의 꿈을 되살려야 할 때이다.

지난 몇 년을 되돌아보고 당신 자신에게 '가장 즐거웠던 시간이 언제였던가? 가장 흥미진진했던 때가 언제였나? 나의 사생활과 직장생활에서 어떤 일이 일어나고 있나? 훗날 나의 경험을 어떻게 기억할 것인가?' 등의 질문을 던져보라. 우리는 모두 과거의 경험에서 깨달음을 얻을 수 있지만 과거를 돌아보기에는 너무 바쁘다. 그렇지만 인생에서 정말로 원하는 것이 무엇인지 알고 싶다면 시간을 두고 생각해보아야 한다.

당신의 재능, 꿈, 이상이 합쳐져서 현재의 당신을 이루고 있다는 사실을 기억하라. 이를 부인한다면 당신은 당신이라는 인간의 존재 자체를 부정하는 것이다.

✓ **행복하지 않을 때라도 웃어라** : 물론 누구나 지루하고 따분한 시간을 보낼 때가 있다. 그렇지만 상황이 얼마나 나쁘든 간에 웃음, 기쁨, 유머, 사랑을 받아들이도록 노력하라. 배짱 있는 리더는 어려움을 한탄하는 대신 그 어려움을 다음 도약을 위한 발판으로 만들 방법을 찾는다. 일에서 성공한 사람은 모두 실패에 대해 건강한 생각을 하고 있다. 예를 들어 세계에서 성공한 직업여성 중 한 명인 오프라 윈프리는 영화 '연인'을 제작하고 출연했다가 크게 실패한 적이 있다. 그런 실패를 겪고도 툴툴 털고 일어나서 실망감을 웃어넘기고 계속 앞으로 나아갔다. 몇 년 후에는 블록버스터 잡지 〈O〉를 창간하여 큰 성공을 거두었다.

✓ **일을 놀이로 만들라** : 모든 조직은 일상적이고 지루한 업무를 요구하며 배짱 있는 리더들은 이런 지루한 업무에 활기를 불어넣어 주려고 노력한다. 그 핵심은 조직원들의 개성을 표현하도록 격려하는 것이다. 이것이 바로 사우스웨스트 항공이 취했던 방법이다. 비행기 운항을 시작할 때 내보내는 기내 안전방송이 정부의 규율에 따른 것이기는 하지만 방송 방법까지 일일이 규정해놓은 것은 아니다. 그래서 사우스웨스트 항공의 승무원들은 노래를 부르거나 재치 있고 재미있는 안내 멘트를 활용하는 등의 방법을 자주 쓴다. 이렇게 승객들을 즐겁게 해주니까 승객들은 읽던 신문을 내려놓거나 대화를 멈추고 방송에 주의를 기울이게 된다.

사우스웨스트 항공이 이런 전략을 재정 업무나 의료검진 등 신중함을 요구하는 분야에는 활용하지 않고 고객에게 즐거움을 줄 만한 일에만 적용한다고 생각한다면 오산이다. 비행기 여행을 해본 사람이라면 누구나 기내 안전방송이야말로 가장 신중함을 요구하는 일임을 알고 있다. 그러나 이런 신중함을 요구하는 일에 재미라는 요소를 가미한다고 해서 조직에 대한 신뢰나 경쟁력을 훼손하는 것은 아니다. 이 두 가지 요소는 서로 양립 불가능한 것이 아니다.

우리 집 장녀인 테일러-그레이스는 천식과 알레르기로 자주 병원을 찾는다. 물론 딸의 건강을 돌보는 것은 진지한 일이다. 그러나 테일러-그레이스는 지루할 것 같은 병원 가는 일을 지루해 하지 않고 재미있어 한다. 의사 낸시 오스트롬이 항상 우리 딸을 웃게 하고 기분 좋게 해주기 때문이다. 이 의사는 테일러-그레이스의 초록색 매니큐어, 밝게 염색한 머리, 유행하는 청바지 등에 대해 이야기한다. 열두 살 소녀가 관심을 가지는 모든 것을 이해해주니까 테일러-그레이스는 병원 방문을 즐거운 시간으로 생각한다.

✓ **직원들을 칭찬하고 유대관계를 돈독히 하라** : 우리는 노래하고 춤추고 소리 지르고 웃고 울고 사랑하고 놀기 위해 태어났다. 이러한 가슴 깊은 곳에서의 감정과 행동은 삶과 직장에서 항상 배어나오고 있다. 장기근속 근로자에게 이익 배당을 주고 크고 작은 성과에 대해 상을 주는 등의 방법으로 직원들을 칭찬하고 넉넉히 대접해야 한다.

이들의 성과를 축하하고 칭찬하면 직원들 사이의 유대관계를 돈독하게 할 수 있고 이는 어느 회사에나 긍정적인 효과를 낳는다. 직원들은 일에 더 열중하게 되고 단합을 이루고 사기를 높이며 신뢰를 쌓는다. 배짱 있는 리더들은 이런 분위기를 조성해준다.

축하와 칭찬은 사람들을 업무의 지루함과 반복에서 벗어나 서로 알 수 있는 기회를 준다. 예를 들어 시노버스는 여름에 각기 다른 주제를 가지고 다양한 축하 행사를 개최한다. 하루는 바비큐 파티를 벌이고 잔디밭에서 훌라 댄스 공연이 열린다. 크리스마스 휴가 기간에는 트리에 불을 밝히고 산타와 함께 아침식사를 하는 축하 행사를 한다. 직원 자녀들 사이의 우정은 다음 세대의 결속을 가져다준다. 부활절 달걀 찾기, 책 박람회, 낚시 대회(직원 자녀를 위한 대학 장학금 조성을 목적으로 하는 대회), 선물 교환(자선 단체에 3만 개 이상의 선물을 보내는 행사) 등도 빼놓을 수 없다.

시노버스는 직원들이 유대관계를 키울 때 생겨나는 눈에 보이지 않는 마법 같은 효과를 일으킨다. 하나가 된 사람들은 길게 말하지 않아도 서로 이해하고 무슨 뜻인지 예측할 수 있고 요청받기도 전에 원하는 일을 해줄 수 있다. 그러나 시노버스의 스타일을 맹목적으로 따를 필요는 없다. 어떤 업종이든 당신의 기업에 최선인 것을 찾아라. 조직문화, 가치관, 브랜드, 대의를 반영하는 축하 행사를 열어보라.

✓ **무엇을 하든 눈에 띄고 화려하게 하라** : 세련된 안목, 스타일, 화려함은 회사의 자산이다. 이런 자산을 지닌 회사는 수많은 다른 기업들과 차별화되어 고객들의

머리와 마음속에 잊히지 않는 이미지를 만들고 그 덕분에 경쟁자들은 그 회사를 부러워할 것이다.

손님을 목적지까지 데려다주는 항공 산업이라고 해서 다를 것은 없다. 게이트에서 손님들과 게임을 하고 기내 안전방송을 노래로 만들고 유머러스한 광고를 내는 것도 다 같은 맥락에서 이루어지는 일이다. 최대한의 비용 절감을 목표로 하는 사우스웨스트 항공인데도 안목과 스타일, 화려함 이 세 가지를 모두 갖추고 있다. 해리 쿼드라치가 뮤지컬을 공연하기 위해 18개의 짐수레에 소품, 무대의상, 무대 세트들을 가득 싣고 회사에 들어왔을 때 그는 화려함을 표현하고 있었다. 또한 플래닛 혼다의 대리점은 모두 무대이다. 이런 기업들은 다른 기업들 가운데 우뚝 서기 위해 예리한 안목과 스타일, 화려함을 잘 조화시켰다.

스타벅스, 할리데이비슨, 애플 컴퓨터, 버진 애틀랜틱의 성공이 그 증거이다. 버진의 창업자이자 최고경영자인 리처드 브랜슨이 에어버스로부터 세계에서 가장 큰 민간 항공기를 구입했을 때 그는 항공기에 "내 것이 네 것보다 더 크다"라는 문구를 적어넣었다. 당신은 보는 사람들이 하던 일을 멈추고 주목할 만한 방법으로 의사를 전달하는가? 당신의 경영진, 광고 대행사, 마케팅 및 홍보 담당 부서에 더욱 창의적인 아이디어를 내놓으라고 주문하라. 회의나 사업을 좀더 흥미 있고 재미있게 선전할 수 있는 광고사를 찾아라. 만약 예산이 부족하다면, 당신이 참가하는 회의에서 독특한 매너로 사람들의 시선을 끌어라. 새로운 아이디어를 직원들과 나누고 마음에 드는 아이디어가 있으면 채택해서 수정하여 사용하라. 칭찬과 감사에는 그다지 비용이 들지 않지만 효과는 엄청난 가치가 있다.

✓ **원기를 불어넣어라** : 스트레스는 빠른 속도로 직장 내에 확산되는 불쾌한 감정이다. 미국 기업은 스트레스와 관련된 비용으로 연간 300만 달러 이상을 지출한다. 〈US 투데이〉의 2003년도 기사에 따르면 혼자라는 상실감 때문에 지출하는 비용은 직원 한 명당 2년 사이 거의 30%가 올라 800달러가 되었다.

기업이 할 수 있는 일은 무엇인가? 바로 원기를 불어넣는 일이다. 사람들이 쉴 수 있고 일상적이고 지루한 일에서 벗어나 뭔가 새롭고 흥미 있는 일을 할 수 있는 방법을 찾아주어라.

배짱 있는 리더는 이를 지속적으로 강조하는 것이 얼마나 중요한지 잘 알고 있다. 한발 뒤로 물러서서 재충전하고 원기를 회복하는 시간을 갖지 않으면 개인은 한계에 부딪힐 수 있다는 사실을 명심하라. 친구, 가족, 사랑, 웃음, 호기심은 그들의 잠재력을 쌓을 수 있는 초석이 된다. 사람들이 정신적, 육체적으로 건강할 수 있도록 돕는 일이 당신의 우선과제가 되어야 한다. 육체적, 정신적, 영적 건강이 조화를 이루면 당신 회사와 직원들은 해로운 스트레스를 멀리할 수 있다.

결론

배짱 있는 리더가 되어야 한다!

50명을 한 방에 모아놓고 세계에서 훌륭하다는 리더들이 공통적으로 지닌 것이 무엇이냐고 물어보라. 머릿속에 떠오르는 모든 리더에게 한 가지 공통분모가 있다면 그것은 배짱일 것이다. 이들에게는 사방을 여행하고 새로운 것을 시도하고 다른 사람들이 감히 하지 못한 희생을 감수할 배짱이 있었다.

우리가 이 책에 서술한 리더들도 배짱이라는 공통점이 있었다. 이들은 자기가 더 나은 직장을 만들 수 있다고 믿고 그 믿음에 따라 행동할 배짱을 보여준 평범한 사람들일 뿐이다. 기존의 사업 방식에 반기를 들어 모두 할 수 없을 거라고 말한 일을 성취해냈다. 또한 이들은 세계 최고 수준의 인재를 끌어모을 수 있는 남다른 조직문화를 만들어냈다.

배짱 있는 리더는 인재의 중요성을 알고 직원들을 인격을 가진 인간으로 대우하며 기계 도구나 건물 터 같은 회사의 자산으로만 취급하지 않는다. 이들은 직장 안팎에서 이루어지는 직원의 생활을 향상시킬 방법을 모색한다. 이런 리더 밑에서 일하는 직원은 윤리적으로 행동하고 동료와 협력하며 고객의 꿈을 실현하는 동시에 회사를 살리고 회사에 보답할 수 있도록 수익을 창출한다. 배짱 있는 리더는 직원들이 자기가 가진 모든 마음, 생각, 정신을 직장에서 구현할 수 있도록 지원한다. 이는 회사의 창의적인 제품과 서비스 혁신을 통해 나타난다. 배짱 있는 리더는 사람들이 따르고 싶어 하며 누구라도 일하고 싶은 회사를 만들어나간다.

이 책에서 소개한 배짱 있는 리더들은 초능력을 지닌 슈퍼맨이 아니다. 단지 기존의 명령과 통제 방식과 다른 새로운 방법으로 회사를 이끌어나가는 방법을 터득했을 뿐이다. 왜 이들을 가리켜 '배짱 있는' 리더라고 할까? 그 이유는 이들이 한 일이 기존의 경영 이론과는 상반되는 것이었기 때문이다. 이들은 업계의 선구자 역할을 하고 있으며, 실패할 경우 기존의 방식을 답습한 사람들보다 더 치명적인 불명예와 치욕을 감당해야 할 위험을 무릅쓰기 때문이다. 물론 아주 드문 예외적인 경우를 제외하고 이런 사람들이 실패하는 경우는 거의 없다. 이들이 배짱 있는 행동을 감행할 때에는 언제나 사전에 치밀한 계산을 하고 그 동기가 순수하며 장기적인 관점으로 미래를 내다보기 때문이다.

다행스러운 점은 여러분도 다른 선진 사례를 검토하듯이 배짱 있는 리더들이 취하는 아이디어와 전략을 검토해보고 이를 여러분 회사의 상황에 맞게 취사선택하여 사용할 수 있다는 점이다. 이들이 이루어낸 장기적인 성공을 당신도 이룰 수 있다. 그러나 당신의 직장 상사나 동료가 배짱 있는 인물이 될 때까지 기다리지는 마라. 오히려 그들이야말로 당신이 배짱을 가지기를 기대하고 있을 테니 말이다. 여러분이 먼저 책임을 지고 다른 사람들의 삶을 개선해주면 어떤 일이 일어나겠는가?

여러분이 속한 사회가 개선될 것이고 어쩌면 여러분도 역사에 남을 만한 뛰어난 선례를 남길지 모를 일이다.

우리가 제시한 경영 기법을 여러분의 회사에서도 활용하고 싶다면 우선 여러분의 머리와 마음으로 직원들의 소중함을 깨달아야 한다. 무엇보다도 중요한 변화는 여러분의 머릿속에서 먼저 이루어져야 한다. 회사 직원과 조직문화를 위해 새롭고 적극적인 자세로 임하겠다는 마음가짐이 있어야 한다. 그리고 주위에서 어떤 반대가 있더라도 그 마음가짐을 행동으로 옮겨야 한다. 모든 일에는 위험 부담이 따르게 마련이다. 직원을 믿고 신뢰하는 마음을 갖지 않으면 언제나 현상 유지에 그칠 뿐이다. 여기서 착각하지 말아야 할 사실은 현상을 유지한다고 해서 위험 부담이 따르지 않는 것은 아니라는 점이다. 다만 어느 쪽 위험 부담을 감수할 것이냐를 선택하는 문제일 뿐이다.

무엇 하나 쉽거나 간단한 일은 없다는 것을 우리도 잘 알고 있다. 그래서 '배짱'이라는 단어가 나오게 된 것이다. 우선 '내가 진정 용감한 사람이 되려면 무슨 일을 해야 할까?' '실수를 저지르고 거부당하고 바보가 되고 외면당하지 않을까 하는 두려움을 극복하려면 어떤 변화를 이루어내야 할까?' 라고 자문해보라. 이 세상은 위험을 감수하는 용기 있는 사람들에 의해서 진보한다는 사실을 잊지 마라. 그러니 기존의 틀을 허물어라. 배짱을 가져라!

감사의 말

우리의 친구이자 동료인 존 블룸버그(John Blumberg)는 어느 경영인이 퇴임식에서 신진 경영인들에게 했던 말을 자주 인용한다. 그 말은 '우리가 잊지 말아야 할 사실은 우리가 다른 사람들이 파놓은 우물의 물을 마시고 있다는 사실'이라는 것이다. 우리가 이 책을 쓰게 된 것도 바로 이와 같은 생각에서이다.

프라이버그스 닷컴(Freibergs.com) 직원들에게 감사한 마음을 전한다. 그처럼 유능한 직원들과 함께 일하게 된 것을 무한한 행운으로 생각한다. 이들은 특히 고객을 위할 줄 아는 넓은 마음이 있다. 우리가 어려울 때마다 도움을 아끼지 않고 일생일대의 작업을 이루어낼 수 있게 해주었다. 사실을 말하자면 그들이 없이는 이 작업을 완수하지 못했을 것이다. 어디서 누구를 만나도 우리 직원들이 얼마나 유능하고 훌륭한지를 말해주지 않는 사람이 없었다. 현장 방문이나 전화 인터뷰 약속을 잡을 때에도, 연구 자료와 사진을 수집할 때에도, 퇴고 작업을 거칠 때에도, 직원들은 두 팔을 걷어붙이고 나서서 시간이 촉박한데도 인내심과 유머 감각을 잃지 않으며 우리를 도와주었다.

이 프로젝트의 가치를 알아보고 색다른 경영 지침서가 될 것이라고 인정해준 헬렌 리즈(Helen Rees)와 자칫 감정에 휩쓸려 두서없는 글이 될 수도 있었던 이 책에 뼈대를 잡아준 워드웍스 주식회사(Wordworks Inc.)의 최고경영자 도나 카펜터(Donna Carpenter)와 공동 편집자 모리스 코일(Maurice Coyle)에게도 심심한 감사를 전한다.

배짱 있는 리더들에게 감사를 전한다.

이 책의 진정한 '스타'는 물론 책 속에 등장하는 배짱 있는 리더들이다. 이 책을 빛내주었을 뿐 아니라 더 나은 세상을 만들어준 사람들이기도 하다. 바쁜 중에도 시간을 내어 협조해준 데 대해 진심으로 감사를 전한다. 여기 지면에서는 미처 소개하지 못했지만 이 책을 만들 수 있도록 뒤에서 협조해준 다른 모든 분들에게도 역시 감사의 마음을 전하는 바이다.

- 에드 쿠니 – 봉 마르셰
- 앨런 클라인, 에릭 울프, 짐 고트프드, 오드리 헤일, 지니 밀람, 수전 브로 – 언스트 앤드 영
- 프레드 홀즈버거, 켈리 콜리슨, 마리아 윌리엄스 – 프레드릭
- 로이 스펜스, 캐런 그리어, 앤 브루노 – GSD&M
- 크리스틴 캠벨 로스 – 메드트로닉
- 수잔 아멘타, 스콧 카츠, 랄프 루비오, 더크 로우 – 모나크 스쿨
- 팀 시아슬리 – 플래닛 혼다
- 고 해리 쿼드라치와 클레어 호 – 쿼드/그래픽스
- 짐 굿나잇과 존 도넌 – SAS 인스티튜트
- 콜린 버렛 – 사우스웨스트 항공

- 필 딘 – 스탠리 스티머
- 지미 블랜차드, 엘리자베스 제임스, 에이미 데이비스, 에릭 브루너 – 시노버스
- 잭 로우와 벤 휴스턴 – TD 인더스트리
- 밥 데이비스, 제임스 미들턴, 인지아 킬러, 수전 파멀로, 스튜어트 파커, 캐런 프레슬리, 케이티 스프링, 데이비드 트래버스, 브라이언 토머스, 브래드 러셀, 헨리 '버치' 바실리오, 스티브 예이츠 – USAA
- 마이크 아브라쇼프, 제이슨 마이클, 존 웨이드 – USS 벤폴드 호

친구들과 동료들에게 감사의 말을 전한다.

빌 쿠니는 우리에게 스승이자 친구가 되었다. 그의 통찰력 덕분에 리더십에 대한 우리의 시각이 달라졌다. 작업 진척 정도를 계속 점검하면서 다방면에서 조력을 아끼지 않은 칩 벨(Chip Bell)에게도 감사를 전한다. 20년 넘게 함께 일하면서 끊임없는 격려와 유머를 보내준 피터 스타크(Peter Stark)도 빠뜨릴 수 없다.

그리고 누구보다 소중한 가족.

컴퓨터 스크린 앞에 앉아 끝도 없는 원고 교정 작업을 할 수 있도록 힘을 불어 넣어준 가족이 있다. 원고 작업에 지쳤을 때 인내와 이해심으로 우리를 보살펴준 테일러-그레이스(Taylor-Grace), 오브리 호프(Aubrey Hope), 딜런(Dylan)에게 깊은 사의를 표한다.